이방의 기억

이방의 기억 : 고향·국가·자유

발행일 초판1쇄 2019년 6월 20일

지은이 이연숙 | **옮긴이** 신지영

펴낸이 유재건 | **펴낸곳** (주)그린비출판사 | **주소** 서울시 마포구 와우산로 180, 4층

전화 02-702-2717 | **팩스** 02-703-0272 | **이메일** editor@greenbee.co.kr | **등록번호** 제2017-000094호

ISBN 978-89-7682-494-3 03300

이 도서의 국립중앙도서관 출판예정도서목록(CIP)은 서지정보유통지원시스템 홈페이지(http://seoji.nl.go.kr)와 국
가자료공동목록시스템(http://www.nl.go.kr/kolisnet)에서 이용하실 수 있습니다.(CIP제어번호: CIP2019016754)

철학이 있는 삶 그린비출판사 www.greenbee.co.kr

이 저서는 2018년 대한민국 교육부와 한국연구재단의 지원을 받아 수행된 연구임.
(NRF-2018S1A6A3A01081183)

이방의 기억

고향·국가·자유

이연숙 지음 | 신지영 옮김

그린비

한국어판 서문

『이방의 기억』은 2007년 일본에서 출간되었다. 이 책은 특정한 주제를 일관성 있게 다룬 단행본은 아니다. 그때까지 나는 '근대 국민국가와 언어 이데올로기'에 대한 주제를 중심으로 논문과 책을 냈고, 대학에서도 이 분야의 강의를 담당하고 있었다. 근대 국민국가와 언어 이데올로기에 대한 나의 연구는 제국과 식민지의 지배 구조를 밝히는 데 작으나마 일조를 했다고 생각한다. 그러나 나는 왠지 모르게 답답함을 느끼기 시작했고, 보다 넓은 지적 공간에서 자유롭게 활보하고 싶다는 갈망이 점점 커져 갔다.

되돌아보면, 그 시절이 일본에 온지 20여 년이 지난 때였다. 강산이 두 번이나 변할 만큼의 시간이 흘렀으니, 억눌린 감정이 많이 쌓였던 모양이다. 이러한 심경의 변화를 마주하면서, 연구에 신선한 공기를 불어 넣고, 연구의 방향도 다변화하고 싶었다. 이때부터 언어 사상에 국한하지 않고 문학, 사진 등 여러 분야에 걸쳐 다양한 서적을 읽기 시작했다. 새로운 시도를 통해 나는 감동적인 문학 작품들을 만났고, 타자의 목소리에도 귀를 기울이게 되었다. 도스토옙스키의 『카라마조프 가의 형제들』에서 던진 두 가지의 물음——인간에게 자유는 짐이 되는가? 권위가 명령하는 대로 살아가는 다수자는 행복한가?——, 이 둘은 나를 자유로운 사색의 세계로 이끌었다. 마찬가지로, 재일 조선인 작가 이양지 (1955~1992)의 작품에서 터져 나오는 절규를 통해, 식민주의가 드리우는 그림자 속에서 방황하는 이방인의 고뇌가 얼마나 힘들고 무거운 것인지도 공감하게 되었다. 경계를 넘나들며 사는 사람들의 삶에 대해 관심을 갖고, 그들에 관한 서적을 통해 이방인의 삶에 대한 공감의 장을 넓혀 갔다. 고등학교 시절에 읽었던 카뮈의 『이방인』도 다시 읽었다. 가슴 깊은 곳에서 울림이 전해 왔다. 『이방의 기억』은 이런 나의 관심을 위주로 쓴 글들을 선별해서 편집했다. 이 책의 내용에는 무언가 어떤 울타리에서 벗어나고자 하는 자유를 향한 몸짓도 있지만, 비전문성이 갖는 무모함과 서투름도 곳곳에 배어 있을 것이다.

　『이방의 기억』이 일본에서 출간되고 12년의 세월이 흘렀다. 그 사이에 세상은 어떤 시기보다 많은 변화를 경험했다. 지구 규모로 자연환경이 변화하고, 재해와 이변이 속출하고, 과학기술 및 인터넷의 광범위한 보급으로 세상은 정말 좁아졌다. 사람들의 소통방식도 많이 변화했다. 일상에서 접하는 전철 안의 풍경이 이를 말해 준다. 모두 말없이 스마트폰을 쳐다보고 있다. 그동안 일본도 많이 변했다. 특히 2011년 3월 11일의 도후쿠 지방의 대지진과 원전 사고는 일본 사회에 커다란 충격을 안겼다. 그때까지 일본은 자타가 공인하는 '근대화의 모범국'이자 '안전한 나라'로 알려져 있었다. 그러나 인간이 원인을 제공한 원전 사고는 이러한 일본의 위상에 큰 흠집을 냈다.

　나는 이러한 변화와 충격이 일본이 거듭날 수 있는 절호의 기회라고 기대했다. 그러나 그 이후 일본 사회의 변화 추이를 보면서 실망하지 않을 수 없었다. 어마어마한 자연의 위력 앞에서 인간은 겸허하지 않으면 안 된다. 우주의 섭리마저 느낄 수 있었던 엄청난 자연재해 앞에서 인종의 색깔을 나누고 민족을 쪼개고 계층을 구별하는 것이 무슨 의미가 있으랴. 이러한 것들에 대해 일본 친구들과도 이야기를 나누며 서로의 기대를 공유했다.

하지만 일본 사회의 전체 분위기는 사뭇 다르게 전개되었다. 불안감이 팽배해 가고, 자신감이 실추되어 가는 듯하면서, 일본 사회는 오히려 폐쇄적이 되고, 외부로 통하는 문을 꼭꼭 걸어 잠그는 듯했다. 사회의 흐름에 순응하는 보통 사람들은 입을 꼭 다물고, 와중에 매스컴과 정치인들만 날뛰고 떠들어댔다. '아름다운 일본'을 다시 되찾겠노라고. '아름다운 일본'이라는 외침 속에서 일본에 있는 이방인들은 배제의 대상이 되어 갔고, 인터넷과 매스컴은 노골적으로 혹은 은밀히 배제 분위기를 부추겼다. 재일 조선인, 한국인들을 향한 '헤이트 스피치'가 길거리에서 난무해진 것도 대지진 이후이다(이 문제에 대해서는 량영성 지음, 『혐오 표현은 왜 재일조선인을 겨냥하는가: 사회를 파괴하는 혐오 표현의 등장과 현상』, 김선미 옮김, 산처럼, 2018의 일독을 권한다).

일본에는 많은 이방인들이 살고 있고, 지금도 증가하고 있다. 나는 짧지 않은 세월을 일본에서 생활하고 있다. 그럼에도 아직껏 풀리지 않는 큰 의문이 마음을 떠나지 않는다. '일본에서 사는 사람'과 '일본 국민' 사이에 존재하는 큰 낙차가 그것이다. 물론 어느 나라에 가도 거기에 사는 다양한 사람들과 그 나라의 '국민'은 다르다. '국민'은 인간 각자가 갖는 다양한 목소리와 스토리가 상쇄된 총괄적인 익명의 존재 양식인 반면, 생활자로서의 '사람'은 각자의 스토리가 있고, 각자가 자기 나름으로 생동하고 호흡한다. 일본에서는 '국민'과 생활자로서의 '사람' 사이에 큰 낙차가 있다. 그래서 많은 사람들은 "일본 사람들은 예의도 바르고 괜찮은데, 일본은 왜 저러지?" 하고 묻는다. 이 낙차에 대한 답을 도출하기 위해서는 역사, 사회, 정치, 문화, 경제를 아우르는 다양한 분석과 고찰이 필요할 것이고, 이러한 고찰을 하는 학자들도 있다. 읽고 생각해도 그러나 나는 맑아지는 이해를 아직 얻지 못하고 있다.

오늘(2018년 11월 28일) 일본 주요 신문들은 1면에 "입관(출입국 관리) 법안 중원(衆院) 통과"라는 기사를 크게 다루었다. 기사 내용과 더불어 이 법안 투표 과정 중에 일어났던 몸싸움 사진도 함께 실었다. 일본 사회는 고령화와 저출산으로 인한 노동력 부족으로 심각한 고민에 빠져 있다. 일본 정부는 이를 타개하기 위해 다양한 정책을 시도해 왔지만, 결국은 외국인 노동자를 받아들일 수밖에 없다고 판단했다. 외국인 노동자를 쉽게 받아들이기 위해 법안을 개정한 것이다. 이를 적극적으로 추진한 것은 자민당을 비롯한 여당이고, 성급한 법안 채결의 강행에 육박전으로 맞선 측은 야당이다. 여당과 법무장관은 "일손 부족은 긴급 과제"라 밀어부쳤고, 야당은 자격, 급여, 주택, 언어 문제 등을 충분히 논의할 필요가 있다고 주장했다. 비교적 감정 표출을 자제하는 일본 정치인들이 왜 이 문제에 대해 고함을 지르며 몸싸움까지 했을까? 『아사히 신문』은 이렇게 논평했다. "외국인 노동자의 문호를 넓혀, 나라의 모습을 크게 변화시키는 법안인데 단 17시간의 심의 후에 통과시켰다"고.

19세기 말에도 외국인 문제를 둘러싸고 일본 열도가 온통 떠들썩한 적이 있었다. 그때까지 외국인 특구에서만 거주하도록 되어 있었던 이방인들이 서구와의 조약 개정 이후 일본 내지에 들어오게 되었을 때이다. 그 당시의 많은 일본 지식인들은 '내지잡거'(內地雜居)에 대한 우려와 이에 대한 일본의 각오와 대책에 대한 논평을 쏟아내기 시작했다.

'내지잡거'의 문제는 일반 사람들에게도 큰 관심을 불러일으켜, 이발소 심지어 공중목욕탕에서까지 열띤 논쟁이 오갔다. 그 당시의 기록, 자료들을 보면, 이 문제는 결국 '타자와 공존에 대한 두려움'에 그 뿌리를 내리고 있음을 알 수 있다. 100여 년이 흐른 지금은 어떠한가? 물론 그 사이 국제 정세도, 사회적 여건도 많이 달라졌다. 그렇지만 타자에 대한 인식은 과연 변했는지 의문이 든다. 이 작업은 일본 사회를 규탄하기 위해서가 아니라, 타자와 좀 더 바람직한 관계의 가능성이 어디에 있는지 모색하기 위한 노력의 일환이다.

많은 사람들은 자기가 태어나고 자란 곳을 떠나 어디론가 길을 떠난다. 그리고 우리는 그 길 위에서 다양한 타자들을 만나고 다채로운 체험을 한다. 길 위에서 만난 이방인들은 관심을 서로 주고받고, 서로를 이해하려는 노력을 거듭하면서 친구가 되고 이웃이 된다. 한편으로 타자에 대한 무관심과 경계심은 알게 모르게 적개심을 키워 주고, 두려움을 가슴에 묻어 준다. 우리 사회도 지구의 이곳저곳에서 많은 사람들이 찾아와 함께 살아가고 있다. 농촌에 가면 '결혼 이주 여성분들'을 만날 수 있고, 큰 도시의 거리에도 많은 이방인들이 눈에 띈다. 한국 사회는 이들을 이웃과 친구로 받아들이고 있는지 아니면 텃세를 부리고, 얕잡아 보고, 아래로 보며, 위축시키고 있는지 심각하게 논의해야 할 때가 왔다. 인류의 큰 스승들은 우리들에게 참된 이웃이란 민족과 인종을 뛰어 넘어 서로를 진정으로 위하고 이해하려는 사람들이라고 가르친다. 그리고 이웃에 대한 사랑이 우리 삶을 풍요롭게 하고 행복하게 한다고 덧붙인다. 우리는 행복을 추구하는 존재이다.

『이방의 기억』의 한국어 출판에 흐뭇함을 느낀다. 동시에 오래 전에 출간된 이 책이 현재적 의미를 가지고 있을까 하는 죄송한 마음도 든다. 그래도 세계 곳곳에서 타자와의 관계맺기에 고민하고 있는 요즘, 이방인으로 살아가는 나의 목소리를 한국에 계신 독자분들에게 전할 수 있어 기쁘다.

이 책을 번역해 주신 신지영 선생님께 깊이 감사드린다. 신 선생님의 노고가 없었다면 『이방의 기억』은 한국에서 결코 출판되지 못했을 것이다. 그런 의미에서 신지영 선생님은 이 책의 한국어판 양어머니이다. 그리고 이 책을 흔쾌히 출판해 주신 그린비출판사에도 깊은 감사의 말씀을 드린다.

2018년 11월 말, 도쿄에서

이연숙

서론 세계의 관절을 탈구시키는 방법

나는 사진을 찍는 것도, 사진에 찍히는 것도 별로 좋아하지 않는다. 사진을 찍는 것을 꺼리는 이유는 내가 원래부터 기계치인 탓이다. 카메라를 손에 들고서도 어디를 눌러야 사진이 찍히는지 몇 번이고 알려 줘도 도무지 가늠이 되지 않기 때문이다. 그에 반해 사진에 찍히는 것을 그다지 반기지 않는 이유는, 나 자신이 렌즈를 통과해 필름에 찍히는 것이 어쩐지 기분 나쁘기 때문이다. 어렸을 땐 세 명이 함께 사진에 찍힐 때 정중앙에 찍히면 빨리 죽는다는 이야기가 있었다. 그 전설을 굳게 믿었던 나는 가능한 한 구석에서 찍히도록 노력했다. 지금까지도 그 기억이 어딘가에 남아 있다. 어쩌면 나는 사진에 찍히면 혼을 빼앗긴다고 믿었던 조선시대 할머니들과 별반 다르지 않은 심리를 갖고 있는지도 모르겠다. 레비 브륄(Lévy-Bruhl)이었다면 '원시적 심성'(primitive mentality)이라고도 이름 붙였을 법한 그런 정신구조 말이다.

그러나 좀 더 생각해 보건대 내가 현대에서 무척 중요하게 여겨지는 '원시적 심성'의 소유자일 리는 없을 것이다. 고백하자면 나는 내가 찍힌 사진이라면 무엇이건 전부 마음에 들지 않는다! 내가 찍힌 사진이

나올 때는 늘 두근두근 흠칫흠칫하고 만다. 이 정도면 그런대로 괜찮다고 봐줄 때도 있지만, "이건 내가 아니야!"라고 외치고 싶을 때도 있다. 스스로의 사진을 볼 때만큼 인내심과 허영심이 시험대에 오르는 경우는 없다. 그렇게 생각해 보면, 나는 '원시적 심성'의 소유자이기는커녕, 매우 모던한 허영심 많은 댄디보이들과 한패일지도 모르겠다.

그런데, 그런 내가 이번에 사진에 대한 글을 쓰는 대담한 모험을 하게 되었다. 대체 어떤 사진을 골라야 할지 갈피를 잡지 못하고 있을 때, 언젠가 내가 매우 존경하는 분으로부터 우에다 쇼지(植田正治)라는 사진가에 대해서 들은 적이 있음이 떠올랐다. 그래서 우에다 쇼지의 사진집을 한 장 한 장 천천히 들여다보았다. 그러자 보고 있는 사이에 무엇인가 일상의 낯익었던 세계의 관절이 점점 탈구하는 듯한 불가사의한 감각에 사로잡혔다. 그 사진들 중 한 장만을 선택하는 것은 어렵지만, 나는 「풍선을 든 자화상」(風船をもった自画像)을 선택해 보려고 한다.

우에다 쇼지에 대해서는 와시다 기요카즈(鷲田清一) 씨가 이미 『듣는 힘』[1]과 『시선의 기억: 누군가의 옆에서』[2]라는 두 권의 책에서 훌륭하게 소개한 바 있다. 『듣는 힘』 표지에는 「풍선을 든 자화상」이 사용되었다. 또한 『시선의 기억』에서 와시다 씨는 우에다 쇼지의 사진에 바싹 다가가듯 그 특유의 부드럽고 상냥한 목소리가 울려 퍼지도록 하고 있다. 와시다 씨는 우에다 쇼지의 사진에 대해 논한다기보다, 오히려 사진에 의해 촉발된 철학적 에세이를 자유자재로 전개하고 있는 듯하다. 이는

---

1) 鷲田清一, 『'聴く'ことの力: 臨床哲学試論』, 植田正治 写真, 阪急コミュニケーションズ, 1999. 2015년에 지쿠마 쇼보(筑摩書房)에서 재출판되었다.
2) 鷲田清一, 『まなざしの記憶: 誰かの傍らで』, 植田正治 写真, CCCメディアハウス, 2000.

마치 우에다 쇼지의 사진 속으로 깊이 들어가, 사진 속 등장인물 중 한 사람이 되어 말의 실타래를 풀어내는 듯하다. 단지 한 가지만 더 욕심을 내자면, 우에다 쇼지의 사진에서 볼 수 있는 단단하고 견고한 느낌과 유머를 와시다 씨의 문장에서도 조금 더 느낄 수 있어도 좋겠다 싶다.

이 세상에는 큰 것과 작은 것, 긴 것과 짧은 것, 무거운 것과 가벼운 것, 먼 것과 가까운 것, 친근한 것과 낯선 것, 수평인 것과 수직인 것, 그 외에도 여러 가지 계열화된 질서가 만들어져 있다. 우리는 이러한 질서에 따라 세계를 보거나 느낀다. 인간이건 물체건 대상이 그 질서에 따라 정연하게 되어 있으면 우리는 안심하고 살아갈 수 있다. 그러나 우에다 쇼지의 사진을 보고 있으면, 서서히 이 자명했던 세계 질서가 점차 흔들리는 듯한 감각에 사로잡힌다. 그렇다고 해도 세계가 무의미한 카오스가 되어 일거에 붕괴한다는 것은 아니다. 단지 우에다는 우리에게 익숙해진 세계의 지축을 약간만 기울여 보일 뿐이다. 세계를 산산이 흐트러뜨리는 것이 아니라 사물의 질서를 연결하고 있는 관절을 탈구시키고 있다.

「풍선을 든 자화상」을 살펴보자. 한 남자가 어딘가의 언덕 위에 뚝 떨어져 서 있다. 배경에는 산맥인지 구름인지 바다인지 알 수 없는 풍경이 희미하게 찍혀 있다. 남자가 어떤 표정을 짓고 있는지는 전혀 알 수 없다. 역광 속에서 어렴풋이 얼굴 윤곽이 떠오를 뿐이다. 그다지 훌륭할 것 없는 신사복을 입고, 약간 비뚤어진 넥타이를 매고, 오른손은 어디에 있는지 알 수 없이 대롱대롱 정처 없이 매달려 있다. 왼손은 왜인지 모르게 끈을 쥐고 있고 그 위에는 풍선이 떠 있다. 풍선 주머니는 한껏 부풀어 기운차게 하늘로 떠오른다기보다, 약간 바람이 빠져 적당히 공중에 떠 있는 것 같은 느낌을 준다. 남자도 풍선도 어딘지 모르게 무료한 분위기다. 더구나 남자는 웬일인지 모자를 쓰고 있다. 이는 실로 불가사의한 꿈속 같은 풍경이다.

우에다 쇼지의 사진을 보고 있으면, 때때로 마그리트(Réne Magritte)의 그림이 연상된다. 예를 들면, 마그리트의 자화상에는 반드시 모자가 부속물로 등장한다. 그것과 마찬가지로 후기 작품인 「모래언덕 모드」(砂丘モード)[3]에 이르기까지, 우에다 쇼지의 사진에는 모자가 빈번히 등장한다. 또한 「풍경의 광경」(風景の光景)에 찍힌 공중에 떠 있는 돌은 마그리트가 계속 그려 왔던 허공에 떠 있는 거대한 암석 이미지를 생각나게 한다. 그러나 우에다 쇼지의 사진에서 받은 인상은 마그리트의 그림에서 받는 그것과는 상당한 거리가 있다. 우리는 마그리트의 그림을 통해 결코 해결할 수 없는 수수께끼를 떠맡게 된다. 그것은 진정한 의미에서 '초현실'적인 세계이다. 그러나 우에다의 사진은 '초현실'이라기보다 '반현실'(半現実)적이다. 이것은 이도 저도 아닌 종잡을 수 없는 세계이다. 게다가 우에다의 사진에는 '수수께끼'가 존재하지 않는다. 모자가 있고 인간이 있고 풍선이 떠 있다. 대체 거기에 무슨 불가사의한 점이 있냐고 말하려는 듯이 물체 그 자체가 자유롭게 존재를 즐기고 있다. 그래서 존재들끼리 제각각 흩어져 고립되어 있는 게 아니라, 서로가 유머러스한 관계로 연결되어 있다. 마그리트의 그림과는 달리, 우에다의 사진에서는 '존재의 고독'보다 '존재의 유머'가 느껴진다.

이처럼 우에다의 사진에서는 결코 '하나'가 아니라, 언제나 '둘' 혹은 그보다 많은 복수의 대상과 그것들 사이의 관계가 표현되어 있다.

---

3) 이후 다음과 같은 사진집이 출판됨. 植田正治, 『砂丘 La Mode』, 朝日新聞出版, 2016.

「풍선을 든 자화상」을 앞에 놓고 시험 삼아 손가락으로 풍선을 가려 보면 알게 된다. 그러면 언덕에 선 고독한 남자가 보일 뿐이다. 그런데 신기하게도 손가락을 떼어 보면, 풍선과 신비로운 교감을 나누고 있는 남자의 모습이 나타난다. 남자가 풍선을 들고 있는 것인지 풍선에 남자가 매달려 있는 것인지조차 알 수 없게 된다. 어쩌면 풍선은 남자의 분신일는지도 모르겠다. 그것은 풍선이 남자의 머리와 거의 똑같은 위치에 떠 있기 때문에 느껴지는 인상이기도 하다.

남자가 교감하는 것은 풍선만은 아니다. 이 사진을 어떤 친구에게 보여 주자, 하기와라 사쿠타로(萩原朔太郎)의 시 「개구리의 죽음」(蛙の死)[4]에 나오는 이러한 시 구절을 알려 주었다.

달이 떴다.
언덕 위에 사람이 서 있다.
모자 밑에 얼굴이 있다.

이 시 앞부분에는 손이 피투성이가 된 어린이들이 개구리를 죽이는 장면이 묘사되어 있다. 위에 인용한 3행의 시구는 그 참살 장면과 대조를 이루고 있다. 물론 우에다 쇼지의 사진은 하기와라 사쿠타로의 시와 같은 피비린내 나는 세계와는 관련이 없다. 나는 여기서 단지 "모자 밑에 얼굴이 있다"라는 한 행만을 주목하고 싶다.

보통 우리는 머리 위에 모자를 눌러쓰기 마련이고, 모자는 머리가

---

4) 이 시는 다음의 책에 실려 있다. 萩原朔太郎, 『月に吠える』, 大和書房, 1965.

있기 때문에 존재 가치가 있다고 생각한다. 그러나 "모자 밑에 얼굴이 있다"라고 하면, 주객의 관계가 뒤집힌다. 모자는 얼굴과 동등한 존재 가치를 갖게 된다. 아니, 오히려 모자야말로 얼굴을 표현할 수 있게 하는 것이 된다. 후기 우에다의 연작 「X씨의 풍경」(X氏の風景)에서는 모자가 공중에 떠 있는 풍경이 빈번히 묘사되고 있다. 그러나 여기서 모자를 인간의 환유라고 생각하는 것은 적절하지 않을 뿐더러, 모자가 그것을 쓰고 있는 인간을 암시한다고 보는 것도 적절치 않을 것이다. 우에다의 사진에는 비유도 암시도 존재하지 않는다. 고골(Nikolai V. Gogol)이 묘사했던 것처럼 코가 페테르부르크 거리를 껑충껑충 뛰어가는 것이 가능하다면, 모자가 거리를 어슬렁어슬렁 산보하는 것도 이상할 것은 없을 것이다.

우에다의 사진 속에서 돌과 모자는 공중에 떠 있고, 인간은 비스듬히 쓰러져 있거나 공중으로 날아오르고 있거나 한다. 그러나 그것들은 사물이 위에서 아래로 떨어지는 낙하운동의 순간을 포착하고 있는 것은 아니다. 사물은 아래에서 위로 날아오르고 있을지도 모르며, 돌은 그대로 공중에 멈춰 있을지도 모른다. 이처럼 불안정한 동시에 안정된 불가사의한 무중력 상태가 창출되고 있다. 우에다는 광대한 모래언덕에 오브제를 드문드문 박아 두는 것으로, 일반적인 원근법적 질서를 무용지물로 만드는 게 가능했다. 그러나 그와 동시에 모래언덕은 이러한 기묘한 무중력의 세계를 출현시키는 무대가 되었던 것은 아닐까? 확실히 모래언덕에서는 모든 것이 모래 위에 떠 있기 마련이다. 우에다의 사진 속 배경은, 모래언덕이 직접 찍혀 있지 않은 때에도 이러한 무중력 상태를 창출하는 모래언덕이 언제나 있는 것처럼 느껴진다. 사실 「풍선을 든 자화상」에서 남자와 풍선은 하나가 되어 공중에 떠 있는 듯이 보인다.

남자의 발은 대지를 딛고 있다기보다, 지면에 살짝 닿아 있을 뿐일지도 모르겠다. 여기에는 중력뿐 아니라 무중력의 힘도 특별히 작용하지 않는다. 확실히 중력은 존재의 저주라고 누군가가 말했었다. 세계의 관절을 탈구시킨다는 다소 과장된 말로 이야기하고 싶었던 것은 이 자유로운 부유 감각이었다.

차례

한국어판 서문 5
서론 세계의 관절을 탈구시키는 방법 11

1부. 문학자들의 끝없는 방황

아시아 식민지에서 읽는 알베르 카뮈 23
허무에서 꿈으로 『광조곡』을 둘러싸고 43
말의 심연으로부터 이양지에 대한 진혼 59
정위와 이동 '조국'과의 거리 85
디아스포라와 국문학 107

2부. 인간에게 자유는 '무거운 짐'인가

'잡거'에 대한 공포 근대 일본의 타자 인식 129
민족 차별과 교육 스테레오 타입과 '사이 존재' 156
전쟁이라는 덫 근대 일본의 정신 토양 177
'적반하장'에 맞서서 『포스트 콜로니얼리즘과 홀로코스트의 부정』 해설 204
우리는 상처 입을 수 있는 마음을 가지고 있는가? 『전쟁과 인간』 218

3부. 월경이라는 사상을 다시 더듬다

경계선 위의 지성 아이작 도이처, 『비유대적 유대인』 237

관계항으로서의 '일본' 이효덕, 『표상 공간의 근대』 244

'비전'의 연쇄 야마무로 신이치, 『러일전쟁의 세기』 250

심장부로부터 테사 모리스 스즈키, 『변경에서 바라보다』 252

탈출하는 자들 구로카와 소, 『국경』 254

비내리는 시나가와 역 임숙미, 『쇼와 이데올로기』 256

생각한 것을 쓴 결과 가와무라 미나토, 『작문 속 대일본제국』 259

갈 수 없는, 그냥 꼬레 홍세화, 『나는 빠리의 택시운전사』 261

지하실, 최후의 안식처 신경숙, 「어떤 실종」 265

속삭여 오는 소리 강신자, 『안주하지 않는 우리들의 문화』 269

의지와 행위 요네야마 리사, 『폭력 · 전쟁 · 리드레스』 272

'야옹'하고 울면 생각하는 근대 일본의 큰 문제 나쓰메 소세키, 『나는 고양이로소이다』 274

맺음말 278

글의 출처 281

옮긴이 후기 언어 이방인이 그리는 '부유 감각' 283

| 일러두기 |

1 이 책은 イ·ヨンスク,『異邦の記憶―故郷·国家·自由』, 晶文社, 2007을 완역한 것이다.
2 본문의 주석은 모두 각주이며, 옮긴이가 추가한 각주나 원서의 주석에 옮긴이가 덧붙인 내
　용이 있는 경우 해당 내용의 앞에 [옮긴이]라고 표시해 두었다.
3 본문의 모든 대괄호는 옮긴이가 첨가한 것이다.
4 단행본·정기간행물에는 겹낫표(『 』)를, 논문·단편·시·영화 등에는 낫표(「 」)를 사용했다.
5 외국 인명이나 지명, 작품명은 2002년 국립국어원에서 펴낸 외래어표기법을 따르되, 관례가
　굳어서 쓰이는 것들은 관례를 따랐다.

1부.
문학자들의 끝없는 방황

아시아 식민지에서 읽는 알베르 카뮈

1. 식민지의 '이방인'

문득 주변을 둘러보면, 이제껏 늘 보아 왔던 풍경이 어쩐지 서먹서먹하게 느껴지고, 이제껏 낯익었던 길이 어딘지 남모르는 땅으로 이끌어 가 버릴 비밀의 통로처럼 생각될 때가 있다. 그럴 때, 주변 사람의 말은 이미 의미 있는 음성이 아니라 어수선한 웅성거림이 되고, 오히려 고양이나 새가 우는 소리가 더 가깝게 들릴 때가 있다. 그럴 때 그곳은 갑자기 '이국'(異國)이 된다. 그런데 '이국'이라고 하더라도 어딘가 마음 편한 '고향'이 있거나, '이국'의 마음 편치 않음이 도리어 '고향'의 정겨움과 애정을 불러일으키는 것도 아니다. 오히려, 내가 어째서 '이곳'에 있는지가 이상해서 참을 수 없다. 환언하면 공중에 떠 있는 감각에 가까우리라. 그때부터 나는 완전히 '이방인'이 된다.

오랜만에 알베르 카뮈의 『이방인』을 다시 읽었다. 자칭 문학 소녀였던 나는 고등학생 무렵, 헤세나 토마스 만에서 시작해, 카뮈, 사르트르를 읽고, 이에 더해 카프카와 도스토옙스키에 도달하는 일반적인 독서

지도를 충실히 따르고 있었다. 지금 생각해 보면 지적 허영심으로 충만했던 그 무렵, 나에게 카뮈의 작품은 실존주의라든가, 부조리의 문학과 같은 단지 요란스러울 뿐인 네온 간판과 같은 것이었다.

그런데 지금 새롭게 카뮈의 『이방인』을 다시 읽어 보니 지금까지 생각하지 못했던 카뮈의 세계가 육박해 왔다. 그 중 가장 큰 발견은, 『이방인』이 분명한 '식민지 문학'이라는 것이었다. 잘 알려져 있는 것처럼 카뮈는 알제리의 몽드비에서 태어난 '알제리 프랑스인'이다. 신초문고 판 『이방인』에 시라이 고지(白井浩司) 씨가 쓴 「해설」에 의하면, 카뮈는 꽤 별난 환경에서 자랐음을 알 수 있다. 조금 길지만, 매우 흥미로운 내용이므로 그 부분을 인용해 보자.

보르도 태생의 증조부가 19세기 중반 무렵 알제리로 이주해서 농업에 종사했고, 증손자인 알베르의 아버지는 북아프리카산 포도주 수출업자 뤼 리숌의 회사 사원이 되었다. 아버지는 제1차 세계대전에 소집되어 첫 전투에서 부상당해 죽었다. 생후 11개월의 알베르는 어머니와 형과 함께 알제 시의 변두리 벨쿠르에 있는 할머니의 아파트로 들어갔다. 이 집은 세 칸 뿐으로, 숙부가 한 명 동거하고 있었다. […] 다섯 명이 세 칸 짜리 방에 북적거리고 있는 그의 가족의 초상은 가난할 뿐 아니라 이상하다. 스페인령 미노르카 반도 출신인 할머니는 1907년 이후 남편과 사별했으며, 거드름을 피우고 건방졌다. 포도주 통 만들기를 직업으로 했던 그의 삼촌은 장애자였고, 카뮈의 어머니는 거의 귀가 들리지 않아 극단적으로 말이 없었다. 또한 그들은 카뮈의 말에 따르면, 읽고 쓰지 못했다. 집에는 한 권의 책도 없고, 신문, 잡지 비슷한 것도 없었다.[1]

여기에 나타나 있는 것처럼, 카뮈는 가난한 노동자 계급에서 나와 바로 식민지 4세가 된다. 더구나 주변은 '문자 문화'와는 거의 단절되어 있었고, 그렇다고 해서 풍부한 '음성 문화'의 혜택을 받고 있었던 것도 아니었다. 카뮈 곁에는 어머니와 숙부가 '소리' 이전의 '침묵'의 세계, 귀머거리의 '음이 없는 세계' 속에 갇혀서 살고 있었던 것이다. 카뮈의 문학 세계의 많은 비밀은 틀림없이 이 카뮈 일가의 언어 환경에 기인하는 것이 아닐까?

카뮈는 확실히 자신의 아이덴티티의 기반을 '식민지 알제리의 프랑스인'에 두고 있었다. 카뮈의 '고향'은 어디까지나 알제리였다. 또한 '본국' 프랑스에 대해 조금도 열등감을 느끼지 않고, 오히려 알제리인이라는 것에 자긍심과 애착을 품고 있었던 듯하다. 『이방인』에서 연인 마리가 파리의 모습을 묻자, 뫼르소는 이렇게 대답한다. "더러운 동네야. 비둘기와 어두운 안뜰이 눈에 띠고, 모두가 하얀 피부를 하고 있어."[2] 모래와 바다와 하늘의 무한한 공간에 안겨 있는[抱擁] 알제리와 달리, 파리는 건물에 포위되어 생명력이 고갈된 도시라고, 카뮈는 말하고 싶은 듯하다. 특히 인간의 '하얀 피부'는 태양 빛과의 거리를 느끼게 한다. 이 감상은 어느 정도는 카뮈의 것이기도 했을 것이다.

『이방인』의 줄거리는 매우 간단하다. 주인공 뫼르소는 갑작스런 계기로 해안에서 아랍인을 죽여 사형 판결을 받는다. 그러나 살인죄보다도, 모친의 장례식에서 울지 않았던 것이 뫼르소가 유죄라는 가장 중요

---

1) カミュ, 『異邦人』, 窪田啓作 訳, 新潮文庫, 1963, 129~130頁. [옮긴이] 한국어판은 알베르 카뮈, 『이방인』, 김화영 옮김, 책세상, 2015. 이하 『이방인』의 인용문은 이 번역본을 참고했다. 본문 및 각주 페이지는 일본어 번역본 페이지임을 밝혀 둔다.
2) 앞의 책, 46頁.

한 근거가 되고 만다. 뫼르소는 사제가 개심[改悛]을 권유함에도 거부하고, 제 발로 걸어서 사형대에 오르기로 결심한다.

확실히 이 부분은 모든 것을 불신하고 세계와 단절[隔絶]되어 고통받는 젊은이들에게 호소하는 비극성이 있다. 그런 의미에서 『이방인』은 영원한 청춘 문학일지 모른다. 그런데 이 이야기 속에서 아랍인 살해는 대체 어떠한 의미를 갖는 것일까? 모친을 매장하는 것을 지켜보고서도 눈물 한 방울 흘리지 않고, 다음 날 바로 여자를 데리고 가 희극 영화를 보며 자지러지게 웃고 밤에는 그 여자와 동침한 남자가 사회와 도덕을 모독한 죄로 처형당한다는 비극적인 이야기를 쓰기 위해서, 왜 아랍인 한 명이 살해되어야만 했던 것일까?[3)]

『이방인』에 그려진 아랍인의 초상은 완전히 개성이 제거되어 알제리의 풍경에 매몰된 형태로, 비인격적인 역할밖에 주어지지 않는다. 실제로 여러 번 아랍인이 나타나지만 그들은 한 번도 고유명사로 불리는 적이 없다. 고유명사에 의해 명명[名指]되지 않으면, 인간은 개체로서의 존재를 인지하지 못하고 오직 집단 속에 매몰되어 버린다.

뫼르소가 살인을 저지르게 된 계기를 만든 사람은 같은 아파트에 살며 아무래도 뚜쟁이 같은 수상쩍은 일을 하고 있는 듯한 레이몽이다. 레이몽은 자기의 정부인 여성이 자신을 배신한 것을 앙갚음하기 위해 그녀를 불러내려고 하고, 뫼르소는 그 편지를 대필한다. 그 여성은 무어인(Moors)──모로코에 사는 아랍인, 베르베르인, 또는 흑인의 혼혈──이었다. 그때 뫼르소의 반응은 몹시 무뚝뚝해 보인다. "그녀의 이

---

3) 『이방인』의 일본어 번역에는 아랍인이 '아라비아인'이라고 되어 있지만, 이하에서는 인용문을 포함해 '아랍인'으로 통일한다.

름을 들었을 때, 그녀가 무어인임을 알았다. 나는 편지를 썼다."[4] 그러나 여성의 이름은 결코 이야기되지 않는다. 이야기 속에서 중요한 역할을 하면서도 어디까지나 무명 여성으로 남는 것이다.

그 후 아랍인 집단은 레이몽이 이 여성에게 한 일을 복수하려고 레이몽에게 붙어 다니지만, 그들도 여성과 마찬가지로 이름이 불리어진 적이 없다. 그 뿐 아니라, 그들은 결코 한마디의 말도 하지 않는 무언의 무리로 묘사된다. 단지 '우리들'을 물끄러미 바라보는 눈만이 빛난다. 그러나 그 눈도, 하등의 감정도 관심도 보이지 않고 마치 등 뒤를 관통하는 듯한 시선을 던질 뿐이다.

막 우리들이 출발하려는 순간에 갑자기 레이몽이 정면을 보라고 신호를 보냈다. 아랍인 일당이 담뱃가게 앞에 등을 기대고 서 있었다. 가만히 입을 다문 채 우리 쪽을 바라보고 있었는데 그것은 실로 그들다운 몸짓으로 마치 우리 따위는 돌이나 고목나무와 마찬가지라는 듯했다.[5]

이 집단 속에는 레이몽에게 앙갚음을 당했던 [레이몽의 정부이자 무어인인] 여자의 오빠가 있다. 이 아랍인들을 뿌리치듯이 뫼르소는 레이몽과 함께 연인인 마리를 데리고 해안에 있는 레이몽의 친구 별장으로 향한다. 그러나 어째서인지 그곳에서 또한 길에서 보았던 아랍인들을 만난다. "태양의 빛은 거의 수직으로 모래 위에 내리쬐고 해면의 반짝임을 견딜 수 없을 정도"가 되었을 때, 마치 무대 배경이 갖추어진 것처럼,

---

4) カミュ, 『異邦人』, 35頁.
5) 앞의 책, 51頁.

"푸른 작업복을 입은 두 명의 아랍인"[6]이 나타나 뫼르소와 일행이 있는 쪽으로 다가왔다. 레이몽이 [자신의 정부였던] 여자의 오빠에게 싸움을 걸다 단도로 입과 팔을 베었지만, 일단 그 아랍인들은 달아난다. 그러나 그 후 바로 레이몽과 뫼르소는 해안에서 다시 그 아랍인들과 딱 마주친다. 마치 둘을 기다리고 있었던 것처럼.

> 그곳에서 우리들은 그 두 명의 아랍인과 만났던 것이다. 놈들은 푸른 작업복을 입고 누워 있었다. 극히 평온한, 정말로 안정된 모습이었다. 우리들이 나타났는데도 어떤 변화도 없었다. 레이몽을 찌른 놈도, 아무 말도 없이 레이몽을 응시하고 있었다. 또 한 놈은 작은 갈대 피리를 불고 있었는데 곁눈질로 우리들 쪽을 흘끗거리며 갈대 피리로 낼 수 있는 세 가지 소리를 그치지도 않고 반복해 내고 있었다. / 그 동안, 그곳에는, 태양과, —졸졸 흐르는 샘물과 갈대 피리의 세 가지 소리를 포함한 침묵 이외에는 아무것도 없었다.[7]

그러나 이번에는 아무 일도 일어나지 않는다. 사건이 일어나는 것은 혼자서 해안을 걷고 있던 뫼르소가 세 번째로 아랍인과 만났을 때이다. 단지 이번에는 아랍인이 혼자다. 만남이 반복됨에 따라 아랍인의 존재는 태양과 모래해변과 일체가 되어 뫼르소를 사로잡는다. 이후의 묘사는 실로 긴박하게 전개되지만, 역시 아랍인은 한마디 말도 하지 않는다. 그 침묵이 뫼르소를 더욱 협박한다.

---

6) カミュ, 『異邦人』, 56頁.
7) 앞의 책, 59頁.

그는 혼자였다. 반듯하게 드러누워서 두 손을 목덜미 밑에 넣고, 얼굴만 바위 그늘 속에 숨기고는 온몸에 햇볕을 받으며 쉬고 있었다. 푸른 작업복에서 모락모락 김이 피어올랐다. [⋯] 반쯤 감은 그의 눈꺼풀 사이로 이따금씩 슬쩍 새어나오는 시선을 느낄 수 있었다. 그렇지만 여전히 그의 모습은 내 눈앞에서, 타오르는 대기 속에서 춤추고 있었다. [⋯] 나는 뒤돌아서기만 하면, 그것으로 모든 일이 끝나리라고 생각했다. 그러나 햇볕에 펄펄 끓어오르는 모래밭이 뒤에서 나를 압박해 왔다. [⋯] 그러자 아랍 놈이 몸을 일으키지 않은 채로 단검을 꺼내어 햇빛 속에서 나를 겨누었다. 햇빛은 단검 위에 부딪쳐 번쩍거리는 긴 칼날처럼 내 이마에 와서 꽂혔다.[8]

이렇게 "이마에서 울리는 태양의 심벌즈"와 "단검에서 쏟아지는 빛의 칼날"에 위협당한 뫼르소는 우선 아랍인에게 한 발, 이어서 그 시체에 네 발, 총을 쏘아 댄 것이다. 이 묘사에서도 알 수 있듯이, 뫼르소를 막다른 상태로 몰아넣었던 것은 결코 한 명의 개인인 아랍인이 지녔던 살의(殺意)가 아니다. 오히려 태양과 모래사장과 합체된 무명의 아랍 집단의 환영에 위협당했다고 해야 할 것이다. 또한 살해당한 아랍인의 이름이 무엇인지는 취조나 재판에서도 결코 명확히 드러나지 않는다. 마치 살해당한 것은 이름 없는[無名] 물체이기나 한 것처럼.

이처럼 『이방인』에서 아랍인은 비인격적 집단일 뿐 아니라, 태양, 모래사장, 암석, 빛, 바람과 같은 알제리의 풍경 속에 녹아든 자연물로

---

8) 앞의 책, 63~64頁.

변해 버린다. 그들 이름 없는 집단은 이러한 알제리의 풍경과 함께 점차 뫼르소를 몰아가는 강박관념이 된다. 마치 아무리 뿌리치려고 해도 집요하게 쫓아오는 유령처럼, 아랍인들은 뫼르소를 따라다닌다. 이는 식민지의 피지배 민족이 지닌 원망에 대해서 지배민족이 느끼는 두려움의 표현인 것은 아닐까? 더구나 아무리 '알제리의 아랍인'이 알제리의 자연에 애착을 느낀다고 해도, 그 자연은 결국 '알제리인'을 거부한다. 고향에서 원망을 당하고 거절당하는 것이야말로 이른바 '부조리'가 아니고 무엇이겠는가? 이러한 것은 '식민지'라는 무대를 통해서 처음으로 가능해진다.

체포당한 후, 뫼르소는 유치장에 갇히는데 유치장에 있는 사람들은 대부분 아랍인들이었다. "내가 체포당했던 날에는 우선 여러 명이 수감되어 있는 방에 들여보내졌는데, 그 대부분이 아랍인이었다. 그들은 나를 보면서 웃었다. 이윽고 무슨 짓을 했냐고 물었다. 아랍인 한 명을 죽였다고 답하자, 그들은 일시에 잠잠해졌다.[9]

뫼르소가 연인인 마리와 면회를 했을 때에도, 주변은 거의 아랍인으로 가득 차 있었다.

내 옆에는 열 명 정도의 죄수가 있었는데, 대부분이 아랍인이었다. 마리는 무어인 여자에 둘러싸여 있었고 면회를 하는 두 명의 여자 사이에 끼

---

9) カミュ, 『異邦人』, 75頁.

어 있었다. 한 명은 검은 옷을 입었으며 키가 작고 입을 꾹 다물고 있는 할멈이었다. 또 한 명은 머리에 천도 두르지 않은 뚱뚱한 여자로, 과장된 몸짓을 해가면서 큰 소리로 지껄이고 있었다.[10]

이 면회실에서 뫼르소가 또다시 만난 것은 이름 없는 아랍인 집단이었다.

안으로 들어서자, 그 방의 넓고 벗겨진 벽에 울려서 웅성웅성거리는 사람들의 목소리와 하늘에서 유리창으로 쏟아져 내려 방안 가득 퍼지는 난폭한 햇살 때문에 나는 어떤 어지러움을 느꼈다. […] 아랍인은 큰 소리를 내지 않았다. 이 소란스러움에도 불구하고 그들은 서로 나지막이 이야기를 주고받고 있었고, 그럼에도 의사를 교환할 수 있었다. 바닥에서 올라오는 그들의 둔탁한 중얼거림이 그들의 머리 위에서 부딪치는 고함소리를 받치는 이른바 일종의 베이스가 되어 계속해서 울리고 있었다.[11]

의미를 이해할 수 없는 언어로 이야기하는 낮은 중얼거림은 사람들을 공황 상태에 빠뜨린다. 그리고 거기에서도 아랍인들은 이름 없는 귀신이 되어 "난폭한 햇살"과 소란스러움 속에 용해되어 있다. 이 빛과 소란스러움은 고발의 의지 같은 것은 전혀 드러내지 않고, 알몸인 자연의 존재 그대로 그곳에 있다. 그러나 식민지인인 뫼르소는 결코 그 속에 들

---

10) 앞의 책, 76頁.
11) 앞의 책, 76~77頁.

어갈 수 없다. 그는 대지로부터 영원히 거절당한 채이다.

2. '손님'(客) 혹은 '적'(敵)

카뮈의 작품 중 '식민지'의 상황이 가장 선명하게 나타나 있는 것은 그의 마지막 작품이 된 단편집『추방과 왕국』[12] 중「손님」(客)이란 제목의 글이다. 주인공은 알제리의 고원에서 학교 교사를 하고 있는 다뤼이다. 어느 날 다뤼의 학교에 헌병 발뒷치가 아랍인 죄수를 데리고 나타난다. 발뒷치는 코르시카 섬 출신이다. 일본어 번역에서는 'balducci'는 '발뒷시'(バルデュッシ)라고 프랑스어식으로 읽고 있지만, 코르시카에서는 이탈리아어에 가까운 방언을 쓰고 있다. 따라서 그의 민족적 출신을 명시하기 위해서는 이탈리아어식으로 '발뒷치'(バルドゥッチ)라고 읽는 편이 좋을지 모르겠다(이하의 인용문에서도 번역문을 변경해 이탈리아어 식으로 표기한다—지은이). 이 장면에서는 알제리를 구성하는 세 민족인 프랑스인, 코르시카인, 아랍인이 만나고 있는 게 된다.

발뒷치는 다뤼에게 머지않아 반란이 일어난다는 소문이 있어서 [자신은] 마을 경비로 돌아가야 하므로 아랍인 죄수를 가까운 마을의 경찰에게 데려다 주었으면 좋겠다고 부탁한다. 죄인에 대한 혐오와 친근감이 뒤섞인 감정을 느끼면서, 다뤼는 아랍인과 함께 식사를 하고 두 개의 침대에 이웃해서 잔다. 날이 밝자 다뤼는 아랍인을 언덕 위로 데려가서 두 방향을 가리킨다. 하나는 동쪽 방향, 그쪽에는 경찰이 죄수를 기

---

12) [옮긴이] 한국어판은『적지와 왕국』(원제: *L'Exil et le royaume*), 김화영 옮김, 책세상, 1998년. 이하「손님」의 번역은 이 번역본을 참고했다.

다리고 있다. 다른 하나는 남쪽 방향, 그쪽에서는 유목민이 죄수를 숨겨줄 것이다. 그리고 어느 방향으로 향해 갈 것인지는 아랍인의 자유에 맡기고 자신은 언덕을 내려온다. 어쩐지 불안해진 다뤼는 다시 한번 언덕 정상에 올라 아랍인이 가는 방향을 확인한다. 그러자 어쩐 일인지 동쪽의 경찰이 있는 방향으로 "감옥으로 가는 길을 향해 조용히 가고 있는 아랍인의 모습"을 본다. 학교로 돌아온 다뤼는, 누구의 것인지 알 수 없는 문자가 칠판에 쓰여 있는 것을 알아챈다. 그것은 이런 글귀였다. "너는 내 형제를 넘겨주었다. 반드시 그 대가를 치르리라." 그리고 "그토록 사랑했던 이 넓은 나라에 그는 혼자였다"라는 인상적인 말로 이 단편은 끝난다.

우선 이 단편에서 주의를 끄는 것은 「손님」(客, L'Hôte)이라는 제목 그 자체다. 이 'Hôte'라는 말은 기묘한 어원을 지니고 있다. 프랑스어 'hôte'는 라틴어 'hostis'까지 거슬러 오른다. 'hostis'는 '손님'이 아니라 '적'(敵), '타지사람'(よそ者)을 의미했다. 카뮈가 의식하고 있었는지는 모르지만, 이 단편은 '손님=적'의 양의성 위에 성립하고 있는 듯하다.

방베니스트(Émile Benveniste)에 의하면 'hostis'의 의미 변화는 다음과 같다. 'hostis'는 고트(Goth)어의 'gasts'(독일어의 'Gast', 영어의 'guest'의 이전 형태)에 대응하는데, 'hostis'는 '적'을 의미하고, 'gasts'는 '손님'을 의미한다. 이것은 'hostis'의 원래 의미인 '타지사람'에 기반해 설명되는 경우가 많다. 즉 '호감이 가는 타지사람'은 '손님'이 되고, '적대적인 타지사람'은 '적'이 된다. 그렇지만 'hostis'가 가리키는 '타지사람'이란 '로마시민들과 동등의 권리가 인정된 한에서의 타지사람[他所者]'이며, 그러한 의미에서 '호혜 관계에 있는 사람'을 지시한다. 그러나 도시 국가가 성장하면서 사람 대 사람, 씨족 대 씨족의 호혜 관계는 소멸하고, '도시'의 안팎을 구별하는 것만이 남는다. 이렇게 해서 "우리들이 정확히 알지 못하는 무언가의 변화에 의해, hostis와 같은 말은 '적의'라는 의미를 띠고, 이후 '적'을 가리킬 때에만 사용하게 되었다". 그 결과 'hostis'로부터 파생된 합성어 'hospes'는 '손님 환대의 개념'(hospitalité)만을 이어 받게 되었다고 방베니스트는 설명한다.[13]

확실히 헌병 발뒷치가 끌고 온 아랍인은, '타지사람'이며, '적'이며, '손님'이었다. 이 아랍인은 "얼굴 전체가 불안한 동시에 반항적으로 보여", 다뤼에게는 종잡을 수 없는 정체불명의 인상을 준다.

발뒷치 쪽을 향해서 그는 말했다. "대체 이 사람은 무슨 짓을 저질렀나요?" 그리고 헌병이 입을 열기도 전에 묻는다. "프랑스 말을 할 수 있나요?"

"아니, 한마디도 못해. 한 달 전부터 이놈을 찾고 있었는데, 동료 녀석들이 숨겨 주고 있었던 거야. 이놈은 사촌 동생을 죽였거든."

"우리에게 반항하고 있는 건가요?"

"내 생각엔 그렇지 않아. 그렇지만 결국 어찌될지 알 수 없지."

"왜 죽였는데요?"

"복닥대는 집안 다툼이었나봐. 한쪽이 다른 쪽에게 밀인가 뭔가를 빌렸다나봐. 그 부분은 분명치 않아. 말하자면 이놈은 사촌을 낫으로 찔러 죽였단 말이지. 왜 있잖아, 마치 양을 잡듯이 콱 찔러서…".[14]

<hr>

13) E·バンヴェニスト, 『インド゠ヨーロッパ制度語彙集 1/経済·親族·社会』, 蔵持不三也 ほか 共訳, 言業社, 1986, 85~89頁.
14) カミュ, 『転落·追放と王国』, 大久保敏彦·窪田啓作 訳, 新潮文庫, 2003, 204~205頁.

이 아랍인이 대체 어떤 사람이고, 어떠한 범죄를 저질렀는가는 확실하지 않다. 프랑스인에 대한 저항운동의 일파인지 아닌지도 알 수 없다. 그리고 역시 이 장면에서도 이 아랍인의 이름은 확실치 않다. 이 아랍인은 '우리들'에 속하지 않는다. 왜냐하면 그는 프랑스어를 못하기 때문이다. 따라서 다뤼의 어떤 시선도 전해지지 않고 튕겨 나와 버린다. 그렇다면 다뤼와 아랍인은 어떤 말로 대화를 주고받았던 것일까? 다뤼가 아랍인에게 처음으로 말을 건 것은 "기다리게"라는 간단한 아랍어였다. 그 후 잠시 뒤부터 진행된 대화가 어떤 언어였는가는 확실히 밝혀져 있지 않지만, 프랑스어를 전혀 하지 못한다는 헌병의 증언이 맞는다면, 이 대화는 아랍어로 행해졌다고 생각하는 게 자연스러울 것이다.

다뤼는 이 '손님'과 불가사의한 하룻밤을 보낸다. 바로 옆에서 자고 있는 아랍인의 등을 보면서 다뤼는 "인간이라는 것은 같은 방에서 자면 그것이 병사든 죄수든 불가사의한 인연을 맺는 법이다"라는 감정에 휩싸인다. 그러나 다른 한편 아랍인이 조금이라도 몸을 뒤척이면 다뤼는 "불안을 느껴 몸을 움츠렸다". 아랍인이 소변을 보러 밖으로 나갔을 때는 아랍인이 도망가 주면 좋겠다고까지 바라지만, 아랍인은 소변을 누고 자신의 침상으로 돌아왔다. 다뤼는 이 아랍인에게 아침식사와 하룻밤의 잠자리를 주었기 때문에, 그 아랍인은 '손님'임에 틀림없다. 그렇지만 어디로부터 왔는지도 알 수 없는 '타지사람'이며, 감시해야만 하는 죄수라는 입장을 생각해 보면, 그 아랍인은 '적'이기도 했다. 다뤼는 이 아랍인에게 어떤 감정을 품어야 하며, 그를 어떻게 처리하면 좋을지 알지 못한 채 쩔쩔매고 만다.

그는 이 남자의 바보 같은 범죄에 화가 치밀어 올랐다. 하지만 그를 넘겨주는 것은 신의를 생각할 때 할 짓이 아니었다. 그것을 생각하기만 해도 부끄러운 느낌이 들어 미칠 듯했다. 그리고 동시에 이 아랍인을 그에게 맡기러 온 동료들과, 감히 살인을 저지르고서도 도망치지 못한 이 남자, 양쪽이 모두 저주스러웠다.[15]

여기서 다뤼가 선택한 것은, 경찰에게 갈까 동료들에게로 갈까라는 선택을 아랍인 자신의 자유의지에 맡기는 것이었다. 그러면 다뤼는 헌병의 명령을 배신하지도 않고, 아랍인을 경찰에 넘기지 않아도 되기 때문이다. 그렇지만 이 결단은 극히 무책임한 결단이라고 생각할 수 있다. 결국 다뤼는 자기 손을 더럽히는 것을 피했을 뿐이라고 할 수 있다. 그러나 이러한 다뤼의 '결정하지 않음'(비-결정)은 일종의 각오와 체념[諦觀]이었을지도 모른다. 자신도 죄수도 사막 위를 꿈틀거리며 최후에는 사막 속에 소멸해 버릴 보잘 것 없는 일개 생명에 불과하지 않은가? 그러나 어떤 존재건 이 사막을 받아들이지 않는 한 살아갈 수 없다, 라고.

이 나라의 4분의 3을 뒤덮고 있는 것은 돌뿐이었다. 거리들은 거기서 생겨나 휘황히 빛나고 이윽고 사라져 갔다. 사람들은 그곳을 거닐고 서로 사랑하고 혹은 숨통에 딱 달라붙어 서로 물어뜯다가 이윽고 죽어 갔다. 이 사막 속에서는 누구도 자신도 또한 이 손님도 모두 보잘 것 없는 존재였다. 그럼에도 이 사막 밖에서는 그 누구도 진정한 삶을 살아갈 수 없을 것이었다―다뤼는 그것을 알고 있었다.[16]

---

15) カミュ, 『転落・追放と王国』, 215~216頁.
16) 앞의 책, 209頁.

즉, 다뤼는 사막의 운명에 아랍인을 맡겼던 것이지만, 그때 다뤼에게도 또 하나의 사막의 운명이 다가오고 있었다. 그것은 동료들로부터의 복수였다.

3. 고향에서의 추방

단편 「손님」에는 식민지의 상황을 상징하는 표시가 명확히 삽입되어 있다. 그것은 틀림없이 다뤼가 수업을 위해서 썼다고 여겨지는, 칠판에 "네 가지 백묵으로 쓴 프랑스의 4대 강" 지도이다. 식민지의 아이들은 자기 국가의 지리가 아니라, 우선 종주국 본국의 지리를 배운다. 마치 대만이나 조선의 어린이들이 일본의 산맥과 산천의 이름을 억지로 외워야 했던 것처럼. 식민지에서 자신들의 토지는 그 고유한 것으로서는 존재하지 않는다고 간주된다. 그렇다고 하기 보다, 종주국의 언어로 이름 붙여짐으로써 존재가 사라져 버리는 것이다. 따라서 소설 끝부분에서 칠판 위에 "프랑스 큰 강의 넘실거리는 굽이 사이에 매우 서툰 필적으로 백묵으로 쓴 글자"는 아랍인에게 강요된 프랑스적인 것에 대한 반항의 증거가 된다. 그것이 "매우 서툰 필적"인 까닭은 그 글자를 쓴 자가 프랑스어를 제대로 익히지 못했기 때문일 것이다. 필시 그는 프랑스어 지식을 최대한 쥐어짜서 칠판에 글자를 새겼던 것이다. "너는 우리의 형제를 넘겨주었다. 반드시 그 대가를 치르리라"라고.

글자를 쓴 '나'[己]란 결코 한 개인인 어떤 자가 아니라, 아랍 민족 전체를 의미하지 않을까. 그리고 '보복'을 받아야 할 '너'란 다뤼만이 아니다. 알제리를 식민지화하고 들어와 사는 프랑스인 모두가 이 죄를 짊어지게 된다. 아무리 아랍인에게 친애의 정을 보이려고 해도, 다뤼는 결코 그 '원죄'로부터 도망칠 수 없다. 그럼에도 다뤼에게 고향은 다른 곳일 수 없다. 따라서 다뤼는 영원히 고독한 채로 계속해서 식민지에 머물 수밖에 없다. 그는 고향에 머물기 때문에 고향으로부터 추방된다.

> 그러나 다뤼는 이곳에서 태어났다. 타지에 가면 어떤 곳이든 그는 추방당한 듯이 느껴졌다. […] 다뤼는 하늘을 응시하고 고원을 응시하고 그리고 저 너머 바다에 이르기까지 펼쳐진 눈에 보이지 않는 땅들을 응시하고 있었다. 그가 그토록 사랑했던 이 넓은 나라에서 그는 혼자였다.[17]

이 말에는 식민지인 카뮈의 극히 성실한 심정이 담겨져 있다고 느껴진다. 제2차 세계대전 후 점차 격렬해지는 알제리 독립투쟁 속에서 카뮈는 일관되게 알제리의 '독립'이라는 생각에 반대 의사를 표명해 왔다. 카뮈가 지향했던 것은 프랑스와 대립하는 독립국가 알제리가 아니라 프랑스와 아랍이 대등한 관계로 연결된 '프랑스-아랍 공동체'의 수립이었다. 그것을 카뮈는 이렇게 표현한다. "프랑스 문화와 아랍 문화는 더욱 넓은 시간과 공간으로 펼쳐진 더욱 넓은 하나의 문명으로 향해 가는 데 있어서, 상호 보완적인 공헌이 되었다."[18] 프랑스 문화와 아랍 문화가 공통으로 속하는 문명이란 '지중해 문명'이다. 이 지중해에 대한 마음이 바로 카뮈가 청년 시대부터 계속해서 지녀 왔던 이상이었다.

물론 카뮈가 알제리에 대한 프랑스 식민지 정책을 시인하고 있는

---

17) カミュ, 『転落・追放と王国』, 244~265頁.
18) カミュ, 「アリジェリアの未来」, 『カミュ全集 第八卷』, 佐藤朔・高畠正明 編集, 新潮社, 1973.

것은 아니다. 과거에 지은 죄를 속죄하고, 식민지에 대한 차별을 완전히 철폐하는 것이, 모든 미래의 전제 조건임은 말할 것도 없다. 그렇다면 왜 카뮈는 알제리의 '독립'에 계속해서 강건히 저항했던 것일까? 그것은 "알제리의 프랑스인"이었던 카뮈의 아이덴티티로부터 비롯된다. 카뮈는 프랑스 본국이 "알제리의 프랑스인"을 식민주의의 속죄양으로 삼아 버리려는 것에 격렬하게 분노한다. 그 다른 한편에서 알제리 독립운동이 "알제리의 프랑스인"에 대한 무차별적인 테러를 저지르고 있는 것에 대해서도 격렬하게 비판한다. 이는 단순히 휴머니즘적 입장에서 나온 비판은 아니다.

카뮈에 따르면 "알제리에 관한 한 민족 독립은 완전히 감정적인 상투어에 불과하다." 왜냐면 알제리는 아랍인만으로 구성된 것이 아니기 때문이다. "유대인, 터키인, 그리스인, 이탈리아인, 베르베르인"도 역시 마찬가지로 알제리의 일원으로 세어야 한다. 그리고 더욱 중요한 것은 백만 명도 넘게 있는 "알제리의 프랑스인"이다. "알제리의 프랑스인 중 80%는 식민자(colon)가 아니라 임금 노동자나 상인"[19]이다. 즉 "예를 들자면 그들의 할아버지들은 1871년에 프랑스를 선택하여 고향 알자스를 떠나 알제리에 도착했고, 그들의 아버지들은 1914년 프랑스 동부에서 집단 죽음을 맞이했고, 또한 그들 자신도 이번 [세계]대전에서 두 번 동원당하여, 이 매춘부 '프랑스'를 위하여 온갖 전선에서 몇 십만 명의 회교도들과 함께 싸움을 계속해 왔던, 그러한 사람들"[20]인 것이다.

---

19) 「引き裂かれたアルジェリア」, 『カミュ全集 第八卷』.
20) カミュ, 「まえがき アルジェリアの記錄」, 『カミュ全集 第十卷』, 佐藤朔·高畠正明 編集, 新潮社, 1973.

이러한 카뮈는 "알제리의 프랑스인 또한, 단어 그대로의 가장 강한 의미로 토착민이다"라고 단언하기에 이른다. 알제리의 '독립'이 이들 토착민인 프랑스인을 배제하게 될 것을 카뮈는 두려워했던 것이다.

그러나 알제리의 '민족독립'에 반대했던 카뮈의 입장은, 어떤 각도에서 봐도 변호할 여지가 없다. 카뮈는 "아랍의 고유성은 프랑스의 고유성에 의하여 승인되겠지만, 그것을 위해서는 프랑스인이 존재해야만 한다"(「찢겨진 알제리」)고 단언했다. 또한 "프랑스와 연결된 알제리는 단순히 공정함이라는 관점에서 생각해 봐도, 이슬람 제국과 연결된 알제리 따위와는 비교할 수 없을 정도로 바람직하다고 생각한다"(「머리글 '알제리의 기록'」)라고 확신에 차서 생각했던 듯하다. 이러한 카뮈의 발언에는 유럽 중심주의적 우월감과 이슬람에 대한 편견이 어렴풋이, 그러나 사라지지 않는 문신처럼 각인되어 있는 듯이 보인다.

그리고 카뮈의 꿈처럼 '프랑스=아랍 공동체'라는 이상은, 현실에서는 식민지 지배의 새로운 변명이 되었을지 모른다. 사실 프랑스 정부는 알제리가 프랑스와 '불가분의 일체'를 이룬다는 생각을 버리려 하지 않고, 튀니지와 모로코의 독립을 인정한 뒤에도 알제리의 독립은 좀처럼 허락하려 하지 않았다. 카뮈의 말은 현실 정치의 세계에서 사상적으로도 정치적으로도 실패가 노정되어 있었다고도 할 수 있다. 그렇지만 소설 속에서 카뮈는 프랑스인과 아랍인의 연대를 그릴 수 없었다. 이는 카뮈가 소설에서는 현실주의를, 평론에서는 이상주의를 택했다는 것, 즉 의도적으로 작법을 구분했음을 의미하는 것이 아닐까? 문학은 사상과 정치의 실패 후에도 남기 마련이다. 카뮈의 문학은 이중으로 추방된 존재였던 '알제리 프랑스인'의 삶을 최대한 성실하게 그려 낸 것으로 기억되어야 할 것이다.

〈부기〉

나는 일본으로 가는 것 등은 생각하지도 못했던 때, 카뮈의 작품을 한국어로 읽었다. 그리고 지금 일본어로 다시 읽고 있다. 읽으면서 놀랐던 것은 내 마음 속 스크린에 일본의 식민지 문학, 특히 조선에서 태어나고 자란 문학자의 작품, 예를 들면 유아사 가쓰에[21]의 작품이나 모리사키 가즈에[22]의 『경주는 어머니가 부르는 소리』 등이 크고 선명하게 떠올랐기 때문이다. 물론 이들 작품과 카뮈의 작품은 쓰인 무대도, 역사적·사회적 배경도 완전히 다르다. 더구나 카뮈의 작품은 쫓아내도 쫓아내도 또다시 바로 시야를 막아서는 것과 같은 짙은 안개에 싸여 있는 듯한 부분이 있다. 식민지 문학에 대하여 일본에서 내가 느끼고 있는 점은 바로 이러한 것이라는 생각이 들었다. 따라서 내게 카뮈의 작품은 일본의 식민지 문학을 보기 위한 새로운 시선을 주었다.

이번에 일본어로 카뮈를 재회한 것은 사실상 그의 작품이 나를 향하여 다가온 것을, 즉 카뮈가 전해 온 새로운 편지임을 깨닫게 해주었다.

---

21) [옮긴이] 유아사 가쓰에(湯淺克衛, 1910~1982) : 일본의 소설가. 초등학교부터 중학교 시절을 조선에서 살았으며 제1 와세다 고등학원을 중퇴했다. 1935년 『가이조』(改造) 현상소설에 2등으로 당선되면서 작가로 데뷔한다. 1936년에 동료들(혼조 무쓰오, 히라바야시 효고, 다나베 고이치로, 이토 세, 이노우에 도모이치로) 등과 함께 『겐지쓰』(現実)를 창간했으며, 이어서 잡지 『진민분코』(人民文庫)에 프롤레타리아 문학을 쓰며, 이후 식민지 소설을 썼다. 전후에는 브라질 이민을 주제로 한 작품을 집필했다.

22) [옮긴이] 모리사키 가즈에(森崎和江, 1927~): 원문에는 森崎和枝로 되어 있지만, 森崎和江를 의미한다. 언급된 책 『경주는 어머니가 부르는 소리』(慶州は母の呼び声, 筑摩書房, 1991)는 1985년 모리사키 가즈에가 한국을 방문한 뒤 그 경험을 바탕으로 쓴 책이다. 모리사키 가즈에는 식민시기에 조선 대구에서 식민자의 딸로 태어났다. 1945년 일본 패전 이후 일본으로 돌아가지만, 평생 일본의 단일 민족 공동체에 동화되지 못했으며 그 사이에서 느끼는 갈등과 흔들림을 표현해 왔다. 특히 일본 기타큐슈 지쿠호 탄광에서 생활했던 여성들의 이야기나 일본의 해외 매춘부로 알려진 '카라유키상'의 이야기를 듣고 쓰는 독특한 글쓰기를 실천했다.

그리고 지금은 많은 연구자들과 풍부한 축적이 있는 일본의 프랑스 문학 연구가 카뮈를 어떻게 읽어 왔는지에 대해 알고 싶다고 절실히 느끼고 있다.

허무에서 꿈으로
—『광조곡』을 둘러싸고

1. 밤의 택시 드라이버

오랜만에 양석일의 『택시 광조곡』(タクシー狂躁曲)과 『택시 드라이버 일기』(タクシードライバー日誌)를 다시 읽다가 이런저런 다양한 생각이 떠올랐다. 먼저 떠오른 것은 홍세화의 『나는 빠리의 택시 운전사』[1]이다.

이 책의 배경에는 한국 현대사의 비극이 가로놓여 있다. 1979년 10월, 박정희 정권은 '남민전'('남조선 민족 해방전선'의 약칭)이 국가 전복을 기도한 악질적인 '빨갱이' 집단이라고 떠들어 댔다. 홍세화도 '남민전'에 관련된 인물이라는 이유로 수배되었다. 그렇지만 그는 바로 그때 우연히도 직장 때문에 파리에 있었기 때문에 검거망에서 벗어날 수 있었다. 그리고 그는 프랑스로 망명하기로 결심하고, "빠리[2]의 단 한 명의 한

---

1) 洪世和, 『コレアン・ドライバーは、パリで眠らない』, 米津篤八 訳, みすず書房, 1997[홍세화, 『나는 빠리의 택시운전사』 창작과비평사, 1995].
2) [옮긴이] 표준어는 '파리'이지만, 직접 인용 부분은 홍세화의 책 원본의 표기를 따라 '빠리'로 표기한다.

국인 드라이버"로 살아가는 길을 선택했다. 이 책은 1995년에 한국에서 간행되자마자 바로 베스트셀러가 되었다. 그 후 홍세화는 귀국을 허가 받아 한국 땅을 밟을 수 있게 되었다.

현대 사회에서 택시 드라이버는 '이동'(移動)과 '이산'(離散)의 상징 인 것일까? 도쿄의 양석일과 파리의 홍세화의 운명은 이러한 생각이 들 게 했다. 아무런 생활 수단도 갖지 못한 채 유일하게 지닌 것이 운전면 허라면 사람들은 종종 택시 드라이버를 직업으로 선택한다. 그리고 대 도시를 목적도 없이 방황하며 택시를 타 줄 승객을 찾는다. 고용주의 명 령과 고객의 지시는 택시 드라이버들이 지켜야만 하는 신성한 법도이 다. 적어도 수입을 늘리기 위해서 가혹한 노동 조건하에서 밤낮 구별 없 이 운전을 계속해야 하는 택시 드라이버의 모습은 도쿄에서도 파리에 서도 전혀 다르지 않다. 그러나 양석일과 홍세화 사이에는 큰 차이가 있 다. 망명자인 홍세화는 고향임에도 불구하고 돌아갈 수 없게 된 한국에 대하여 비통한 망향의 마음을 품고 있다. 그리고 겨우 얻게 된 [프랑스] 체류 허가증에 "갈 수 없는 나라… 꼬레"('꼬레'는 프랑스어로 '코리아'를 의미한다.) 라고 쓰여 있는 것을 보았을 때, 홍세화는 센강을 향해 절망적 으로 외친다. 그러나 그 한편에서 홍세화는 유머가 넘치는 필치로 프랑 스와 한국의 정치 상황, 문화 상황을 비교한다. 이를 통하여 한국 사회 가 이질적인 타자를 받아들이는 '똘레랑스=관용' 정신이 결여되어 있음 을 비판한다. 그러한 비판에는 일종의 정신적 여유조차 엿보인다.

양석일에게는 이러한 여유를 찾을 수 없다. 분명 작가가 지닌 성향 의 차이도 있을 것이다. 그러나 큰 차이는 양석일에게 현실 속에서도 상 상 속에서도 돌아갈 '고향'이 존재하지 않는다는 점에 있다. 양석일은 그 어디에도 돌아갈 장소가 없다. 양석일 세계의 근저에는 "나에게는 아무엇도 없다. 고향도 집도 없다"(「탈주」)라는 박탈감이 있다. 홍세화가 지평선 저쪽에 있는 도달할 수 없는 목적지를 향해 계속하여 질주하는 '낮의 택시 드라이버'라면, 양석일은 갈 곳도 모르는 채 무엇인가에 내몰리듯 오직 어둠을 향해 질주하는 '밤의 택시 드라이버'이다. 『택시 광조곡』의 마지막 부분에 수록된 「크레이지 호스Ⅱ」의 주인공인 택시 드라이버는 이렇게 중얼거린다.

> 앞으로도 나는 거리에서 거리로 집시처럼 흘러 다니고 있겠지. 내 종착지는 승객에게 달려 있다. 승객이 주문하는 대로 어디에든 간다. 배가 고프면 서서 먹는 소바[3]를 먹고, 졸리면 도로 한편에 차를 대고 잔다. 택시 운전수에게는 오봉[4]도 설날도 없다. 어제와 오늘을 가르는 자오선(子午線)이 있을 뿐이다. 육체와 정신의 끝없는 상극이 있을 뿐이다. 헤드라이트가 비추는 어둠 저쪽에 입을 쩍 벌린 지옥의 입구가 보인다. 삶과 죽음이 등을 맞대고 있는 하늘땅 끝점[天底点]으로 돌진해 간다. […] 나는 짐이 될 것들을 하나하나씩 버려 왔다. 육친, 허영심, 돈, 책, 최후의 보루였던, 그나마 얼마 남지 않은 자존심까지 하수구에 던져 버렸다. 덕분에 홀가분하다. 이제는 아무 미련도 없다. 어제가 오늘이고 오늘이 내일이며 나의 미래는 영원히 오지 않는 과거진행형이다. (「크레이지 호스Ⅱ」)

---

3) [옮긴이] 다치구이소바우동텐(立ち食いそば·うどん店): 싼 가격에 재빨리 먹을 수 있는 서서 먹는 소바·우동집으로 역 주변이나 시장 주변 등에 많다.
4) [옮긴이] 오봉(お盆): 음력 7월 보름에 하는 백중맞이로 조상에 대한 제사를 지낸다. 한국의 추석과 비슷한 명절이다.

'어둠'과 '지옥'을 향해 달리는 드라이버의 모습은 마치 출구 없는 허무감에 갇혀 있는 듯하다. 그렇지만 여기서 양석일 자신의 절망이나 니힐리즘을 보는 것은 옳지 않다. 자칫하면 자포자기의 절망이나 니힐리즘에 빠지기 쉬운 표현이, 양석일의 문학에서는 거대한 삶의 에너지로 전환[轉化]되어 간다. 양석일 문학이 지닌 최고의 비밀은 이 불가사의한 화학 변화에 있다.

2. 『광조곡』의 시적 세계

지금은 『택시 광조곡』이라고 제목이 붙여져 있지만, 이 작품이 처음 발표되었을 때에는 단지 『광조곡』(1981)이라는 제목만이 붙어 있었다. 여기서는 첫 제목을 존중하여 『광조곡』이라고 부르기로 하자.

작품 계열로 보자면, 『광조곡』은 양석일의 이후 작품을 예고하는 서장(序章)으로 위치 지을 수 있을 것이다. 그러나 『광조곡』에는 그에 그치지 않는 가능성이 숨겨져 있다고 느껴진다. 『광조곡』에는 양석일 문학의 원형질이 응축된 형태로 들어차 있다. 오해를 불러일으킬 표현일지 모르지만, 『광조곡』은 양석일의 최초이자 최후의 '순문학'일지도 모른다. 『광조곡』 이후 양석일은 요설(饒舌)과 혼돈의 세계 속으로 자신을 던져 넣고, 급류처럼 독자를 압도하는 이야기들을 계속하여 발표하기 시작했다. 양석일에게는 포스트 모던 작가가 빠지기 쉬운 이야기에 대한 회의 등이 없다. 마치 그런 회의 따위는 이리저리 머릿속에서 굴리는 하찮은 핑계에 불과할 뿐, 자신에게는 말하고 싶은 이야기가 산더미만큼 있다고 하는 듯하다. 물론 이야기에 대한 이러한 욕구의 맹아는 모두 『광조곡』 속에 여러 가지 형태로 배태되어 있다. 『광조곡』은 조용히 멈춰서 한꺼번에 방출되길 기다리는 댐의 저수지인 듯하다. 겉보기에는 작지만 거기에는 방대한 에너지가 저장되어 있는 것이다.

『광조곡』에는 「탈주」(迷走), 「신주쿠에서」(新宿にて), 「공동생활」(共同生活), 「제사」(祭祀, チェサ), 「운하」(運河), 「크레이지 호스 I」(クレイジーホース I), 「크레이지 호스 II」(クレイジーホース II)의 7개 단편이 수록되어 있다. 각 단편은 독립되어 있는 동시에 차례대로 포개지듯이 서로 연결되어 하나의 세계를 형성하고 있다. 따라서 『광조곡』은 단편집이라기보다는 하나의 연작소설이라고 해도 좋을 것이다. 그리고 이들 7개의 이야기를 연결해 주는 것은 화자(話者)인 '나'[5]이다. 물론 대담한 독해를 해 보자면, 각 이야기의 '나'는 결코 일치하지 않는다고 보는 것도 가능할지 모른다. 그럼에도 모든 작품에 '나'라고 불리는 화자가 등장한다는 점에서는 일치한다.

『광조곡』은 분명, 양석일 자신이 택시 드라이버로 일하면서 얻은 풍부한 경험의 산물일 것이다. 양석일은 그 경험으로부터 다채로운 소설의 재료를 마음대로 골라내는 것이 가능했음에 틀림없다. 그러나 그렇다고 해도 『광조곡』에는 '사소설'적인 점이 전혀 없다. 그 이유 중 하나는 화자인 '나'의 위치에 있다. '나'는 이야기 속에서도 결코 주인공이라고 할 수 없다. 오히려 '나'는 다른 잡다한 등장인물을 묶어 주는 이음매와 같다. 작가의 시선은 '나'의 눈을 통해 어딘지 별난 주변 인물들을

---

5) [옮긴이] 원문은 보쿠(ぼく): 일본어는 '나'라고 지칭할 때 남성격과 여성격을 구별하는 경우가 있다. '와타시'(わたし)는 남녀 모두에게 쓰지만, 남성이며 스스로 아랫사람일 경우 '보쿠'(ぼく)를 써서 지칭한다. 이 두 표현이 일인칭이 주어로 등장하는 소설의 분위기를 매우 다르게 느끼게 함으로 2절에 나오는 '나'는 모두 일인칭 남성격 '보쿠'임을 밝혀 둔다. 또한 이하의 장에서 '보쿠'를 쓸 때는 괄호 속에 나(보쿠)로 표기해 둔다.

그려 내는, 때로는 해학적이고 때로는 슬픈 드라이버를 향해 있다. '나'
는 결코 이야기 그 자체의 원동력으로는 작용하지 않는다. 이것은 어떤
의미에서 택시 드라이버의 시점 그 자체라고 말해도 좋을 것이다. 차를
운전하는 사람은 분명 드라이버이지만, 목적지는 뒤에 앉은 승객이 결
정한다. 택시 드라이버는 그 일 자체의 성격상 자동차를 조종하는 완전
한 주체가 될 수 없다. 그러나, 바로 그렇기 때문에 택시 드라이버는 여
러 방향을 향한 시선을 동시에 가져야만 한다. 앞을 조망하는 시선이 가
장 중요하다는 것은 말할 것도 없지만, 그것과 함께 백미러에 비치는 승
객의 모습과 뒤따르는 자동차를 시야에 넣어야만 한다. 택시 드라이버
의 이러한 다방향적인 시선이 분명 양석일 리얼리즘의 근본에 있다.

　『광조곡』에 수록된 이야기의 행선지를 결정하는 것은 '나'가 아니
라, 거기에 등장하는 다채로운 주변 인물들이다. 사실『광조곡』을 다 읽
고 나서 가장 인상에 남는 인물은 경관에게 체포되자 몸에 오줌을 마구
바르는 한성정(「탈주」), 예전에는 '나'와 마찬가지로 시인 동료였으나 생
활에 절망한 끝에 취한 채 더러운 운하에 몸을 던지는 유영심(「운하」),
그리고 복싱 후유증으로 정신장애가 와서 사람들 앞에서 큰 소리로 같
은 노래를 몇 번이건 부르는 이삼[6](「크레이지 호스 I 」)이다. 이 이삼은
『광조곡』 속에서 가장 비극적인 운명을 겪은 인물일 것이다. 이삼은 이
미 이 세상에 없는 어머니와 만나기 위해 그가 알고 있는 유일한 한국어
인 '어머니'라는 말을 중얼거리면서, 두 아이를 데리고 도쿄에서 아오야
마현 하치노헤까지 차로 달린다. 그러나 결국 붙잡혀 정신병원에 감금

---

6) [옮긴이] 일본어 발음 그대로 읽으면 이사무(イサム)이지만, 여기에서는 받침이 없는 일본
　어로 조선인의 이름을 표현한 것이므로 '이삼'이라고 번역한다.

되어 버리는 것이다.

『광조곡』은 그 제목처럼 이렇게 어딘가 기묘한 인물들이 다채롭게 펼치는 광조적인 세계를 그려내지만, 그 중심에는 화자인 '나'가 존재하고 있다. 그러나 양석일은 이러한 '나'의 자리에 불만을 느꼈던 게 아닐까? 배후 조종자와 같은 '나'를 설정하는 것이 아니라, 이야기의 격류에 몸을 맡기는 편이 좋지 않을까라고 생각했음에 틀림없다. 따라서 이후 양석일 소설에서 '나'는 모습을 감춘다. 작가의 분신이며 화자이며 등장인물 중 한 명이기도 한 불안정한 위치의 인물은 나타나지 않게 된다. 1인칭으로 이야기가 진행되는 경우에도 그것은 어디까지나 등장인물의 눈을 통한 이야기라, 『광조곡』의 '나'와는 완전히 다른 위상에 있다. 그러나 이 '나'가 있기 때문에 『광조곡』에는 그 이후의 작품에서는 좀처럼 볼 수 없게 된 양석일의 모습이 엿보인다. 그것은 서정시 시인으로서의 양석일이다. 『광조곡』은 택시에 탄 승객, 제사에 모인 동포, 운전기사 동료나 택시업자, 더욱이 그것을 둘러싼 잡다한 사람들이 등장하는 이야기로 구성되어 있지만, 이따금 그 틈새에서 이야기의 그림자에 몸을 숨기고 있는 시인 양석일의 얼굴이 엿보인다. 예를 들자면, 다소 긴 인용이 될 테지만 「탈주」의 다음과 같은 부분을 들 수 있다.

기진맥진하여 이것저것 생각할 힘도 없었다. 이대로 운전을 계속하면 1킬로도 달리지 못하고 충돌할 것이다. 나는 미야시타 공원 구석에 차를 대고 잠시 눈을 부치기로 했다. 창문의 잠금장치를 해제하고 통풍이 되도록 창문을 조금 열고, 새우처럼 몸을 꾸부려 드러누웠다. 몸이 격렬하게 경련했다. 청진기라도 댄 것처럼 심장 고동이 고막을 강하게 때려 뇌수를 울렸다. 띵 하는 이명이 들리고 지면이 흔들리는 듯한 착각에 사로잡혔다. 얼음처럼 차가운 피부 표면에 땀이 나고, 끓어오르는 내장의 열기가 몸의 모공을 통해 증발해 간다. 섬유질로 분해된 피로 덩어리가 모든 근육과 관절에서 분출되어, 마치 끈적끈적한 실을 입에서 토해 내는 누에 꼴이었다. 모든 감각이 마비되어 있었다. 이미 누구의 육체인지 알 수 없었다. 밤하늘로 치솟은 초대형 드레드노트(弩級戰艦)의 포신과 같은 고층 빌딩. 길거리 어딘가에서 언뜻 보았던 코카콜라 간판. 쇼윈도에 장식되어 있는 마네킹 인형의 어쩐지 으스스하고 기분 나쁜 표정. 하나의 출구를 향해 많은 군중들이 몰려들어 엎치락뒤치락 쓰러지고, 연이어 겹쳐져 결국에는 신체가 산더미처럼 쌓여 출구를 막아 버리는 광경 등이, 단편적으로 연달아 나타나 잠이 들려는 의식을 착란시킨다. 꿈은 산산조각으로 부서지고 흩어져, 마치 유리 파편이 온몸에 박혀 있는 듯하다.

그저 10분 정도 눈을 감고 있을 생각이었는데 두 시간이 지나 있었다. 시각은 오전 6시였다. 나는 자동차 앞 유리를 통해 포물선을 그리는 새벽의 거리를 멍하니 바라보고 있었다. 비가 그치고 상쾌한 대기의 미묘한 진동과 함께 참새가 지저귀는 소리가 들려 왔다. 짙은 그림자를 드리우고 있었던 길들이, 신기루처럼 무한히 흩어지는 빛의 물보라로 넘쳐 흘러 황금색으로 빛났다. 이윽고 한 점 얼룩도 없는 선명한 감청색의 맑은 하늘 밑으로 시시각각 길의 전모가 드러났다. 빌딩 창유리에 반사된 빛의 파동이 한 줄기 섬광이 되어 내 눈을 꿰뚫자 타 버린 망막에서 눈물이 흘러나왔다. 나는 일어나 백미러를 들여다보았다. 백미러에는 본 적 없는 얼굴이 비춰져 있었다. 완전히 빨갛게 충혈된 눈. 안면 신경통처럼 얼굴 중앙을 향하여 피로가 응축되어 있다. 제멋대로 자란 머리털이 두개골을 무겁게 내리누르고 있다. "내 얼굴이 이랬었나…" 이미 내 얼굴조차 생각나지 않는다. 모래 섞인 먼지투성이가 된 침이 입안 가득히 퍼져, 내장째 뱉어 버리고 싶어졌다. 그럼에도 직업의식이 본능적으로 내 육신을 채찍질했다. 나는 담뱃잎을 씹어 길거리에 뱉어 버리고, 기어를 넣고 악셀을 강하게 밟아 돌진했다.

이것은 거의 독립된 산문시라고 해도 좋을 정도다. 세밀화처럼 신체 감각에 대한 묘사에서 시작하여(나중에 말할 테지만, 이것이야말로 양석일이 독자적으로 발견한 '아시아적 신체'의 근원에 있는 지각이다), 기묘한 거리의 정경, 꿈의 파열, 수면, 청량한 아침 풍경으로의 일변, 타인과 같은 '내' 얼굴의 출현, 그리고 일상으로의 회귀. 이렇게 진행되는 이 언어 운동에는 어떤 불필요한 말도 없으며 그것 자체로 완벽한 작품이 되어 있다. 바로 이 부분에 시인 양석일이 전면적으로 나타나 있다. 그리고 이러한 시적 언어를 통하지 않는다면, 양석일이 말하는 '아시아적 신체'는 표현될 수 없었을 것이다. 양석일이 표현하려고 하는 '신체'는 정신과 행복한 합일을 이룬 신체가 아니다. 그것은 택시 드라이버라는 가혹한 노동 끝에, 어떤 의지에도 목적에도 종속되지 않게 된 신체, 의지와 주체의 연결도 신체의 통일성도 잃어버린 끝에 나타난 여러 방향으로 분열되고 파편화[斷片化]된 신체이다. 이러한 신체성이 시야에 들어올 때 양석일의 표현은 시적으로 고양하는 동시에 정신의 밑바닥 깊이로 침잠해 간다. 그러나 소설 속에서 이러한 신체 감각은 화자인 '나'에게만 요구될 수 있다. 왜냐하면 '나'라는 것이 이야기 내부에 존재하는 한, 다른 등장인물이 이러한 내부 감각을 표현하는 것은 극히 어려워지기 때문이다.

그의 일그러진 형상이 달빛을 받아 기묘하게 빛나고 있었다. 나는 섬뜩한 기분이 들었다. 그는 오른손에 식칼을 단단히 움켜쥐고 있었다. 그의 온몸에서 방사되는 이상한 살기가 내 피부를 스쳤다. 나는 계속하여 잠든 시늉을 했다. 내 꼬리뼈부터 머리 뒷꼭지까지 점차 공포가 스멀스멀 퍼지기 시작했다. '나를 정말 찌를 셈인가…' (「공동생활」)

나는 피곤했다. 작열하는 태양에 자극받아 끓어오른 내 내장 속에서 유영심과 마신 술이 마치 세균의 왕성한 번식력으로 효모가 이산화탄소로 분해되어 가듯, 내 폐는 뜨뜻미지근하게 짓무른 공기를 호흡하고 있었다. 피로로 발끝과 손끝에서 미약한 전류가 방전되는 듯했다. (「운하」)

양석일은 강력한 비유와 이미지로 이러한 파편화된 신체를 표현하려고 한다. 그것은 결코 표현을 위한 표현에 빠지지 않는다. 일상에 의해 억압된 신체성은 이러한 시적 언어로만 그려 낼 수 있다. 자본주의 사회에서 매일매일 고통스러운 노동을 떠받치고 있는 신체는 바로 이렇게 분열되고 타자화된 신체가 아닐까? 노동한다는 것은 이미 '나'(와타시, わたし)가 아니라 "이미 누구의 신체인지 알 수 없는" 신체이다. 자신의 얼굴조차도 "이게 내 얼굴인가" 라고 중얼거려야 할 정도로 타자화되어 있다. 예를 들어 「운하」의 다음과 같은 묘사를 보자. '나'(보쿠, ぼく)는 오사카의 이쿠노를 20년 만에 찾아갔다. 그리고 예전에 다니던 선반공장에서 그때와 똑같은 동료가 여전히 그곳에서 일하고 있는 것을 보았다. 거기에 있는 것은 어제도 오늘도 내일도 똑같은 노동을 하는 신체이다.

20년 전도 지금도 한 치의 오차도 없이 부동의 자세를 한 김성일이 추레한 눈으로 100분의 1밀리미터의 오차를 쫓아 선반을 조작하고 있었다. 그의 몸집은 몹시 뒤틀려 있다. 등뼈와 갈비뼈가 조금 비스듬히 선반을 조작하는 각도로 삐뚤어져 있었다. 곱사등이처럼 구부정하게 새우등이 된 근육이 그의 표정을 밑에서부터 치밀어 올리고 있었다. 여전히 당장이라도 울기 시작할 것 같은 잔뜩 주름진 얼굴이다. 20년간 그는 선반과 마찬가지로 기름투성이로 마모되어 왔던 것이다. 그는 선반의 일부이며 전부였다. […] 그는 자신이 무엇인지조차 모르는 것이다. 저 손, 저 다리, 그는 형태학적으로는 이미, 인간에서 이름조차 붙일 수 없는 다른 생물로 변모하고 있다. (「윤하」)

이것은 가혹한 노동 착취 끝에 누더기처럼 된 신체이다. 그러나 양석일은 바로 그 신체에서 자본주의 폭력에 대한 최후 거점이 될 신체의 극한을 발견했던 게 아닐까? 양석일은 「아시아적 신체에 대하여」라는 에세이에서 "아시아적 신체란 억압된 신체이면서 사상(捨象)된 신체이다"라고 말하고 있다.[7] 일본 사회에서 저임금 노동에 종사하지 않을 수 없었던 재일 조선인, 바로 그들 속에서 "아시아적 신체"는 시달리면서도 에너지를 고갈시키지 않은 채 계속 살아가고 있다. 그리고 재일 조선인 속에 파편처럼 살아 있는 조선어는, 필시 "억압된 신체, 사상된 신체"가 발화하는 말임에 틀림없다. 일찍이 '나'(보쿠, ぼく)와 마찬가지로 시에 청춘을 바쳤던 유영심은 이렇게 부르짖는다.

---

7) 梁石日, 『アジア的身体』, 平凡社ライブラリー, 1999.

나는 아직까지도 자유롭게 조선어로 말할 수 없으니까——이 점은 너도
동류야——다른 놈들은 나에 대해 반-쪽바리(半日本人)라거나 뭐라거
나 지껄여대지만, 나로 말하자면 나는 조선어 전부를 알고 있다고 해도
지나친 말은 아니라구. 왜냐면 말야, 말이란 것은 피를 의미하기 때문이
지. 내 몸에 흐르고 있는 6리터의 피가 모두 조선어를 표현하고 있는 거
야. 내가 이 나이가 될 때까지 아버지한테 매일 얻어맞으면서 들었던 조
선어는 **죽인다! 때린다! 죽어라!**[8] 이 세 개야. 이거 말고 내가 사랑하는
조선어 말이 뭐가 있겠어. […] 이 말들을 내 뼛속까지 때려 넣었던 아버
지에게 지금은 감사할 정도라구. 이미 뒈져서 이 세상엔 없지만, 아버지
도 아마 이 세 마디 말 밖에 몰랐던 게 아닐까? 그니까 내 아버지도 매
일 얻어맞으면서 죽인다! 때린다! 죽어라! 라고 들었던 게 아닐까? (「운
하」)

3. '아시아적 신체'를 향하여

양석일 문학의 등장이 충격적이었던 것은, 그 세계가 '산다'는 것에 대
한 전면적인 긍정으로 지탱되어 있었기 때문이다.「크레이지 호스Ⅱ」에
서 '나'(보쿠)는 이렇게 말한다. "나는 여태껏 죽을 만큼의 고뇌와 조우
한 적이 없다. 이 세상에 죽을 만큼의 일이 있다고는 생각하지 않는다.
죽음은 누구에게든 평등하게 온다. 따라서 사는 것은 절대 권리라고 나
는 생각한다." 확실히 인간에게 '사는 것'은 '절대 권리'일 것이다. 그러

---

8) [옮긴이] 강조한 부분의 원문은 다음과 같이 일본어로 쓰고 한국어 발음을 가타가나로 함께
표기하고 있다. 殺す(チュギンダ)! 殴る(テリンダ)! 死ね(チュゴラ)!

나 『광조곡』은 일본 사회에서 재일 조선인이 인간으로서 '산다'는 것이야말로 그 무엇보다도 험한 고난의 길임을 리얼하게 보여 주고 있다. 그 지점에서 정신의 모든 허식이 벗겨진 신체만을 의지해야 하는 발가벗겨진 '삶'이 노출되어 나온다.

양석일이 말하는 신체란 단순히 근대적 합리성에 대한 안티테제로서 칭송되는 신체가 아니다. 그것은 '노동'과 '산다'는 것에 의해 찢겨진 신체인 것이다. 이 점에서 양석일의 나카가미 겐지(中上健次)에 대한 비판은 양석일이 말하는 '아시아적 신체'가 무엇을 의미하고 있는가를 이해하는 데 도움이 된다. 양석일은 나카가미 겐지의 소설은 "마치 자연과의 일체감으로 근대적인 '지'(知)를 반역하고 있는 듯한 자연성"을 그리고 있지만, 거기에는 "근대 노동의 본질이 빠져 있다"고 비판을 가한다. 왜냐하면 "일생 중노동을 계속하고 있는 인간에게 자연성은 없는" 것이며, "그것을 마치 자연처럼 착각하게 하는 형태로 표현하는 것은 자연의 흉내[擬態]이며, 가장된 자연"이기 때문이다. 천황제 지배의 근원에 바로 이 "자연의 흉내"가 있다는 생각이다. 나카가미 겐지의 문학의 문제는 자연성을 강조함으로써 "성스러운 것과 더러운 것의 합성력[合力]"이 발생하고 신체가 신화화된다는 점이라고 말한다.[9]

양석일은 "그(나카가미 겐지)의 신화적 세계는 뒷골목이라는 더러움을 성스러운 것에 합체해 가는 의식이었던 것이다"[10]라고 선을 긋는다. 양석일의 신체는 결코 신화화된 것이 아니다. 양석일은 소위 "더러움과 성스러운 것의 변증법"이 얼마나 위험한 것인지 잘 이해하고 있다.

---

9) 梁石日, 「アジア的身体について」, 『アジア的身体』, 平凡社ライブラリー, 1999.
10) 「民俗学なんて知らないよ」, 앞의 책.

따라서 더러움이 "성스러운 것"으로 변하려고 하는 순간, 양석일은 더러움을 더러움 그대로 남겨 두려고 한다. 「운하」에서도 발작적으로 뛰어든 유영심은 "번개처럼 위대한 계시를 받고 물을 끼얹어 목욕재계하는 인도의 행자"와 같다가도, 바로 그 직후에는 "분뇨를 잔뜩 담은 진흙탕 배"나 "강바닥에서 메탄 가스가 뿜어져 나와 그의 목 주변에 줄무늬 모양을 그린 중유(重油)가 빛나고 있었다"와 같은 양상을 묘사함으로써, 이야기를 비참한 현실로 되돌리는 것이다. 여기에는 시적 고양을 거부하는 산문적인 낯설게 하기[異化] 효과가 작동하고 있다. 따라서 양석일이 『광조곡』 이후 혼돈으로 가득 차 그야말로 분방한 이야기 세계로 돌입해 갔던 것은, 매우 자각적인 소설 언어에 대한 모색에 근거하고 있었다고 할 수 있을지 모른다. 작품의 인상에 속아서는 안 된다. 양석일은 결코 "하고 싶은 대로 하는" 작가, 즉 막무가내로 글을 쓰는 작가는 아니다. 그 전대미문인 작품의 근저에는 소설 언어에 대한 철저한 방법적 의식이 숨겨져 있다고 봐야만 한다. 물론 양석일의 '소설의 방법'이란 항목별로 나열할 수 있는 표면적인 것은 아니지만.

양석일은 나카가미 겐지 작품의 최대 약점을 "이야기 속으로 신체를 대상화한다"는 점으로 보았다. 필시 양석일은 "이야기 속에 신체를 대상화"하는 것이 아니라, 이야기를 밀고 나가는 말의 운동 자체가 신체화되는 것을 추구하고, 혼돈스러운 이야기의 세계로 나아갔던 것이리라. '삶'에 대해 이야기하기 보다도 소설 언어 그 자체가 '삶'의 표출이 되길 원했던 것이리라. 말이야말로 '산다'는 것의 증거이며 삶의 근거이기 때문이다. "현대의 시적 언어는 육체와 교환하여 획득된 말의 육체화와 다르지 않다"[11] 라는 말은, 양석일의 궁극적인 시법(詩法)이다.

이때 양석일은 관념적인 이미지나 비유에 가득 찬 시적 표현이 '아시아적 신체'를 기존의 '시'의 틀 속으로 가두어 버릴지도 모른다고 두려워했던 게 아닐까? 바로 그렇기 때문에 『광조곡』 이후는 이야기에서 '나'가 추방되는 동시에 그것과 평행하듯이 관념적인 시적 언어를 신중하게 피해 간다. 그리고 '나'의 초월적 시선으로부터 해방된 이야기는, 온갖 현실을 삼킨 거대한 분류(奔流)가 되었던 것이다. 이렇게 하여 양석일 소설 속에는 난폭한 현실이 민낯 그대로 끼어들게 되었다. 그러나 이때, 소설이 현실을 삼킨 것이 아니라, 오히려 현실 속에 소설이 삼켜져 버리는 역설적인 위험이 발생한다. 컴컴한 거리에서 폭력단끼리의 싸움이나 법을 아슬아슬하게 위반하는 장사 상술 등은 '무서운 것을 보고 싶어 하는' 일반적인 독자의 욕망을 만족시킬 테지만, 현실과 길항할 정도의 긴장감에 가득 찬 말의 힘은, 그런 것에 의해 잃어버리게 될지도 모른다.

그렇기 때문에 나는 지금도 『광조곡』에 끼어들어 있는 시적 묘사, 『천둥소리』(雷鳴)의 도입 부분에 그려져 있는 해녀가 바다와 장난치는 장면, 『밤을 걸고』(夜を賭けて)의 도입 부분에 위치한 같은 이름의 시(詩) 등에서, 양석일의 가장 깊은 곳에 뿌리내리고 있는 표현을 보게 되는 것이다. 어쩌면 양석일만큼 '문학의 꿈'에 사로잡힌 작가는 없을지도 모른다. '문학'이란 확실히 근대가 낳은 제도이다. 그러나 진정한 의미에서의 '문학'——그것은 세간에서 그렇게 부르는 것과는 다른 것일 테지만——을 믿지 않는다면, 다음과 같은 표현은 결코 태어날 수 없었을 것이다.

---

11) 「金時鐘論」, 앞의 책.

내가 왜 시를 쓰게 되었냐구? 그건 몰라. 어느 날, 갑자기, 무엇인가에 눈뜬 거야. 말의 깊은 공동(空洞)을 들여다 보고, 봐서는 안 되는 것을 봐 버렸지 뭐야. 일종의 투시술이 내 이데아(Idea)를 우주의 신성 탄생의 현장으로 몰아붙였다고 생각해. 거기에서 우주로 내던져진 물체처럼 영겁의 무를 방황하는 처지가 된 거야. 수백 년 후에 우주 비행사가 혹성 사이를 떠도는[漂泊] 시인을 발견하여, 나를 해부하겠지. 내 뇌수로부터 코딱지 같은 말의 결정체를 끄집어내어, 197X년의 인간의 뇌수로부터 추출된 말의 파편이라든가 뭐라든가 명명하고, 고작 박물관 한쪽 구석에 진열되는 것일 테지. 모두들 신기한 것이라도 보듯이 잠깐 볼 뿐, 그 누구도 그것이 무엇을 의미하고 있는가는 알 수 없고… (「운하」)

확실히 양석일은 '봐서는 안 되는 것을 봐 버린' 작가이다. 『광조곡』에 수록된 작품을 관통하는 숨결은 일본 사회 속에서 튼튼하게 살아가는 재일 조선인의 에너지인 동시에, 양석일이 변함없이 계속해서 품고 있는 '문학의 꿈'에 대한 뜨거운 신앙이다. 필시 이 중 어느 한쪽이 결여되었다면 『광조곡』이 지닌 긴장 가득한 세계는 파탄 나 버렸을 것이다.

말의 심연으로부터

— 이양지에 대한 진혼

1. '아이덴티티'의 문법론적 고찰

생각해 보면 '나'라는 것은 불가사의한 말이다. 내가 말하고 있을 때 나는 '나'로서 있을 수 있지만, 네가 이야기를 시작하면 나는 갑자기 '너'가 되어 버린다. 즉 나에게 '나'인 것이 너에게는 '너'이며, 그때의 '나'라는 것은 너인 것이다. 이러한 것은 말의 감옥 속에서 완전히 편안함을 느끼게 되어 버린 어른들에게는 너무나도 당연한 것일 테다. 그러나 넓디넓은 들판에서 말에 대한 모험에 열중하고 있는 아이들에게는 심각하고 큰 문제이다.

오토 예스페르센[1]은 '나'라는 말의 용법에 당황하여 방황하는 아이

---

1) [옮긴이] 오토 예스페르센(Jens Otto Harry Jespersen, 1860~1943): 덴마크의 언어학자, 영어학자. 라네르스 출생. 자연과학적 방법에 의한 언어 연구를 제창. 코펜하겐대학교에서 프랑스어로 석사학위를 받기 1년 전인 1886년 음운법칙에 관한 첫 번째 주요 논문을 발표. 코펜하겐대학교에서 영어 교수로 재직하는 동안(1893~1925) 일상 언어를 바탕으로 한 외국어 교수법 운동을 이끌었고, 평생 동안 수많은 교과서를 썼다. 주요 업적으로 『외국어 교수법』(1901), 『영어의 성장과 구조』(Growth and Structure of the English Language, 1905), 『현대

들의 모습을 다음과 같이 묘사하고 있다.

아이들이 '나', '나에게', '내 것' 대신에 '너' '너에게' '네 것'을 사용하는
혼란은, 드물지 않게 발생하는 예이다. 아이들은 '너에게 줄까?'가 '자크
에게 줄까?'라는 뜻임을 깨닫고, '너'란 자신의 이름과 같다고 보게 된
다. 어떤 아이들의 경우 이 혼란은 몇 개월씩 계속될 수도 있다. 때로는
do you 라는 도치 어순이 I do의 의미인 것과 관련된다. 이는 반사어법
(反唱語法, 에코이즘)의 한 가지 예이다. […] 아이들은 상대를 I라고 부
르는 경우조차 있어서 Will I tell a story?는 Will you tell a story?(이야
기하세요) 라는 의미가 된다. 프란스라는 아이는 2살과 2살 반 사이 정
도로, 이처럼 혼란스러운 형태를 자주 사용했기 때문에 나는 그 아이가
올바른 용법을 빨리 습득하도록 잘못 사용할 때에 못 알아듣는 척 하기
로 했다. 베스·M(2살 6개월)은 언니가 자기 물건을 만지는 것을 지독히
싫어해서, 언니가 자기 의자에 엉덩이를 걸치려고 하면 항상 이렇게 소
리를 질렀다. "이건 네(즉 '내')의자야, 네 의자라구."[2]

베스는 자신이 항상 '너'라고 불리기 때문에 '너'라는 것은 자기를
가리킨다고 생각해 버린 것이다. 그렇지만 이와는 반대로 '나'란 항상
자신을 가리킨다고 생각해 '나'의 사용을 독점하지 않으면 직성이 풀리
지 않는 아이도 있다.
야콥슨(Jakobson)은 다음과 같이 말한다.

영문법』(Modern English Grammar, 7권, 1909~49) 등.
2) O·イェスペルセン, 『言語(上)』, 三宅鴻 訳, 岩波文庫, 231頁.

I(혹은 you)는 다른 주체와의 간헐적인 동일 기능을 보인다. 그 일반적 의미를 정의하는 데에 언어학자조차 곤란에 직면했음을 관찰해 본다면, 자기 자신을 자신을 지칭하는 고유명과 동일시하는 것을 배운 아이가, 화자에서 다른 화자로 이동이 잦은 인칭대명사와 같은 용어에 쉽사리 익숙해질 수 없음은 명백하다. 아이는 상대로부터 you라고 불릴 때, 자기 자신을 일인칭으로 말할 확신이 사라질지도 모른다. 아이는 때때로 이러한 호칭들을 새롭게 분포[配分]시키려 시도한다. 예를 들면 아이는 이런 식으로 말함으로써 일인칭 대명사를 자기만의 것으로 점유하려고 한다. "너는 자기를 나라고 말해선 안 돼. 나만이 나이고, 너는 단지 너야."[3]

과연 그렇다. "나만이 나이고 너는 단지 너야"라는 것은 얼마나 철학적 함의로 가득 차 있는지. 이처럼 '나'라는 말은 본질적으로 극히 유동적이고 불안정한 의미 내용을 지니고 있다고 할 수 있다. "고양이는 고양이다", "꽃은 꽃이다"라는 명제가 동어 반복이란 자명한 논리로 안정되어 있는 것과 달리, "나는 나이다"라는 명제는 늘 불안과 긴장을 동반한 위태로운 균형 위에 성립될 수밖에 없는 것이다. 자주 이야기되는 '아이덴티티의 위기'라는 것도 문법론적으로 본다면 "나는 나이다"라는 명제가 주는 위기와 다르지 않다.

정신분석학자 라캉은 아이가 자기를 자기로서 인식할 때, 즉 거울 단계를 정신 발달의 큰 전환기로 간주했다. 자기를 한 명의 타자로서 의

---

3) R·ヤーコブソン, 『一般言語学』, 川本茂雄 監修, みすず書房, 153頁.

식하고 '너'라고 말을 걸 수 있는 거울에 비춰진 '너'가 사실 '나'라는 것을 인식할 때, 처음으로 자기를 자기로서 정립할 수 있다는 것이다. 그런데 나는 너이며 너는 나라는 것, 즉 서로가 서로를 비춰 주는 요정의 지팡이라고도 할 거울은, 사실 인칭대명사의 구조를 지탱하는 중요한 골격이다. 즉 '나'와 '너'라는 대명사는 자기와 거울에 비친 이미지[像]와 같이 서로 반전하는 말이다. 즉 언어에서의 거울 단계를 나타내는 말인 것이다. 여기서 잊어서는 안 되는 것은 '나'는 나만의 것이면서도, '너'가 없으면 '나'도 존재하지 않는다는 것이다. '나'와 '너'는 서로를 지탱해 주는 관계이며, 말하자면 시소 양쪽에서 서로를 응시하고 있는 것이다.

2. '우리들'이란 누구인가

그러나 '나'와 '너'는 시소 위에서 대립하면서도 서로를 지탱해 주는 관계를 맺고 있을 뿐인 것일까? 단지 그뿐이라면 대체 화자의 존재는 어디에 있는 것일까? 주체 없는 말만 이리저리 허공을 떠돌게 되는 것은 아닐까?

언어학자 방베니스트(Émile Benveniste)는 바로 이 대명사의 구조와 언어의 '주체성'이 맺는 관계에 대해서 치밀하고 자극적인 논문을 여러 편 남기고 있다. 방베니스트의 고찰이 중요한 이유는, 그가 애매하고 막연하며 관념론적인 심리주의의 입장을 과감히 버리고, 언어의 주체성을 언어구조의 관계성 그 자체 속에 위치지은 점에 있다. 방베니스트는 다음과 같이 말하고 있다.

오직 화자 각각이 자기를 '주체'로 설정하고 자신의 말 속에서 자기를

'나'로 지시하기 때문에, 바로 그 이유 때문에 '말'이 가능한 것이다. 따라서 '나'란 다른 위치의 인물을 설정하고 있는 셈이다. '나'는 '나'의 외부이면서도 나의 메아리가 되며, 내가 '너'라고 말을 걸고 나에게 '너'라고 말하는 사람인 것이다. [⋯] 이 분극성(分極性)은 동등도 대조도 의미하지 않는다. '나'(私)는 항상 '너'에 대해서 초월적인 위치에 서 있지만, 그럼에도 불구하고 이 두 항은 어느 쪽이든 다른 한쪽이 없으면 존재할 수 없다. 양자는 상보적이면서도, 또한 동시에, '내재/외재'의 대립에 의해서, 또한 서로 반전(反轉)될 수 있다.[4]

방베니스트에 의하면 '나'와 '너'를 구분하는 것은 "'나' 쪽이 언표의 내부이며 또한 '너'의 외부에 있다"는 점, 즉 "'나'는 '너'에 대해서 항상 초월적"이라는 사실에 있다. 다시 말해 "내재성과 초월성이라는 특질은, 고유한 것으로 '나'에게 속한다"는 점이다.[5] 즉 '나'와 '너'는 상호 규정적이고 항상 반전될 수 있음에도 불구하고, '나'는 '너'에 대해서 초월적인 위치에 선다. 왜냐하면 발화행위는 항상 다름 아닌 '나'가 행하는 것이며, "화자 제각각은 이 담론(discours)에 의해서 말 전체를 자신의 것으로 받아들이기" 때문이다.[6]

'나'와 '너'가 결코 동일한 레벨의 대칭관계에 있지 않다는 것은 이 말의 복수형이 지닌 성질을 생각해 보면 더욱 잘 이해할 수 있다. '너희들'(너+들)은 '너'이라는 개체를 복수화한 집합일 뿐이지만, '우리'(나+

---

4) E·バンヴェニスト, 「ことばにおける主体性について」, 『一般言語学の諸問題』, 岸本通夫 監訳, みすず書房, 244~245頁.
5) 「動詞における人称関係の構造」, 앞의 책, 211~212頁.
6) 「代名詞の性質」, 앞의 책, 238頁.

들)는 그렇지 않다.[7] 말을 거는 상대가 복수인 것은 매우 자연스럽지만, 말하는 주체인 '나'가 복수라는 것은 상상하기 어렵다. 혹시 복수의 인간이 같은 말을 일제히 발화했다고 하더라도 상황은 조금도 달라지지 않는다. 이 곤란에 직면했던 방베니스트는 다음과 같이 논하고 있다.

> 실상 '나'의 내측에 속하는 유일성과 주체성이라는 것은, 복수화될 수 있는 가능성과는 명확히 모순되는 것이다. 말하는 '나' 자체를 통해 몇 명의 '나'를 상정할 수 없다는 것은, '우리'(나+들)가 동일한 대상물의 배수가 아니라 '나'와 '非-나' ──이 '非-나'의 내용이 무엇이든 간에 ──의 접합이기 때문이다.[8]

많은 언어에서 보이는 두 종류의 '우리'(나+들), 즉 '나+너희들'(너+들)을 지칭하는 포괄형과 '나+그들'을 지칭하는 배제형의 구별은, 이 '나'와 '非-나'의 접합 관계의 차이로 설명된다. 예를 들어 방베니스트

---

7) [옮긴이] 일본어의 인칭대명사 복수형은 한국어와 그 구조가 다르다. 따라서 이 문장에서 '너희들'의 원문은 'あなたたち'(아나타다치)로, 직역하면 '너들'이다. 즉 'あなた'(너)라는 인칭대명사에 '들'(たち, 達)을 붙인 복수형이다. 또한 'わたしたち'도 직역하자면 '나들'이다. 즉 'わたし'(나)라는 인칭대명사에 '들'(たち)을 붙인 복수형이다. 그러나 한국어에서는 '너들'이 아니라 '당신들 혹은 너희들' 그리고 '나들'이 아니라 '우리(들) 혹은 저희들' 이라는 집합적 인칭대명사가 별도로 존재하므로 여기서는 '너희들'(너+들)과 '우리'(나+들)라고 괄호를 붙여 두었다. 또한 3절에는 일본어의 '나들'(あなたたち)이라는 표현과 구별해서 '우리'라는 말이 한국어 발음 그대로 일본어로 음차되어 나오는데, 이 경우에는 '괄호'를 생략하고 기울임꼴의 '우리'로 표기했다.
또한, 옮긴이로서 번역하면서 한국어에서 '우리'가 복수형이면서도 동시에 단수형처럼 쓰이는 경우가 있다는 점은 '나'라는 주어의 우월성이 집단적 '우리'라는 말 속에 어떻게 연결되어 있는가를 생각할 때 중요한 포인트가 되지 않을까 생각한다. 또한 '너희들'이 아니라 '당신들'이라는 말이 지닌 특성도 이와 관련해서 설명할 필요가 있다고 생각한다.
8) 「動詞における人称関係の構造」, 앞의 책, 212頁.

는 언급하지 않지만, 중국어에서 '咱们'(zanmen)은 '너'를 포함한 포괄형, '我们'(women)은 '너'를 포함하지 않은 배제형으로 분류되어 있다. 또한 파푸아뉴기니의 크레올어인 '톡 피신'(Tok Pisin)에서, 'yumi'와 'mipela' 사이에도 동일한 차이가 있다. 그러나 이러한 구별을 포함하지 않은 '우리'(나+들)는 보다 융합적인 성격을 갖고 있다.

이 '우리'(나+들)는 정의할 수 있는 요소의 접합과는 별개의 것이다. 여기에서는 '나'의 우월성이 극히 강하여, 일정한 조건하에서는 이 복수는 단수를 대신하는 역할을 할 정도이다. 그 이유는 '우리'(나+들)가 양화(量化) 혹은 배화(培化)된 '나'가 아니라, 엄밀한 인칭을 넘어서서 증대되는 동시에 윤곽이 희미해지고 확장한 '나'이기 때문이다.[9]

방베니스트는 어디까지나 '나'의 우위성을 전제하고 있다. 그러나 '나'가 '너'와 상보 관계에 있으면서도 초월적 위치에 있는 게 가능한 것은, 이 확장한 '나'로서의 '우리'(나+들)가 존재하기 때문은 아닐까? 아니, '우리'(나+들)란 '나'가 확장된 모습이라기보다도, '나'와 '너'의 대칭 관계를 성립시키는 공동성(共同性)의 장, 즉 '나'와 '너'의 시소게임을 가능하게 해주는 판(板) 자체인 것이다. '너'가 없으면 '나'가 없는 것과 마찬가지로, '우리'(나+들)가 없으면 결코 '나'는 없다. 즉 '나'는 '너'와의 상보관계와 '우리'(나+들)와의 공동 관계가 교차하는 지점, 바로 그곳에 존재한다. 따라서 말을 걸어야만 할 '너'를 찾아내지 못하고 또한 '나'를

---

9) 앞의 책, 214頁.

끌어안은 '우리'(나+들)가 존재하지 않을 때, 엄청난 불안이 엄습하게 된다. 즉 '나는 나이다'라는 확신을 가질 수 없는 아이덴티티의 위기로 고통스러워 할 수밖에 없는 것이다.

3. '우리'의 미궁: 두 개의 '거울' 사이에서

조선어[10]의 '나+들=우리'[11]는 앞서 언급한 '융합적 나들'의 전형적인 예이다. 조선어에서는 '나+들'을 지칭할 때 '우리' 이외에 '저희들'도 사용하지만, 이것은 중국어나 크레올어의 포괄형과 배제형의 구별과는 전혀 다르다. '저희들'은 '우리'의 겸양어로, '우리'(나+들)에 속하지 않는 상위에 있는 사람을 향해 사용하는 말이다. 예를 들면 졸업식 등에서 학교를 떠나가는 학생들이 선생님을 향해 "우리(나+들)는 선생님의 가르침을 결코 잊지 않겠습니다"라고 감사의 말을 전할 때와 같은 경우, '우리'가 아니라 '저희들'을 사용한다. 즉 '저희들'은 신분과 입장의 상하 관계를 전제로 한 '우리'(나+들)인 것이다. 그러나, '우리'는 오직 집단 내부의 융합성과 공동성을 강조한다. 예를 들자면, 아무리 단단한 금속일지라도 녹여 버리는 매우 성능이 좋은 용광로와 같은 것이 바로 '우리'인 것이다.

이 점에서 보면 '우리'(ウリ)는 문자 그대로 '나'(와타시, わたし) + 복수형 어미 '들'(다치, たち)로 구성되어 있는 일본어 '우리'[나들, 일어로

---

10) [옮긴이] 원문은 '朝鮮語'로 되어 있다. 여기서는 재일 조선인 이양지의 소설을 다루므로 '한국어' 대신 원문 그대로 '조선어'라고 표기한다.

11) [옮긴이] '우리'라는 말은 원문도 'ウリ'라는 한국어를 한국어 발음 그대로 음차해서 표기하고 있다. 이하 이처럼 한국어 발음 그대로를 음차한 경우는 기울임꼴로 표기한다.

는 와타시다치, わたしたち)[12]와는 상당히 다르다. 따라서 '우리'는 단순히 '와타시다치'(나들, わたしたち)라고는 번역할 수 없다. 오히려 일본어의 '우치'(うち＝內, 동료, 우리의 의미로도 사용된다)에 대응하는 경우가 많다.

조선어 안을 조금 들여다보면, 참으로 '우리' 투성이다. 초등학교 1학년 국어 교과서도 '우리'로 시작한다. '우리 *어머니*', '우리 *아버지*', '우리 *바둑이*'라는 식으로 강아지까지 '우리'란 타이틀을 달고 있다. 그 뿐이 아니다. 혼자만 살고 있는 집도 '내 집'이 아니라 '*우리 집*'이며 순정을 나눈 부부야말로 '우리 아내', '우리 남편'이라고 서로 부르는 것이다. 이 속에서도 가장 주목해야 할 전형적인 '우리'의 용례는 '*우리나라*', '*우리말*'일 것이다. 만약 '*우리나라*'를 '한국'이라고 하고, '*우리말*'을 '한국어'라고 한다면, 냉정하고 낯선 느낌이 들어서 동포로서는 뭔가 배신당했다는 느낌조차 들 정도이다. 더구나 '우리'를 사용하면 '한국'인가 '조선'인가라는 성가신 선택을 하지 않아도 된다. 왜냐하면 '*우리나라*'란 국적의 구분을 강조하는 정치적 단위가 아니라 민족의 일상적 정감에 호소하는 감정의 공동체를 가리킨다(이 지점에서 나에게는 베네딕트 앤더슨의 '상상의 공동체'가 뚜렷이 떠오른다).[13]

따라서 도래해야 할 통일 국가, 희망이나 기쁨으로 찬 나라야말로 '*우리나라*'인 것이다. 마찬가지로 '*우리말*'도 '조선어'라든가 '한국어'라든가 하는 옹졸한 말이 아니라, 민족의 가슴 속을 절실한 마음으로 표현해 주는 말이 '*우리말*'인 것이다. 물론 '우리'를 '우리'라고 말할 자격이

---

12) [옮긴이] 이하 원문에서 일본어 표현인 '와타시다치'의 의미가 강할 때에는 '우리'(나들)이라고 표기하여 한국어의 '우리'와 구별한다.

13) [옮긴이] 한국어판으로는 베네딕트 앤더슨, 『상상된 공동체: 민족주의의 기원과 보급에 대한 고찰』, 서지원 옮김, 길, 2018.

있는 것은 '우리' 속에 있는 사람으로 한정된다. 따라서 한국인이 외국인에게 "우리말 잘하시네요"라고 칭찬하는 건 가능해도, 외국인이 "저는 우리말을 공부하고 있습니다"라고는 말할 수 없다. 이 점에서 미묘해지는 건, 조선반도 밖에 살고 있는 조선인이나 한국인의 경우이다. '우리나라'에 살지 않고 '우리말'을 할 수 없을 때, 그 혹은 그녀는 '우리'라는 성(城)에 들어가는 표를 손에 넣을 수 있을까?

원래, '재일 한국인·조선인'에게 '우리'란 무엇일까? 1992년에 돌연 이 세상을 떠나고 만 이양지 문학의 핵심을 이루는 것은 다름 아닌 바로 이 물음이다.

아쿠타가와 상 수상작인 「유희」는 한국어를 배우기 위해 서울에 온 재일 여학생 유희가 고뇌하는 모습을, 하숙집의 한 한국인 여성인 '나'의 눈을 통해 그린 작품이다. 유희는 한국 사회에 익숙해지지 못하고 하숙집을 바꿔가며 전전한 끝에 겨우 안정되게 머물 하숙집을 찾아냈다. 그러나, 거기에서도 유희는 주변의 여러 압력[軋轢]과 마주하게 된다. 어느 날 유희는 자신의 방에 틀어박혀 그 한국인 여성에게 자신의 고민을 다음과 같이 토로한다.

우리나라[14](모국)라고 쓸 수 없어. 이번 시험이, 이런 위선의 마지막이고, 마지막이 되도록 해야만 한다고 생각해. 중세 국어인 훈민정음 시험이었어. 답안용지를 쓰고 있었고, 그 속에 *우리나라*라고 써야 하는 부분이 나와서 더 쓸 수가 없게 되고 말았어. 답안 용지의 문장은 전부 머릿

---

14) [옮긴이] 원문에도 '우리나라'는 한글 표기로 쓰여 있다. 이하 이 인용 부분에서 일본어 원문에 한국어 표기로 기입된 말은 기울임꼴로 표시해 구분한다.

속에 있었고, 네 글자만 쓸 수 있다면 그 다음도 쓸 수 있는데, 쓸 수 없었어. 손이 움직여지지 않았어. 본국 학생들은 쓱쓱 답안용지를 채워가고 있었지. 옆에서, 뒤에서, 앞에서, 볼펜이나 연필 소리가 들렸어. 머리가 어질어질하고 쓰러질 것 같았어. 이명이 들리고 눈앞이 흔들렸어. […] 나는 쓴 거야. 누구에게, 인지는 확실치 않지만 누군가에게 아양을 떠는 듯한 느낌을 가지면서, *우리나라*, 라고 썼어. 나는 문장 속에서 네 번이나 같은 말을 같은 생각을 하면서 썼어. 그 누군가에게 언젠가 거짓말쟁이, 아첨꾼이라고 불릴까 싶어 벌벌 떨면서 답안 용지를 끝까지 썼어. […] 세종대왕이야. 그 누군가란 세종대왕이었어. 서둘러 집에 돌아가 대금을 듣고 싶다고 생각했어. 세종대왕은 믿고 있어. 존경하고 있어. 그렇지만 나는 지금 이 한국에서 사용되고 있는 한글이 싫어서 견딜 수가 없어. 그럼에도 *우리나라*라고 쓰고 있어. 쓰면 칭찬을 받아. 세종대왕은 모든 것을 보고 알고 있지.[15]

다소 분열증적 기미가 있는 이 절규는, 유희가 자기 자신을 '우리'라는 용광로 속에 완전히 던져 넣을 수 없다는 점에서 발화하고 있다. '본국의 학생들'에게 '*우리말*'이라는 말은 몸의 심지까지 완전히 들어와 있어서 새삼스레 그 어원적 의미를 의식하지 않고 사용하는 말이다. 그렇지만 유희는 '*우리말*'을 그 표현 그대로의 무게로 진지하게 받아들일 수밖에 없다. 즉 '*우리*말 = 나+들의 말'로서.

이양지의 소설 중에서 「유희」는 유일하게 한국인 화자에 의해 그려

15) 李良枝, 「由熙」, 『李良枝全集』, 講談社, 437頁.

진 재일 여성의 이야기이다. 그 이전의 작품뿐 아니라 사후에 발표된 유고「돌의 목소리」(石の声)도 '재일' 주인공이 말하는 1인칭 소설이다. 그 다른 소설들에 비해「유희」는, 타자의 시점을 채택하고 있는 만큼 확실히 소설적 완성도가 높다고 할 수 있을지 모른다.

「유희」와 거의 대척점에 있는 것이 완전한 독백 형식으로 이야기하고 있는「각」(刻)이다. 전혀 사소설이 아님에도 불구하고, 이 소설에는 이양지의 체험이 숨김없이 속속들이 드러나 있는 듯한 생생함이 있다.「각」의 주인공 순이도 유희와 마찬가지로 조선어를 배우기 위해 온 재일 여학생이지만, 유희와는 달리 적극적으로 자신의 주장을 피력하고 매일 아침 화장도 빠뜨리지 않는다.

> 화장이 끝났다. 거울에서 얼굴을 멀리하고, 나는, 화장을 하고 화장을
> 한 나를, 가만히 바라본다.

「각」의 서두 부분이다. 이 부분에서 이미 '화장하는 나'와 '화장한 나'와의 분열이 암시되어 있다. 주인공 순이에게서는 '나'의 일체감을 느낄 수 없다. 거울 앞에 있는 '나'와 거울 속에 있는 '나'와의 무한한 반전 사이에서 '나'라는 심적 통일체는 무참히 사라져 버린다. 단지 거울 속 모습을 마치 하나의 차가운 물체인 듯이 쳐다보고 화장을 고칠 뿐이다. 자진해서 말을 자신의 것으로 받아들이는 것 같은 말하는 주체로서의 '나'는 붕괴 직전이다. 말은 의미적 통일체를 전혀 이루지 못하고, 공간에는 조각조각 난 단편(斷片)만이 부유한다.

> "통일 신라, 의, 정치, 와, 사회, … 전제왕권의, 성립"

고딕 문자를 거슬러 올라가는 동안에, 화장을 시작하기 전까지, 국사 공부를 했던 것을 기억해 낸다. 앉은뱅이책상 아래에는 카드가 흩어져 있다. 거기에 쓰여 있는 한글도 거슬러 올라가 본다. 국어 교과서에서 뽑아 낸 한국어 구문이다. 국사를 공부하기 전에는 국어 공부를 하고 있었지, 라고 다시 멍하니 생각해 냈다.

거울 속, 붉은 입술이 움직이기 시작한다.

"*구고*(國語), *굿사*(國史), 國, *구니*, 나라(*구니*), *우리나라…*"[16]

國이란 문자의 영혼, *나라*(ナラ), *우리나라*(ウリナラ)라는 문자의 영혼이 거울 앞을 가로질러 간다. *우리나라*, *우리말*이라고 웅얼거리는 나 자신의 목소리가 점차 커진다.

입술연지를 집어 들었다.[17]

이 부분에서도 마찬가지로 '우리'의 불확실성이 전체 기조를 이루고 있다. '나'와 '너'의 대화를 가능하게 해 주는 동시에, '나'를 교환 불가능한 존재로서 초월적으로 지탱하고 있는 '와타시다치=우리'. 이 말은 단지 의미 없는 음성으로 입 밖으로 새어나올 뿐이다.

순이는 자신이 말하고 있는 것조차 마치 현실이 아닌 것처럼 느껴진다. 택시에 타고 운전기사와 이야기를 하고 있어도 순이는 자신이 말하고 있는 것조차 알아채지 못한다. 내릴 때가 되어 돌연 '나'로 변한다.

---

16) [옮긴이] 이 부분에는 한국어 발음 그대로 일본어 가타가나로 표기한 부분과 일본어 발음 그대로를 가타가나로 표기한 부분이 섞여 있다. 일반적으로 일본에서는 國을 가타가나 'クニ'로 표기하지 않는다. 따라서 한국어 발음 그대로 일본어로 표기한 부분은 앞과 통일하여 기울임꼴로 표시했고, 일본어 발음 그대로를 가타가나로 표기한 부분은 고딕체로 표시했다.

17) 李良枝,「由熙」, 139~140頁.

"한국어는 아직 미숙합니다. 발음도 형편없을 테지요."

나는, 말했다. 말하면서 이 운전기사와 대체 어떤 말을 하고 있는 것일까 라고 생각하고 있었다.

무언가를 이야기하고 있었던 듯하다. 입 속에 그러한 기억이 남겨져 있다.[18]

재일 동포가 말하는 일본어 말투가 섞인 한국어를 비난하는 어학 교사에게 순이는 결연히 반론하지만, 그 말조차 '나'가 발화하는 것이 아니다. 거울에 비친 모습처럼 말을 하고 있는 '나'에게는 그것을 냉랭하게 주시하고 있는 또 하나의 '나'가, 언제나 끈덕지게 달라붙어 있다.

천천히, 마치 결심한 듯이 얼굴을 든다. 거울을 보고 있는 것처럼, 자신의 빨간 입술을 그려 본다. 입술은 열리고, 단박에 한국어를 토해 내기 시작한다.

"선생님, 우리들은, 재일동포입니다. 일본에서 태어나고 자라 일본어에 둘러싸여 살아 온 사람들입니다. 날마다 동화(同化)와 풍화(風化)를 강요당하는 환경 속에 있어서 우리들은 민족적 주체성을 확립하지 못한 채 괴로워해 왔습니다. […]"

영웅적 흥분으로 속이 시원했다. 잠깐의 침묵이나 궁지에 몰린 듯한 필사적인 말투가 비통한 분위기를 자아내고 있는 것을, 느끼고 있었다.[19]

---

18) 李良枝, 「由熙」, 139~140頁.
19) 앞의 책, 163頁.

재일 동포를 감싸는 것도, 한국을 치켜세우는 것도, 일본 사회의 차별을 날카롭게 규탄하는 것도, 순이에게는 똑같이 쉬운 일이었다. 그녀가 발화하는 말은 '나'라는 물체가 발화하는 무의미한 소리일 뿐이다.

　　"표정을 견실하게 하고 있으란 말이야. 일본 학생처럼 어리광을 부려선 안 돼. 자세부터 다르지 않아. 사대부의 후예란 말이지. 우국(憂國), 으응, 애국(愛國)이란 생각이 침투해 있는 거지."
　　뭔 허세를 부리는 거람. 내 목소리의 뒷면에 내 목소리가, 들려온다. 돌연, 목소리가 커졌다. "서울은 훌륭해. 한국은 훌륭해. 그렇지 춘자, 그렇게 생각하지 않아?"[20]

　　"재일 동포의 차별 문제는 심각합니다. 한국인은 일본인으로 생활하지 않으면 일본 사회에서는 살아갈 수 없습니다…."
　　입은 빠끔빠끔 움직이고 있다. 내가, 빠끔빠끔 움직이고 있다. '같잖다'라고 가슴 속 깊숙이에서 내뱉어진 목소리도 들린다. 반복 연습이다. 내가 말하는 언어는 항상 타인의 말을 인용 반복한 것이다. 나는 말하면서 나라는 누군가에 의해 말에 억양을 넣는다. 반복이 싫증나지 않도록 말을 장식해 간다.[21]

　　이 부분에서 방베니스트의 정의를 떠올려 본다. '나'란 '언어상의 현존을 포함한 현재 발화의 현존을 언표하는 자'이며, 그 발화의 현존

---

20) 앞의 책, 209頁.
21) 앞의 책, 218頁.

에 의해서 말 전체를 자신의 것으로 받아들인다는 '나'에 관한 정의 말이다. 순이가 발화하는 말이 모두 타인의 말을 인용한 것이라는 점은, 의미 있는 지향성의 통일을 만들어 내는 '발화의 현존'을 '나'의 말에서는 찾을 수 없고, 더욱이 말을 자신의 것으로 받아들일 수 있는 주체가 존재하지 않는다는 증표인 것이다. 그 점에서 '나'는 완전히 허구일 수밖에 없다. 이러한 말은 주체의 언표임을 멈추고, 시시각각 물질이 되어 간다. 그에 대응하듯이 주체로서의 '나'가 말에서 박리되어 가면 갈수록, '나'는 점차 물체로 환원되어 간다. 이양지의 소설에는 반드시라고 해도 좋을 만큼 주인공의 육체적 고통이 등장한다. 필시 그것은 주체가 물체가 되어 가는 것에 격렬한 공포감을 품은 주인공이 최후로 시도하는 저항일 것이다. 「각」의 주인공 순이가 어학교사에게 공허한 연설을 한 후, 몸의 불편함을 호소하며 화장실로 달려간 것은 스스로의 육체를 실감하기 위한 슬픈 절규인 것이다.

그런데 '우리'(나+들)라는 공동성이 붕괴되어 가면, 말이 물질화되어 가는 것을 결코 멈출 수 없다. 그리고 그것은 발화자의 육체성을 드러내려는 충동을 낳을 수밖에 없다. 그 충동적 힘이 몸 안으로 향할 때는 생리적인 고통이 되어 나타나지만, 밖으로 향할 때에 그것은 존재들 간의 폭력적인 힘 관계를 현현한다. 물질화된 말은 주체를 철저하게 파괴하기 위한 폭력의 형태를 띠고 분출한다. 온갖 말에서 현실성이 박탈되고 어떤 의미도 없는 소리의 혼이 되어 간다. 이렇게 주체로부터 말이 떼어 내진 뒤에 남는 것은 일종의 정신적 원시 상태밖에 없다. 따라서 순이는 주변에서 건네는 말에는 무관심하지만 동물인 개가 짖는 소리에는 이상할 정도로 민감하게 반응한다. 인간의 말은 낯선 허공을 떠돌 뿐이지만, 어쩐지 개만이 순이 마음의 공허함을 꿰뚫어 본 것처럼 계속

짖어댄다. 순이는 그것을 견딜 수 없다.

그림이 찢어지고, 풍경이 찢어지고, 새겨 넣은 순간의 소리가, 찢어졌다.
여자는, 양손으로 구두를 쥐고 개들을 잡아 패고 있다. 팔을 내려칠 때
마다 어깨에 둔통이 느껴졌다. 하얀 옷은 흙투성이가 되었다. 양발은 오
물을 짓밟아 튀기고 있었다.
눈물이 뚝뚝 떨어졌다. 꽉 깨문 입술 끝에 [피가] 괴어 타액과 함께 사방
에 낭자해진다.[22]

분명 서로 이야기해야 할 '나'와 '너'가 소멸했을 때에는 물체들 간
의 노골적인 힘 관계가 드러나고 가학인가 피학인가하는 관계만으로
수렴되어 버릴 것이다. 그렇다, 순이의 가학성과 유희의 피학성은 표리
일체인 것이다.
유희와 '나'는 책상을 사기 위해 서울 도매상 거리에 가려고 하지
만, 유희는 번화가의 인파에 휩쓸린 것만으로 혼자 서 있을 수 없을 정
도로 몸이 불편해짐을 느낀다.

눈도 깜박이지 않고 보도의 한 점에 시선을 고정하고, 그 시선 또한 전
혀 움직이지 않은 채, 유희는 내 목소리도 들리지 않는 것처럼 계속 웅
얼대고 있었다. 일본어였다. 얼굴에는 핏기가 없고, 밀랍으로 고정된 인
형처럼 뺨도 꼼짝하지 않고 단지 입술만 희미하게 움직이고 있을 뿐이

---

22) 李良枝, 「由熙」, 219頁.

었다. 일본어를 전혀 모르는 나는 유희의 그 웅얼거림이 주문처럼 들렸다.[23]

겨우 버스에 타지만 버스의 혼잡스러움, 운전기사가 튼 라디오 소리, 크게 소리 지르면서 물건을 파는 사람 소리에 둘러싸여 유희는 "머리를 툭 무릎 위에 떨어뜨리고 양손으로 귀를 막기 시작하"더니 결국에는 소리를 내며 울어 버린다. 나중에 유희는 '나'에게 이렇게 호소한다. "학교에서도, 거리에서도, 모두가 말하는 한국어가 나에게는 최루탄과 마찬가지로 들려와서 참을 수 없어. 가혹하고 고통스럽고 격앙되어서 듣고 있는 것만으로 숨이 막혀. 어떤 하숙집에 가든지 모두들 내가 싫어하는 한국어를 사용하고 있어. [⋯] 몸짓이라는 소리, 시선이라는 소리, 표정이라는 소리, 몸이라는 소리, [⋯] 참을 수 없게 되고 마치 최루탄 냄새를 맡은 것처럼 괴로워져."[24]

유희는 일본과 한국이라는 두 개의 거울에 끼어서 일본의 거울을 보면 조선인이,[25] 한국의 거울을 보면 불쑥 일본인이 보이는, 어디에도 출구가 없는 지옥에 갇혀 버린 것이다. 그 두 개의 거울 사이에서, 서로 반전하는 형상의 한가운데에서 말은 '와타시다치(나+들)=우리'라는 지탱을 잃어버리고 주체는 어느새 물질이 되어 간다. 그리고 결국에는 그 어지러운 형상의 반전 속에서 주체성은 멀리 사라져 버리고 적나라한 육체만이 동그마니 남는다. 이양지 문학은 이 물질화된 말의 폭력성

---

23) 李良枝, 「由熙」, 421頁.
24) 앞의 책, 439頁.
25) [옮긴이] '조선인'이라고 쓴 이유가 있다고 판단되어, 문맥상 '한국인'으로 번역해야 하지만 원문 그대로 '조선인'으로 남겨둔다.

에 대한 바닥 깊은 두려움으로 관철되어 있다. 그 폭력성이 가장 노골적으로 출현한 것이 조선인인가 일본인인가 하는 귀속을 강요하는 말, 즉 '쉬볼렛'(Schibboleth)이다.

4. '쉬볼렛'의 공포

구약성서 「사사기」에 따르면 길르앗(Gilead)의 용사 입다(Jephthah)[26]는 싸움을 걸어 온 에브라임(Ephraim) 사람을 제패한 뒤 다음과 같은 조치를 취했다고 한다.

> 길르앗은 다시금 에브라임에서 요르단으로 가는 나루를 수중에 넣었다. 에브라임에서 도망친 자가 "건너가고 싶다"고 하면, 길르앗인은 "당신은 에브라임 사람인가"라고 묻고 "아니다"라고 대답하면, "그럼 '쉬볼렛'이라고 말해 보라"고 하고, 그 사람이 이것을 정확하게 발음하지 못하고 '시볼렛'이라고 하면 그 즉시 잡아 요르단 강 나루에서 죽였다. 그때 에브라임 사람 4만 2000명이 죽었다.[27]

번역하면 조금 알기 어렵게 되지만, 'Shibboleth'는 헤브라이어(히브리어)로 '강의 흐름'을 의미하는데, 에브라임 사람은 첫 음절의 'ʃ'을 발음하지 못하여 's' 음으로 발음했다. 이 사소한 음성상의 차이가 에브

---

26) [옮긴이] 원문은 '제프타'이다. 여기서는 대한성서공회, 『새번역 성경전서』, 2013년의 「사사기」 12장 5~6절을 따라 '입다'로 번역한다.
27) 「사사기」, 新共同 訳, 12장 5~6절.

라임 사람과 길르앗 사람을 구별하는 표지가 되어 생사를 결정해 버린 것이다. 인간의 악한 지혜는 실로 잔혹하게 작동한다. 이 '쉬볼렛'이라는 기호만큼, 말이 물질화되는 과정을 [잘] 보여 주는 것은 없다.

언어학의 가르침에 따르면 언어는 의미의 변별을 가능하게 하는 음운론적 단위를 구성하여 만들어지는 체계이다. 이때 음운은 결코 구체적으로 발화된 음성이 아니라 체계를 성립하는 추상적인 단위이다. 구체적인 발화에 동반되는 음성적 차이는 의미의 동일성이 유지되는 한, 체계에 관여하지 않는 것으로 간주된다. 그렇지만 '쉬볼렛'의 경우, 의미의 변별과 관련 없는 'ʃ'과 's' 사이의 음성적 차이야말로 결정적으로 중요한 것이 된다. 다시 말해 '쉬볼렛'은 언어체계에서 본질적으로 여겨지는 음운론의 레벨이 아니라 (소쉬르가 '랑그'에는 관련되지 않는다고 간주했던), 그야말로 더욱 날 것 그대로의 구체적이고 생리적인 표현을 나타내는 기호인 것이다. 그리하여 한편에서 언어는 의미를 떼어 내는 물리적 음성 자체로 환원되고, 다른 한편에서 화자는 어떤 특정한 발음을 할 수 있나 없나를 검사당하는 물리적 육체로 환원된다. 화자가 마음속으로 오로지 강의 흐름이 들려올 정도로 [절실하게] '강의 흐름'을 의미하도록 '쉬볼렛'이라고 발음했다고 해도, 이 테스트의 심판자에게는 어떤 효과도 없다. 오직 이 화자가 'ʃ'라고 발음하는지 's'라고 발음하는지가 모든 것을 [결정할] 뿐이다. 심판자는 상대가 대화할 수 있는 상대인가 아닌가가 아니라 물리적으로 죽여야 할 민족인가 아닌가를 판단하기 위해서만, 말—음성기관의 움직임—을 이용한다. 이러한 의미에서 '쉬볼렛'은 바로 생사를 가르는 말이 만들어 낸 경계선이다. 더구나 그 경계선이 반영하고 있는 것은 어떤 비극적 숭고함에 의해서도 의미를 부여할 수 없는 무참하고 물리적인 파괴, 곧 죽음인 것이다. 성서는

단지 무덤덤하게 이렇게 전할 뿐이다. "그때 에브라임 사람 4만 2000명
이 죽었다."

자크 데리다는 이 '쉬볼렛'이라는 말을 실마리로 유대 시인 파울 첼
란의 시를 해독했다. 첼란의 작품 중에는 바로 「쉬볼렛」이란 제목의 시
가 있다.

> 마음이여—
> 여기에서도 너의 가슴 속을 드러내,
> 여기, 도시 한복판에서도.
> 그것을, 암호(쉬볼렛)를, 고향인
> 타향을 향해 외쳐라—
> "2월. 그들을 통과시키지 마라."[28]

'쉬볼렛'이 단 한 번 입에서 발화된 것만으로 여태껏 친밀하게 미소
지어 주던 '고향'은, 갑자기 결코 그곳에서 도망칠 수 없는 감옥처럼 '타
향'으로 변해 버린다. 데리다의 고찰은 늘 그렇듯이 너무도 난삽하고 이
해하기 어려운 점이 있기는 하지만, 언어의 독해라는 측면에 있어서는
앞서 언급한 구약성서의 이야기와 나치에 의한 유대인 학살이 중첩되
어 있음은 확실하다. 그리고 이때, 일본에서도 또한 틀림없는 '쉬볼렛'
이 있었음을 언급해 두지 않을 수 없다. 지금 나는 간토 대지진 때 자경

---

28) [옮긴이] 파울 첼란 지음, 전영애 옮김, 「쉬볼렛」, 『죽음의 푸가』, 민음사, 2011년, 87쪽. 일
　본어 번역본과 한국어 번역본의 차이가 있으므로 참고삼아 한국어 번역본을 붙여 둔다.
　가슴. / 여기서도 너는 네 신분을 밝혀라./ 여기 시장 한복판에서/ 외치라 그것. 쉬볼렛을,
　저 밖으로/ 낯선 고향에 대고/ 2월. 노 파사란.

단이 조선인에게 말하도록 명령했던 '5원 55전'(五円五十五銭)[29]을 생각하게 된다.

이 씨, 다시 간토 대지진과 같은 큰 지진이 오면 조선인은 학살될까. 이치엔고주센(一円五十銭), 주엔고주센(十円五十銭)이라고 말하라고 하고는 죽창으로 찔러 버릴까. 그렇지만 이번에는 그런 일은 일어나지 않을 거라고 생각해, 그때와는 세상 돌아가는 사정이 달라졌는걸. 게다가 대부분 일본인과 완전히 똑같이 발음할 수 있는 걸. 그런데, 이 씨, 그럼에도 살해 당하게 되면, 나를 연인이라고 꼭 끌어안고는, 나와, 나와 함께 있어 줄래? 아니, 이번에는 절대로 학살따위 당하지 않을 거야. 하지만 그렇다면 곤란해, 나를 죽여 주지 않고선 말야. 나는 당황해서 도망치려 하는 거야. 그 뒤를 미친 일본인이 죽창이나 일본 칼을 들고 쫓아오고, 나는 미처 도망치지 못해서 등을 푹 찔리고 가슴도 찔려서 피투성이가 되어 몸부림치며 뒹구는 거야.[30]

---

29) [옮긴이] 1923년 간토 대지진이 일어났을 때, 도쿄에는 지진의 혼란을 틈타 조선인이 우물에 독을 타고 도둑질을 하고 일본인을 살해한다는 헛소문이 퍼진다. 이에 따라 평범한 일본인들이 조선인을 대량 학살하는 사건이 이어졌다. 이 소문의 근거에는 이 기회를 틈타 사회주의자 일본인과 식민주의에 저항적인 조선인과 중국인을 처리하려는 일본 경찰 당국의 묵인이 있었다. 당시 조선인인지 일본인인지를 구별하여 조선인만을 죽이기 위해서 조선인에게 '5원 55전'(五円五十五銭)을 발음하도록 했다. 일본인은 '고엔고주고센'이라고 발음하지만, 조선인은 '코엔코주코센'이라고 발음하기 쉽다. 조선인은 유성자음이 음절의 첫음으로 올 때 이를 무성음으로 발음하지 유성음으로 발음하지 못한다. 예를 들어 첫 음절의 첫음 'ㄷ'를 'ㄱ'(g)으로 발음하지 못하고 'ㅋ'(k)으로 발음한다. 당시 이 발음상의 차이를 통해 조선인과 일본인을 구별했고 조선인이면 학살 대상이 되었다. 이와 관련해서 자세한 내용은 다음의 책이 도움이 된다. 가토 나오키, 『구월, 도쿄의 거리에서: 1923년 간토대지진 대량학살의 잔향』, 서울리다리티 옮김, 갈무리, 2015.
30) 「かずきめ」, 『李良枝全集』, 講談社, 81頁.

만약 '이치엔고주센'이라고 정확하게 발음하지 못하면 육체적으로 살해당한다. 그러나 일본어식으로 정확하게 발음한다면 생명은 건질지 모르지만, 이번에는 그녀의 조선인으로서의 민족성이 살해당해 버리는 것이다. 따라서 그녀는 살해당하는 것을 통해서만 자신의 민족성을 증명할 수 있다. '쉬볼렛'은 이 미칠 것 같은 딜레마를 만들어 낸 마성의 말인 것이다. 그러면 요르단 강이 아닌 현해탄[31] 저편에 있는 '우리나라'는 마음 편한 '고향'이 될 수 있을까? 아니다, 이양지는 그곳에도 '쉬볼렛'이 거대한 아가리를 벌리고 자신을 기다리고 있음을 깨달았다.

미완인 채로 남겨진 유고 중 하나인 「제적등본」(除籍謄本)[32]은 부모의 귀화로 일본 국적을 취득한 재일 여성이 자신의 아이덴티티를 확인하기 위해서 한국을 방문한다는 설정으로 시작하는 이야기이다. 주인공은 주변 한국인이 자신을 일본인으로 여긴다는 사실에 겁을 먹고 온갖 망상에 고통 받고 있다. 어느 날 여관방에서 쉬고 있자, 갑자기 젊은 남자가 침입하여 주인공을 범하려 한다. 일본인에 대한 복수심으로 불타고 있는 남자에게 주인공은 자신이 재일 동포임을 필사적으로 증명하려고 한다.

"시끄러워, 동포가 그 정도의 우리말 밖에 못해, 이봐 우리말로 일원오십전이라고 말해 봐"

---

31) [옮긴이] 원문은 玄海灘이다. 일반적으로 일본에서 '현해탄'을 쓸 때에는 '玄海灘'처럼 '바다'를 의미하는 '海'가 아니라 '세계'를 의미하는 '界'를 가운데 넣어 '玄界灘'이라고 쓴다. 이 저작에서는 '玄海灘'이라고 한국식으로 쓰고 있음을 언급해 둔다.

32) [옮긴이] 일반적으로 사용되는 '재적등본'(在籍謄本)이란 말에서, 존재한다는 의미를 지닌 '在'를 제외한다는 의미를 가진 '除'로 바꾸어 '제적등본'(除籍謄本)이라는 제목을 붙였다.

"이루원오시브천… 입니까?"

"그거 봐, 일본인 발음이지."

남자는 오른 손에 들고 있던 물건을 얼굴 앞으로 치켜들었다. 나이프였다. 나는 너무 무서워 소리조차 지르지 못한다. 남자는 씩 웃으면서 점차 거리를 좁혀 온다.

"동포 모두를 대신해서 너를 처벌한다"[33]

그러나 아무리 화자가 육체화되고 말이 물질화되었다고 해도, 화자와 말의 합치가 찾아오는 순간이 있다. 「유희」는 일본어로 쓰여 있지만 한국인 화자는 일본어를 이해할 수 없다고 설정되어 있다. 화자인 '나'에게 유희가 자신의 생각을 써서 남긴 방대한 양의 일본어 노트는 해독할 수 없는 문자의 뭉치이며, 일본어를 중얼거리는 유희의 목소리는 곧바로 허공에 사라져 확인할 길 없는 물리적 음이 되어 버린다. 그러나 소설 속에서 단 한 번 유희가 중얼거린 일본어가 묘사된 장면이 있다.

다음 날인 일요일 오전 중에 이사 오기로 결정이 되어서, 나와 숙모가 돌아가는 유희를 배웅했다.

——이이니오이.[34]

현관을 나서려고 할 때, 운동화를 신고 얼굴을 든 유희가 말했다. 마당에 나와서도 숙모 뒤에 있던 나는 어깨 부근에서 독백처럼 중얼거리는

---

33) 「除籍謄本」, 앞의 책, 569頁.

34) [옮긴이] 원문은 "イイニオイ". 가타카나로 쓰여 있으므로 발음 그대로 표기한다. 의미는 '좋은 냄새'라는 뜻이다.

소리를 들었다. 일본어라는 것을 바로 알았다. [유희가] 이 집에 왔을 때에도 비슷한 말을 했던 게 생각났다.[35]

　중요한 것은 유희가 중얼거린 말의 의미를 주인공이 알아듣지 못한다는 것이다. 이 "이이니오이"라는 말은 의미의 막이 벗겨진 음성으로 받아들여지고 있다. 따라서 이 "이이니오이"라는 일본어는 소설「유희」를 이야기하는[36] 일본어와는 완전히 다른 것이다. 그것이 무색투명한 음성임에도 불구하고, 우리들은 유희의 몸과 꽃과 향기가 교감했을 때 문득 입 밖으로 나온 그 말로부터 유희에게 단 한 가지 남겨진 삶의 증표를 볼 수 있는 것이다. 필시 이자택일의 귀속을 강제하는 잔혹한 '쉬볼렛'으로부터 도망칠 수 있는 실마리는 유희가 중얼거린 "이이니오이"라는 말 속에 있을지도 모른다. 그것은 너무나 가냘프고 연약한 것일지도 모르지만 말의 죽음에서 부활하는 것과 말의 공동성의 회복은 진정한 의미에서 신체에 뿌리내린 말 속에 있음에 틀림없다.

　윤건차는 이양지의 문학은 "'나'의 세계에 자폐[內閉]되어 '재일' 및 민족의 과제로 확장되지 않는다"고 말한다. 더욱이 "'재일'의 젊은 문학자와 일본인의 '감성'은 차별이나 경시, 원망, 반성, 속죄와 같은 것을 결여하고 있다는 점에서 [서로] 일치하는 점을 보인다"고 날카로운 어투로 비판하고 있다.[37] 확실히 이양지의 문학은 "'나'의 세계에 자폐되어",

---

35) 앞의 책, 415頁.
36) [옮긴이] 원문은 『語る』이다. 일반적으로 소설을 쓴다고 할 때의 동사 '쓴다'는 『書く』라고 쓴다. 그러나 필자는 여기서 '이야기하다'라는 의미를 지닌 『語る』를 쓰고 있다. 이는 "이이니오이"라는 외마디처럼, 문자언어뿐 아니라 음성언어나 구술언어로서의 일본어를 포함한다는 함의를 담고 있다고 판단되어 '이야기하다'라고 번역했다.
37) 尹健次, 『在日を生きるとは』, 岩波書店, 267~268頁.

거의 호흡을 할 수 없을 정도로 숨이 막힌다. 그러나 그 숨막힘은 그녀가 오직 경계선을 응시하고 육체를 배신하지 않는 성실한 말을 계속해서 갈망함으로써 한층 깊어지는 것이다. 원래 말은 그 본질에 배타(排他)라는 무서운 마성이 깃들어 있다. 그 마성은 영리한 체하면서 불분명하게 흐려놓는 것이 아니라, 「벌거벗은 임금님」에 나오는 아이처럼 예민한 감성과 순순한 인지력을 갖고 있는 사람만이 알아챌 수 있는 것이리라. 이양지는 그 마성을 응시하고 그 마성에 홀려 결국 그것으로부터 탈출할 수 없었던 것이다. 지금 생각해 보면, 유희가 중얼거린 "이이니오이"는 구름 속에서 한순간 모습을 드러낸 파란 하늘이었을지도 모른다. 그런데 유작 「돌의 소리」는 다시 마성의 경계[境域]을 떠도는 일인칭 소설로 되돌아가 버렸던 것이다.

이양지의 문학은 일본과 한국이라는 두 거울에 끼어 고뇌하는 "'재일' 및 민족"의 모습을 가장 성실하게, 그리고 명확하게 묘사한 것이다. 그녀의 문학을 마음 속에 아무 선입견이나 거리낌 없이 순순히 읽는 사람은, 이 소설에 몇 번이건 뿌리치고 죽여도 되살아나 덮쳐오는 '말'과 '정치', 즉 집요하고 죽지 않는 불사의 괴물에 대한 격렬한 공포의 감각이 흐르고 있음을 알아챌 것이리라. 이양지는 그 끝을 알 수 없는 공포의 감각으로부터 그녀를 해방시켜 줄 왕자를 결국 발견하지 못한 채, 이 세상을 떠나 버렸던 것이다.

정위와 이동[1]

— '조국'과의 거리

1

어떤 재일 조선인 작가가 재독 한국인이 주최한 조국 통일과 민주화를 위한 심포지엄에 출석하기 위해서 서베를린으로 향한다. 이 작가는 조선적(朝鮮籍)[2]이기 때문에 한국에는 입국할 수 없다. 그렇지만 서베를

---

1) [옮긴이] '정위'(定位)는 일반적으로 사용하는 단어는 아니지만, 여기서는 원문 그대로 번역한다. 비슷한 단어로 정착, 정주 등으로 의역할 수 있지만, 글 내용을 생각해 보면 '정위'란 한곳에 머무른다는 의미의 '정착, 정주'와는 다르다. 이 글에서 '정위'는 어떤 정해진 위치나 좌표를 의미하며, 더 나아가서는 관념의 위계라는 의미도 담고 있다.

2) [옮긴이] 일본은 태평양전쟁에서 1945년 8월 패망 이후 미국의 점령 통치기를 보냈다. 1952년 일본 본토는 샌프란시스코 강화조약을 맺고 미국의 점령통치에서 벗어나지만, 오키나와는 1972년까지 미국 점령지가 된다. 당시 구 식민지였던 조선으로부터 수많은 조선인이 일본에 이동(당)하여 거주하고 있었고, 이들에게 임시로 부여한 것이 '조선적'으로 '국적'과 다르다. 일본의 법령상 재일 조선인들은 조선민주주의인민공화국의 국적은 선택할 수 없다. 이후 일본 국적이나 한국 국적을 취득하는 '재일' 조선인들도 있었으나, 북쪽에 가족에 있거나 하는 여러 가지 이유로 남쪽도 북쪽도 선택하지 않고 '조선적' 신분을 유지해 온 사람이 있다. 이들은 일본에서는 '특별 영주자'이며, 대한민국과 조선민주주의인민공화국에서는 특수한 지위로 인정되지만, 그 이외의 국가에서는 무국적으로 분류된다. 따라서 해외여행을 위해서는 여행증명서를 받아야 하며 이는 한국에 올 때도 마찬가지이다. 그러나

린에서는 한국에서 온 많은 유학생과 만날 수 있어, 오히려 이국땅에서 '조국'의 숨결과 접한다. 이렇게 만난 사람들 중 여성이 한 명 있었다. 이론 물리학을 전공하고 철학에도 관심을 지닌 그녀는 서독일 대학에서 조수를 하고 있는데 심포지엄에 참여하기 위해서 400킬로의 거리를 히치하이크를 해서 베를린에 왔다고 한다. 그런 그녀의 정열에 마음이 끌린 이 작가는 심포지엄이 끝난 뒤 파티 석상에서 술김이기도 하여 그야말로 얼토당토않게 그녀에게 이렇게 말하는 것이다. "당신에게서 조국을 발견했습니다."

이 대사는 또 다른 이야기를 생각나게 한다. 어떤 재일 한국인 형사가 서울 경찰서에서 근무하는 이부형제이자 부장 밑에서 연수를 하러 간다. 비행기 속에서 읽은 잡지에서 서울 경찰서 소속인 미인 형사의 사진을 발견한 그는, 자신이 배속될 예정인 수사실에 그 여형사가 있다는 것을 알고 연심을 품는다. 그리고 그녀와 만났을 때, 그는 무심코 이렇게 말해 버리는 것이다. "조국이란 당신의 아름다움이었다."

전자는 이회성의 『유역에』(流域へ)[3] 중 일부분이며, 후자는 쓰카 고헤이[4]의 한국어판 『아타미 살인사건』(熱海殺人事件) 속 한 장면이다(서

'조선적'을 지닌 '재일' 조선인은 조선민주주의인민공화국과의 정치적인 이유로 인하여 대한민국 입국 허가가 나지 않는 경우가 있어 어려움을 겪고 있다.

3) [옮긴이] 『유역에』(流域へ)의 원 제목의 조사 'へ'는 장소(에서), 방향(으로), 대상(에게) 등 다양한 의미를 지닌다. 여기서는 보다 다의적인 의미를 지닐 수 있도록 '에'라고 번역한다. 또한 이하 이 소설에서의 인용은 한국어판(『유역』, 김석희 옮김, 한길사, 1992)을 참고하면서 옮긴이의 판단에 따라 수정하여 번역했다.

4) [옮긴이] 쓰카 고헤이(つか こうへい, 1948~2010): 후쿠오카 출신으로, 재일 조선인 2세 극작가·연출가·소설가이다. 대학시절부터 앙구라 극단(アングラ演劇) 제2세대로 활약하여 '쓰카 고헤이 이전/이후'라고 불릴 정도로 독보적인 한 시대를 구가하며 붐을 일으켰다. 1985년에 「아타미 살인사건」(熱海殺人事件, 한국어명: 뜨거운 바다)을 문예회관에서 초연하고 대성공을 거두었다. 이후 재일 조선인 2세임을 공표하고 『딸에게 들려주는 조국』(娘に語る祖

울 경찰서를 무대로 하여 모처럼 쓰인 이 각본은 문화관광부의 압력으로 공연할 수 없었고, 그 대신에 도쿄를 무대로 한 각본이 상영되었다고 한다. 이 내용은 『딸에게 들려주는 조국』에 자세히 쓰여 있다[5]).

그런데 문학적 자료도 작품의 경향도 완전히 대조적이라고 할 수 있을 정도로 다른 이 두 작품에 빼다 박은 듯이 매우 비슷한 대사가 나오는 것은 대체 어쩐 일인 것일까? 일종의 아날로지로 '조국'과 '여성'을 연결시키는 것은 문학적 수법으로서는 특별히 새로운 것은 아니다. 예를 들어 '조국'에 대한 침략을 '어머니 대지'에 대한 능욕이라고 그릴 때, 지배에 대한 저항은 단순히 정치적 저항에 그치지 않고 생명 그 자체를 위협하는 침략자에 대한 저항으로 이미지화된다. 이 경우, '여성'은 '모성'의 이미지와 겹쳐지고, 민족을 길러 내는 근원적인 생명력의 상징이 되는 것이다.

그러나 이 두 작가에게 여성의 이미지는 그런 것이 아니다. '여성'은 '母-子'의 융화적 관계가 아니라 '남-여'의 모순으로 가득 찬 연애관계로 인식된다. 이러한 점에서 재일 조선인에게 '조국'이라는 것은 원하면 자신을 따뜻하게 껴안아 주는 자애로움으로 가득찬 '어머니'가 아니라, 오히려 애타게 연모하면서 쫓아가면 갈수록 멀어져 버리는 '동경의 대상인 여성'이라는 점이 명확해진다. 물론 거기에는 첫눈에 반하는 경우가 있다면 짝사랑도 있기 때문에 만남과 파국의 드라마는 다양하다.

國)을 써서 베스트셀러가 된다. 이 책은 한국어로 번역되었다(한국어본: 김은정 옮김, 이상북스, 2011). 1982년 전후 일본 세대이자 재일 조선인으로서는 최초로 나오키상을 수상했다. 일본문화 개방이 이뤄진 뒤 1999년 한국에서 최초로 일본어 연극 「아타미 살인사건 매춘수사관」(熱海殺人事件·売春捜査官)을 공연했다.

5) [옮긴이] 이 내용은 『딸에게 들려주는 조국』 중 「'휴전' 중인 조국, '소설도 검열하는' 조국을 찾아」에 실려 있다.

또한 이 아날로지의 중심축이 어디까지나 남자라는 것은 말할 것도 없다. 그러나 이 글에서는 일견 서로 상통하는 듯이 보이는 이회성과 쓰카고헤이의 이 고백적인 말에 극히 미묘하긴 하지만 결코 간과해서는 안될 차이가 있음에 주목하고 싶다.

"당신에게서 조국을 발견했습니다"와 "조국이란 당신의 아름다움이었다"——이 두 대사를 잘 비교해 보자. 이회성의 경우 남자는 '당신의 아름다움'을 통해서 '조국의 아름다움'을 엿보려고 한다. 여기에서 '조국'에 대한 사랑과 '당신'에 대한 사랑은 완전히 동형적이다. 동형적이라기보다도 여성은 '조국'의 메타포일 뿐이라고 하는 편이 정확할지 모르겠다. 초월적 이념으로서의 '조국'은 모든 것을 메타포화해 버린다. 모든 진정한 것이나 아름다운 것에서 '조국'의 모습을 발견하려고 하는 것은 '조국'이 무한한 저편에서 우러러 보는 유토피아이기 때문이다. 그렇지만 쓰카 고헤이에게는 '당신의 아름다움' 자체가 '조국'이 된다. '당신'이란 그것을 통해 무엇인가 이념을 나타내려고 하는 렌즈가 아니다. 또한 '조국'은 현재의 시간과 공간에서 떨어진 곳에 있는 유토피아가 아니라, '내'가 삶을 긍정적으로 살려고 하는 구체적 장소의 별칭이 된다.

이러한 차이는 두 작품 속에 등장하는 '당신'이 처해 있는 운명에도 넌지시 드러나 있다. 이회성 소설의 경우, 여성은 북조선적을 가진 주인공과 연애를 하기 때문에 한국 정부로부터 스파이 용의자가 되고 그녀의 가족에게까지 탄압과 감시의 손이 뻗친다. 그리고 '당신'은 한국 땅을 밟을 수 없다. 즉 '내'가 '너'에게 '조국'을 발견한 탓에 '너'는 '조국'을 잃게 된다. 그것으로 인해 주인공은 끝없는 자책감으로 고통 받는다. 그러나 쓰카 고헤이의 경우는 완전히 다른 결말이 기다리고 있다. 가담한 사건이 해결되면 일본에 돌아가야 하는 재일 조선인 형사는 사랑하는

김 형사와 헤어져야 하는 것을 매우 안타까워하고 있다. 따라서 형인 전 부장과 아우 강 형사 사이에는 다음과 같은 대화가 오간다.

> **전 부장** 조국을 버릴 텐가?
>
> **강 형사** ….
>
> **전 부장** 안 데려갈 텐가?
>
> **강 형사** 그게 무슨…!?
>
> **전 부장** 네가 분명히 말했잖아. 조국이란 그녀의 아름다움이라고. 애국심이란 그녀를 사랑스럽게 생각하는 의지라고 말야.
>
> **강 형사** 예?
>
> **전 부장** 데려가라구. 일본에 계신 어머니가 말야, 서른이 넘도록 장가도 못가고 비실비실 대고 있는 아우에게 누군가 좋은 여자 좀 소개해 주라고 하시더라.
>
> **강 형사** …?
>
> **전 부장** 서울 사람도 할 건 한다구. 흐흐흐, 그런데 준비가 됐나 몰라, 미스 김.
>
> (김 형사, 빨간 치마 저고리로 등장)
>
> **강 형사** 우리 조국이야.[6]

부끄러울 정도로 너무 만들어 붙인 듯한 장면이다. 따라서 어느 쪽이 현실에서 벗어나 있는지 묻는다면, 물론 이회성이 아니라 쓰카 고헤

---

6) つかこうへい, 『娘に語る祖國』, 光文社, 167~168頁. [옮긴이] 한국어판 「사람의 따뜻한 마음은 변하지 않는다」, 『딸에게 들려주는 조국』, 208~209쪽을 참고하여 번역했다.

이 쪽일 것이다. 어쨌든 주인공은 '조국' 그 자체를 일본에 데리고 돌아가는 것이니까.

재일 조선인에게 '조국'이란 결코 매개 없이 주어지는 자연적 개념이 아니다. 그렇지만 이 '조국'과의 거리에 의해 자기의 아이덴티티가 지닌 농담(濃淡)이 측정되어 버린다. 즉 이 아이덴티티는 '여기에 없는 것'에 의해 측정된다는 점에서, 항상 일종의 결여 상태를 나타내게 된다. 이 결여를 메우기 위해서 여러 가지 이념이 동원된다. 그러나 쓰카 고헤이의 '조국' 의식에는 이러한 결여 의식이 없다. 민족에 대한 쓰카의 담론이 "진지하게 '민족'을 추구하려고 하는 젊은 재일 세대에게 악평"[7]을 받는 데에는, 이처럼 [그에게 '결여의식'이 없다는 점도] 한 가지 이유로 작용할 것이다.

2

쓰카 고헤이의 『딸에게 들려주는 조국』은 이제껏 드러내 놓고 재일 체험을 말하지 않았던 재일 작가 쓰카 고헤이가 자신의 민족성을 노골적으로 노래한 글이어서 화제가 되었다. 그러나 『딸에게 들려주는 조국』은 자신의 생각을 몽땅 털어놓은 고백이라기보다, '딸에게 들려준다'는 상황을 설정해서 쓰인 하나의 '작품'으로 보는 편이 옳다. 왜냐하면, 쓰카 고헤이의 다른 작품과 마찬가지로 이 작품도 유쾌한 장치로 가득 차 있기 때문이다. 이 작품 속 대화의 대부분이 그대로 쓰카의 희곡에 사용

7) 磯貝治良, 『戰後日本文学のなかの朝鮮韓国』, 大和書房, 1992.

될 수 있을 정도이다.

『딸에게 들려주는 조국』은 갑자기 출현한 것이 아니다. 그 이전에 쓴 소설 『히로시마에 원자폭탄을 떨어뜨린 날』(広島に原爆を落とす日, 1986)에서는 『딸에게 들려주는 조국』에 나타나 있는 수많은 표현이 이미 나타나 있다. 예를 들면 "조국이란 당신의 아름다움이었다"라는 대사는 이미 이 소설 속에 나온다.

이 소설의 주인공은 조선 시대 왕가의 피를 잇고 있으면서도 오직 일본 민족에게 동화되길 바라는 태자, 한 이치로(恨一郎)이다. 그는 전함 야마토(大和)를 만들어 진주만 공격 계획을 짜고, 오직 대일본제국의 충신이 되려고 하지만, 조선인이기 때문에 굴욕을 당한 결과, 에놀라 게이호[8]에 타고 히로시마에 원폭을 투하한다. 이 행동은 단지 일본에 대한 증오의 표현만이 아니라, 조선인이라는 이유로 [인연을] 맺지 못한 피차별 부락 여성에 대한 최대한의 사랑 표현이었다. 태자는 사랑하는 그 여성의 머리 위에 원폭을 떨어뜨린 것이다.

쓰카 고헤이의 작품 중에서는 드물게, 『히로시마에 원자폭탄을 떨어뜨린 날』에는 독자가 포복절도할 만한 장면이 전혀 없다. 또한 결정적으로 이 소설에는 그 이전 쓰카의 작품에서 나타났던 장난스러운 자기 비평이 결여되어 있다. 여태까지의 쓰카 작품에는 과장된 대사나 장면 [情景]이 "이건 연극이에요" "단지 연극이란 말이죠"라는 눈짓을 하면서 나타나 있었다. 그런 부분에서 독자들은 쓰카의 자각된 의식을 느낄 수 있었다. 그렇지만 이 소설에는 극히 전형화된 인물이나 장면이 그대

---

8) [옮긴이] 에놀라 게이(Enola Gay):1945년 8월 6일 최초의 원자 폭탄을 일본에 투하한 미국 B-29의 애칭이다.

로 현실로 끼어들어 있기 때문에, 희화극 형태라고 할 소설 얼개의 빈곤함이 눈에 띄게 드러나 버린다.

수줍음 많은 쓰카도 그렇다는 것을 바로 알아차렸던 듯하다. 『히로시마에 원자폭탄을 떨어뜨린 날』의 속편이라고 할 수 있는 『애인형사』(愛人刑事)에서는 오히려 가벼운 엔터테인먼트 소설로 복귀한다.

이러한 점은 『딸에게 들려주는 조국』에도 어느 정도 적용할 수 있을 것이다. 그 작품이 재일 작가인 쓰카 고헤이가 민족과 조국을 둘러싸고 날 것 그대로 보여 주는 신앙 고백 그 자체로 받아들여지고, 또한 그 작품이 표명하고 있는 극히 개인적인 의견이 어떤 행동규범의 틀을 나타내고 있는 듯이 받아들여졌을 때, 쓰카는 당황했음에 틀림없다. 따라서 쓰카는 그후 발표한 『연극 입문·야마타이국[9]의 수수께끼』(演劇入門·邪馬台国の謎)라는 책에서 『딸에게 들려주는 조국』은 "감동을 주려고 썼다"고 시치미를 떼는 것이다.

그렇다면 『히로시마에 원자폭탄을 떨어뜨린 날』과 『딸에게 들려주는 조국』 이전에 쓴 작품에서 쓰카 고헤이의 '재일성'을 발견하는 건 불가능한 것일까? 확실히 쓰카는 자신이 재일 조선인이기 때문에 겪은 체험을 작품 속에 그 자체로 다루지는 않았다. 지쿠호 탄전에서 보낸 어린 시절을 그린 에세이 속에서도 쓰카는 자기가 재일조선인이라는 것을 말하지 않고 있다. 그러나, 그럼에도 불구하고 쓰카의 시선에서는 틀림없이 '재일성'이 느껴진다.

다케다 세이지[10]는 이회성의 '조국' 이념은 일본의 전후 민주주의

---

9) [옮긴이] 야요이 시대(彌生時代) 후기인 2~3세기 무렵 일본에 있었다고 전해지는 나라.

10) [옮긴이] 다케다 세이지(竹田青嗣, 1947~): 일본의 철학가, 문예 음악 평론가, 와세다대학

이념을 매개하지 않고서는 성립할 수 없다고 설명한다.[11] 그렇다고 한다면 이회성의 소설은 일본의 전후 문학 내면에 어떤 위화감도 없이 포함되어 버리게 된다. 그렇지만 쓰카 고헤이에게는 전후의 변혁 이념에 대한 매우 날카롭게 자각된 시선이 나타나 있다. 쓰카의 시선은 '일본' 밖에서 발현된 듯 보인다.

가장 훌륭한 쓰카의 희곡 『전쟁에 가지 못한 아버지를 위하여』(戦争へ行けなかったおとうさんのために), 『초급혁명강좌 비룡전』(初級革命講座飛龍伝), 『아타미 살인사건』(熱海殺人事件) 등은 등장인물 한 명 한 명이 제멋대로 자기 자신의 이야기를 엮어 내면서 살육 장면을 늘어놓는다. 만주를 향해 가는 병사든, 전공투 학생 운동가든, 기동대원이든, 범죄를 쫓는 형사든, 극적 고양감을 삶의 의의로서 추구하고 있다는 점에서는 모두 마찬가지이다. 확실히 쓰카는 일본을 '밖'에서 파악한다. 이 점만으로 보면, '아웃사이더'의 시점에 선 작가라고 할 수 있을 것이다. 그러나 쓰카가 서 있는 '밖'이란 '안'과 완전히 분리되어 소외되어 버린, 성으로부터 쫓겨난 장소가 아니다. 이 '밖'이란 '안'을 찢어 버림으로써 비로소 도달할 수 있는 장소, 즉 '뫼비우스의 띠'와 같은 구조를 갖고 있다. 폐색에서 어긋나 가는 이 움직임이 바로 '재일의 특성'[在日性]이 나타나는 장소다. 어떤 질서정연한 국가 논리도, 아무리 감복해야만 할 민족 윤리도, 그 장소에서는 바로 넘어져 버린다. 왜냐하면 그곳에는 끊임없

국제교양학부 교수, 재일 조선인 2세. 오사카에서 태어났고 와세다대학 정치경제학부 졸업 후 문예평론으로 데뷔했으며 메이지가쿠인대학 국제학부 교수를 거쳐 2005년 와세다대학 국제교양학부 교수를 했다. 본명은 강수차(姜修次)이고, 다케다 세이지라는 필명은 일본명이 아니라 다자이 오사무의 소설 『죽청』(竹青)에서 따온 것이다. 그의 저서 중 한국에 번역된 것은 『'재일'이라는 근거』(소명출판, 2016), 『어리석은 자의 철학』(동해, 2004) 등이 있다.

11) 竹田青嗣, 『'在日'という根拠』, 国文社, 1983.

는 반전의 움직임이 작동하고 있기 때문이다. 또한 그 움직임이야말로 쓰카 고헤이 연극의 근원적인 에너지가 되고 있다.

우연히 뱉은 말이 어느샌가 의식을 지배해 버리는 경우가 자주 있다. 혼자서 한 생각 전부를 중얼거린 말이 어느 사이엔가 진부할 정도로 유형적인 말로 응고해 간다. 그 움직임을 정치적 이념이나 윤리적 확실함으로 저지하려고 해도 소용없다. 말의 생리 속에는, 더할 나위 없이 확실한 말이 도리어 거짓말이 될 가능성이 언제나 잠재되어 있다. 사는 것 자체가 부지불식간에 어떤 역할을 연기한 것이 되어 버린다. 그 지점에서 당황하여 역할을 버리고 있는 그대로의 얼굴로 돌아오려고 해도, 우리가 본래의 얼굴이라고 믿고 있었던 것이 가면일지도 모른다. 그러나 그 때문에 불안해할 필요는 없는 것이다. 단 한 명의 '나' 따위란 안이하게 살아 가려고 하는 사람들의 나태한 바람이며 신화니까. '나'는 가히 다면적이고 다채로운 것이다.

쓰카는 일찍이 이렇게 말했다. "떠들썩함 속에 있으면 있을수록 문득 나는 누구인가라고 생각할 때가 있다. 어쩌면 나는 단지 '쓰카 고헤이'라는 인격을 연기하고 있는 남자에 불과할지도 모른다. […] 정보가 넘쳐나는 이 시대에, 인간은 오직 '역할'로서만 존재하게 되었다. 그 무엇인가를 연기하고 있다는 의식이, 무엇인가로 변화해 간다는 꿈을 손쉽게 해준다. […] 언젠가 '쓰카 고헤이'라는 펜네임을 버리고, '진실을 말해 볼까'하며 을러대 보는 게 꿈이다. […] 우쭐해서 말하자면, 가네하라 미네오(金原峰雄)[12]라는 본명과 '쓰카 고헤이'라는 펜네임은 깔끔하

---

12) [옮긴이] 쓰카 고헤이의 한국 이름은 김봉웅(金峰雄), 일본에서 일본식으로 불려진 이름은 가네하라 미네오(金原峰雄)이며, 쓰카 고헤이는 스스로 붙인 이름이다. 쓰카 고헤이라는

게 나뉘어 살게 되었다. 적어도 또 하나의, 혹은 또 두 개의 인격으로 나뉘어 살았다고 생각한다"[13]

3

재일 조선인 소설가와 저널리스트가 중앙아시아에 살고 있는 조선인들을 방문한다. 그곳에는 연해주에서 강제 이주 당한 1세, 이미 러시아어가 모어가 된 2세, 흐루시초프[14]의 스탈린 비판을 배워 조국의 '개인 숭배'를 비판했기 때문에 고국에 돌아가지 못하고 소련에 남게 된 예전에 유학생이었던 사람, 사회주의 리얼리즘의 교양을 여지껏 의심 없이 믿고 있는 조선인 작가 동맹의 작가들, 시장에서 쾌활하게 소리를 지르며 김치를 팔고 있는 아줌마 등등, 다종 다양한 인간 군상이 '재일' 소설가의 눈을 통해 그려진다. 그곳에서 만난 사람들은 누구든 타인과 바꿀 수 없는 개인의 역사를 짊어지고 있다. 그는 그곳에서 '조국'과의 연결이 끊어진 조선인의 삶을 바라보고, 나아가서는 '재일'인 자신의 삶의 방식에 대해서 생각한다. 여기서 확인할 수 있는 것은 격렬한 파도가 소용돌

펜네임은 1960년대 중핵파(中核派)의 학생운동가 오쿠 고헤이(奧浩平)의 이름을 따온 것이라고 한다. 또한 이름을 한자가 아니라 전부 히라가나로 한 이유는, 일본어에서 히라가나와 가타카나는 읽을 수 있어도 한자를 읽지 못하는 자신의 어머니도 알 수 있도록 하기 위한 것이라고 밝히고 있다. 『딸에게 들려주는 조국』 중 「어머니를 위한 이름, 쓰카 고헤이」에는 이 설명과 함께 재일 조선인 여성 1세의 삶을 엿볼 수 있는 소중한 이야기가 쓰여 있다.

13) 『傷つくことだけ上手になって』, 角川書店, 1981, 201~220頁.

14) [옮긴이] 흐루시초프(Khrushchev, Nikita Sergeyevich, 1894~1971): 구소련의 정치가. 스탈린의 사후 소련 공산당 제1서기가 되고 1957년 수상을 겸임하면서 구소련의 개방 개혁을 주도함.

이치는 역사의 흐름에 농락당하면서도 결코 인간의 존엄을 잃지 않는 사람들의 삶의 태도다. 이에 비교하면 현재의 '조국'은 그들의 존재를 받아들일 수 있을 만큼의 존엄을 갖고 있지 않다는 점 때문에, 그는 애가 탄다. '남북통일' 조차도 그들의 삶과 무관한 곳에서 추진되고 있는 정치적 흥정으로 전락하는 듯하다. '제 인생 따위, 5분이면 다 이야기할 수 있어요'라고 하는 사마르칸트[15]의 조선인 할머니의 침묵에 호응할 수 있을 정도의 '조국'은 여전히 존재하지 않는다.──이상은 소련 중앙 아시아에 사는 다양한 조선인과의 만남을 쓴 이회성의 『유역에』(1992)의 줄거리이다.

이회성의 이 소설은 일견 르포르타주 형식을 갖추고 있다. 많은 지면을 그곳에서 만나는 사람들에 대한 인터뷰에 할애하고 있다. 틀림없이 이회성은 파란만장한 개인의 소리를 하나의 통일체로 정리하는 것보다는, 개인 제각각의 소리──때로는 서로 어긋나고 때로는 서로 뒤섞이는──를 정리하여 쓰고 싶었을 것이다. 분명 그는 자칫하면 획일화된 이미지로 그려 낼 수밖에 없는 민족에 대해, 다양한 소리와 냄새를 부여하고 싶었음에 틀림없다. 그러나 그럼에도 불구하고, 이 소설은 마치 1인칭 소설인 듯한 인상을 받게 된다. 왜 그런 것일까?

소설의 주인공이 사할린 출신의 재일 조선인 작가이고, 소설 대부분이 이회성 그 자신을 떠올리게 하기 때문은 아니다. 이회성이 실제로 중앙 아시아를 방문하고, 소설에 쓰여 있는 것처럼 다양한 사람들과 만나고, 그 체험담을 듣고 왔는가 어떤가는 이 지점에서 조금도 중요치 않

---

15) [옮긴이] 우즈베키스탄의 수도. 14세기말부터 15세기에 걸쳐 티무르 제국의 수도였다.

다. 소설은 결코 현실의 재현이 아니며, 설령 있는 그대로의 현실을 오직 충실하게 그렸다고 해도, 거기에는 항상 현실과의 간극이 발생하기 마련이기 때문이다. 소설 『유역에』가 아무리 다양한 화자가 자아내는 이야기로 구성되었다고 해도, 그것들은 언제나 '나'라는 축음기를 통해서 전달된다. 즉 그 이야기들은 결코 타자의 목소리가 아닌 것이다.

분명히 이회성 소설의 근저에는 관념의 상하관계(Hierarchy)가 있다. 어떤 관념은 다른 상위 관념에 포섭되고, 그 관념은 보다 상위의 관념에 포섭되고 전체를 구성한다. '국가'가 아니라 '민족', '민족'을 넘어서 '인간'이라는, 위로 갈수록 점점 좁아져 가는 관념의 사다리가 그 지점에서 만들어진다. 그러나 이 관념 세계 전체를 지탱하는 것은 하나의 주관이며, 그것이 이회성에게는 '재일'의 의미인 것이다. 따라서 아무리 이회성이 다종다양한 사람들의 소리를 소설 속에서 울리게 하려고 해도, 결국 마지막에는 자신의 목소리만이 울리고 만다. 그 결과, 재소(在蘇, 소련에 거주하는) 조선인의 이미지가 재일 조선인의 시각에 의해 재단되게 된다. 재소 조선인도, 재일 조선인, 아니 그보다도 이회성처럼 양미간을 찌푸리고 봉발을 한껏 그러 올리고 고민하고 있는 모습만이 눈에 띄게 된다. 다케다 세이지는 "이회성 문학의 방법적 정형은 이 괴로운 '기분'을 중심으로 아이덴티티의 불안이라는 심리·사회적 '증상'를 드러내고, 그것에 '사는 방식'의 의미를 부여함으로써 이 '증상'을 극복하는 형태로 나타나 있다"고 한다.[16] 『유역에』를 지배하는 '괴로움'은 결코 재소 조선인의 것이 아니라, 이회성 자신이 만들어 낸 괴로움인 것처

---

16) 竹田靑嗣, 『'在日'という根拠』, 国文社, 1983, 75頁.

럼 느껴지는 건 어쩔 수가 없다. 그리고 이 '괴로움'은 이회성 문학 자체
가 뿌리내린 관념적 위계의 '괴로움'에 다름 아니다.

　　그러나 현실에서 관념은 상위의 관념이 연이어 하위의 관념을 포섭
해 가는 식의 위계를 이루고 있지 않다. 오히려 서로 배제하면서 때로는
겹쳐지고 때로는 서로 교차하면서, 결코 계층적인 질서를 형성하지 않
은 채, 또한 합리적인 수미일관성을 지니지 못한 채로, 일그러진 공간에
흩어져 있는 것이다. 어떤 관념에서 다른 관념으로 가는 과정은, 위기의
극복이 아니라 단지 이동을 만들어 내는 것이다. 이때 해방의 의미는 초
월적인 이념에 도달하는 것이 아니라, 여태까지 정주했던 땅[定住地]을
억울함 없이 버리고, 새로운 야영지(野營地)를 찾아내는 것에 의해 생긴
다. '유역'이란 무엇일까. 소설 속에서는 다음과 같이 이야기되고 있다.

　　외국에 와서 '조국'의 상처에 손을 댄 듯한 기분과 기쁨이 한데 뒤엉켜,
　　어찌할 수 없는 기분을 불러일으켰던 것이다. 그렇지만 원래 '조국'에서
　　느껴야 할 기쁨을 이 '외국'에서 밖에 느낄 수 없다는 것은 말이 안 되지
　　않는가? 그렇게 생각하다 보니, 이곳은 '유역'이었다. 사람들은 유역에
　　서 살아 오면서 역사의 무게를 견디고, 마음을 덥히면서 그때그때 인간
　　의 우정이나 기억을 살아가고 있는 것이다. 인간이 살아가는 저잣거리
　　의 강인한 현실 속에 내 자신이 끼어들어 있는 것이었다.[17]

　　그렇다고 해도, 이동하는 자의 강함은 눈이 휘둥그레질 정도다. 춘수는

---

17) 李恢成, 『流域へ』, 講談社, 1992, 157頁.

카자흐스탄에서 그것을 느꼈다. 몇 명의 '고려인'과 만났지만, 누구 하나 비탄을 늘어놓는 자가 없었다. 이동에 의해 생긴 인생의 파란은 엄청난 것이었을 텐데 말이다. 분명 그들은 유역 생활이 야기한 변화를 말했지만, 변천의 끝에 절망해 버린 사람의 모습은 보이지 않았다. 그것이 희미하게나마 희망이라는 것을 느끼게 했다. 물론 우리들은 '취재자'에 불과한 입장이었다. 한 번 혹은 두 번 만난 것만으로, 그 사람들이 낯선 곳에서[異域] 온 동포에게 자신들 마음 속 깊은 곳까지 드러내 주는 게 가능하기나 할까? 어쩌면 우리들은 그저 그들의 표피만을 쓰다듬은 데 불과했는지도 모른다. [⋯] 이렇게 하여 사람들은 이동해 가고 있었다. 그것은 '37년'의 이동과는 다르며, 또한 새로운 시대의 이동이었다. 강제당하지 않아도 사람들은 이동해 간다. 설령 그것이 종착점이 없는 이동이라고 해도.[18]

'조국'이 정주(定住)를 추구하는 것이라고 한다면, '유역'은 '이동'에 의해서 만들어진다. 그러나 '유역'을 '조국'에서 소외된 토지라고 이해해 버리면, '유역'에 아무리 '강인한 현실'이 있다고 해도, 항상 '조국'과의 거리가 만들어 내는 비애감이 따라다니게 되어 버린다. 기쁨은 항상 슬픔과 등을 맞댄 카타르시스를 불러일으키는 것이다. 무엇인가 네거티브한 것을 상정하고, 그것을 극복하면서 포지티브한 것을 획득하려고 하는 것은, 작가 혼자 연기하는 연극에 불과하다. 어째서 '유역' 그 자체에서 포지티브한 것을 보려고 하지 않는 것일까? 왜 항상 '조국'과의

---

18) 앞의 책, 306~307頁.

거리감을 상정해야만 하는 것일까?

아이덴티티란 물건이 아니다. 누구도 아이덴티티를 소유하고 있을 리가 없다. 아이덴티티란 '나는 누구인가'라는 물음에 대한 대답일 테지만, '나는 ○○이다'가 아니라 '나는 ○○이 된다'라는 대답이야말로, 아이덴티티를 만들어 낸다. '나는 ○○이다'라고 어떤 곤란이나 주저함도 없이 대답할 수 있는 자는, 사실은 몇 가지 외적 권위에서 주어진 특허장을 손에 넣고 있음에 불과하다. 아이덴티티란 실제가 아니라, 흐름이며 움직임인 것이다. '재일'이란 이러한 이동이 만들어 낸 움직임의 다른 이름이며, '안'과 '밖'이 반전하는 패러독스에 가득 찬 장소일 것이다. 이 긴장을 견디지 못하고, 패러독스에 손쉽게 해답을 부여하려고 하는 자는, 어떤 안주의 땅을 구하고 초월적 이념으로 자신의 존재를 보증하지 않을 수 없는 것이다.

4

재일 조선인 작가에게 말의 문제는 매우 절실한 것이다. 2세 이후의 재일 조선인 대부분은 생활 언어는 물론, 진정한 의미에서 모어(母語)조차 조선어가 아닌 일본어가 되어 있기 때문이다[19] 자신의 민족성을 확인하고 주장하려고 생각하면 반드시 말의 장벽에 부딪힌다. 민족어가 곧 민

---

19) [옮긴이] 재일 조선인 1세에게 '모어'는 곧 '모국어'이며 이는 조선어이다. 그러나 재일 조선인 2세 이후의 세대에게 '모어'는 일본어이며 '모국어'는 조선어가 된다고 할 수 있다. 이러한 복잡함을 드러내기 위해서 이 부분의 번역은 원문에 충실하게 '모어'와 '모국어'를 구별했으나, 각각의 용어가 어떤 주어와 관련되어 사용되는가에 따라서 그 의미는 복잡하게 변화될 수 있음을 밝혀 둔다.

족의 정신을 형성한다고 한다면 재일 조선인은 애초에 민족정신에 다가갈 수단을 빼앗겨 버린 것이 된다. 그리고 표현수단으로 손에 넣은 일본어에 대해서 그는 늘 뭔가 떳떳치 못한 느낌과 경계하는 마음을 계속해서 가질 것이다. 그의 속에 사는 일본어는 어느샌가 조선민족을 잠식해 버릴지도 모르기 때문이다. 이회성은 이에 대해 「용의자의 말」(容疑者のことば)이라는 에세이에서 다음과 같이 말하고 있다.

> 재일 1세가 자신들의 모국어를 잊지 않으려고 하면서 객지의 말을 사용해 온 결과로, 그 '일본어'가 만들어졌다고 한다면, 그 말은 인간의 리얼리티와 연관된 존재감을 지닌다. 그들은 일본에 와서 다다미에서 살기 시작했지만 장판(기름먹인 종이를 깐 조선의 방바닥)의 촉감을 잊을 수 없었던 것이며, 그들의 일본어에서 '채소 절임'과는 다른 '김치'의 냄새가 풍기는 것은 그 때문이라고 할 수 있다. 말하자면 객지의 말투인 것이다. [⋯] 재일 조선인은 일본어로 동화[風化]되면서도 그 언어 주체로서 민족적 근원을 찾고 있으며, 다다미가 아닌 장판의 온기를 품은 언어를 사용하려 하기 때문에, 그 부분 또한 독자성을 지닌다.[20]

그러나 이러한 이회성의 언어적 입장이 현재의 재일 세대에게도 적용될 수 있을까? 재일 조선인에게 조선어는 이미 살아 있는 모어가 아니기 때문에 일본어 속에 조선어 독자의 감각과 울림을 집어넣으려고 해도 무리이다. '김치의 냄새'를 일본어에 담으려고 해도 가장 중요한

---

20) 李恢成, 『円の中の子供—北であれ南であれわが祖国Ⅱ』, 角川書店, 1978, 15~16頁.

김치 담는 법을 알 수 없는 것이다. 이러한 점에서 재일 조선인을 '자국어 상실자'로 파악하고, 바로 그 위기 상태에서 새로운 문화의 맹아가 소생한다고 보는 손영건과 같은 입장을 가질 수도 있을 것이다. 손영건은 이렇게 말한다.

> 이 지상에는 지역과 고향에 밀착된 정주민 이외에, 그러한 군집 거주형[群居型] 생태 원리를 지닌 영역 주변에 사회와 역사의 변동으로 인해 자신들의 토지와 말을 잃고 뿌리 뽑혀진 사람들, 즉 추방당한 사람(exile)들이 살고 있다. 그러나 멀게는 플라톤의 이상국가에서 시인이 추방당한 셈이었던 것이나, 가깝게는 마르크스, 프로이트, 아인슈타인까지 헤아릴 필요도 없이 인류 문화를 창조한 사람들은 하나의 언어나 토지에 안주하여 정주한 자들이 아니라 국경에서 국경으로, 말에서 말로 방랑해야만 했던 추방 유민자들이다. 이 탈영토적 지성인 것이다. […] 의식의 틀을 토착적 언어 습관에 종속시키려고 하는 정주민은 문화를 세련되게 할 수 있을지라도, 그 골격을 만드는 것은 아무래도 불가능할 듯하다. 그것을 가능하게 한 것은 대개 동시대로부터 이탈하여 의식의 영역 위를 떠돌아, 스스로의 토지와 말을 잃고 뿌리 뽑힌 '불구자'들일지 모른다.[21]

일찍이 이회성은 재일 조선인 문학을 아일랜드 문학이나 유대 문학과 비교할 수 없다고 말했다. 왜냐하면 이들 디아스포라 문학과 달리,

---

21) 孫栄建, 『言語のくびき―アウトサイダーの思想回路』, 影書房, 1992, 52頁.

재일 조선인에게는 돌아가야 할 '조국'이 있기 때문이라는 것이다. 이회성에 의하면, 일본어로 쓰인 재일 조선인 문학은 조국 통일에 의해 언젠가 사라져 버려야 할 운명에 처해 있다. 그러나 자기 스스로를 역사 속에서 사라져 버려야만 할 운명에 처해 있다고 상정하는 한 긍정적인 자세는 생기지 않는다. 반면 손영건은 오히려 적극적으로 재일 조선인 문학의 위치를 유대 문학이나 아일랜드 문학보다도, 아일랜드에서 태어난 영어 작가, 혹은 독일어와 이디시어²²⁾의 '언어 틈새'에서 살았던 카프카와 같은 작가들의 정신적 경계와 비교했다. 예를 들면 조너선 스위프트, 오스카 와일드, 윌리엄 예이츠, 버나드 쇼, 제임스 조이스, 사뮈엘 베케트 등이 그들이다. 틀림없이 조지 스타이너의 '탈영토적 작가', 들뢰즈 가타리의 '소수자 문학'이나 '유목민적 사고'로부터 힌트를 얻은 것으로 보이지만, 재일 조선인 문학의 아이덴티티는 '일본어'와 '조선어'라는 두 가지 제도적 언어의 틈을 비껴가는 지점에서 찾아야 한다. 그러나 '아웃사이더'가 곧 '유목민'이라고 할 수는 없다. '아웃사이더'란 오히려 세상과 뒤틀려 삐뚤어진 정주민이라고 하는 편이 옳지 않을까? 더구나 앞서 언급한 작가들과 간단히 비교할 수는 없을 것이다. 왜냐면 그러한 '탈영토' 작가들은, 문자 그대로 복수의 언어를 다루면서 '언어 틈새'에서 살아간다. 이에 비해 재일 조선인은 복수의 언어 — 일본어와 조선어 — 사이를 자유롭게 왕래할 수 있는 상태는 아니기 때문이다. 일본어를 '모어'로 하면서 그 점에 대해 마치 '불륜'을 하는 것처럼 개운치

---

22) [옮긴이] 주로 동유럽이나 미국에 거주하는 일부 유대인들이 사용하는 언어. 홀로코스트 경험, 유대인들의 이스라엘 이주 등 이후에 사용자가 급격히 줄어들고 있다. 그러나 하시딕 (Hasidic)사회에서는 오히려 사용이 증가하고 있다.

않은 기분을 느낀다. 그렇지만, 그렇다고 해도 조선어에서는 '조국어'라는 심히 이데올로기적인 이념상(理念像)밖에 찾지 못하는 것이다.

양석일의 연작소설 『택시 광조곡』의 몇 장면에 재일 조선인과 조선어의 운명이라고 할 만한 관계가 묘사되어 있다. 예를 들면 「운하」에 등장하는 인물은 술에 취해 다음과 같은 말을 내뱉는다.

나는 아직까지도 조선어를 자유롭게 말할 수 없으니까——이 점은 너도 동류야——다른 놈들은 나에 대해 반-쪽바리(半日本人)라거나 뭐라거나 지껄여대지만, 나로 말하자면 나는 조선어 전부를 알고 있다고 해도 과언이 아니라고 생각하거든. 왜냐면 말야, 말이란 것은 피를 의미하기 때문이지. 내 몸에 흐르고 있는 6리터의 피가 모두 조선어를 표현하고 있는 거야. 내가 이 나이가 될 때까지 아버지한테 매일 얻어맞으면서 들었던 조선어는 **죽인다! 때린다! 죽어라!**[23] 이 세 개야. 이거 말고 내가 사랑하는 조선말이 뭐가 있겠어, 응? 그 외의 잡다한 수사학도 결국 이 세 가지 말로 집약된다고 생각지 않아?[24]

또한 「크레이지 호스 I 」에 등장하는 택시 운전기사 이삼(イサム)은 모친을 만나고 싶은 마음에 영업용 택시로 아오모리의 하치노헤까지 달려갔다가 그곳에서 경찰에 체포당한다. 그리고 면회하러 온 주인공에게 "나는 *어머니*를 만나고 싶었을 뿐이다. *어머니*가 8년 전에 죽었다

---

23) [옮긴이] 고딕체로 강조한 부분의 원문은 일본어 글자 위에 한국어 발음 그대로 가타가나로 표기하고 있다. 예) 殺すチュギンダ！殴るテリンダ！死ねチュゴラ！
24) 『タクシー狂躁曲』, ちくま文庫, 1993, 126頁.

는 것을 몰랐다"고 울면서 말한다.

그리고, 내 마음을 세게 쳤던 것은 이삼이 처음으로 조선어로 '어머니'
라고 말한 것이었다. 조선어를 모르는 그에게 '어머니'라는 조선어만이
조선인인 스스로를 자각시키는 유일한 증거였다.[25)]

재일 조선인으로서는 서울 표준어도 평양 문화어도 연출해야 하
는 말이며, '객지'의 말이다. 갑자기 입밖에 나온 '어머니'라는 한마디 말
이야말로 자신의 아이덴티티를 탐색하는 출발점인 것이다. 어디에서든
출발점을 발견할 수 있는 것이다. 여러 해 동안 택시 운전기사 경험을
쌓아 온 양석일은 택시라는 교통수단의 특이성에 대해서 다음과 같이
말하고 있다.

택시의 어려움은 늘 일정한 장소에서 출발하는 것이 아니라 온갖 장소
가 출발점이 된다는 것이다. 신참 운전수는 차고를 기점으로 해서 방향
을 생각하는 버릇이 있는데, 그것은 신참 운전수에게 차고가 유일한 출
발점이며 종착점이기도 하기 때문이다. 거기서 길을 잃은 신참 운전수
는 귀소본능에 의해 일단 차고로 돌아가고, 그곳에서 재출발하여 승객
에게는 심히 귀찮기 짝이 없는 행위를 저지르는 것이다.[26)]

'유일한 출발점이며 종착점'인 '차고'가 무엇에 대한 비유인가는 말

---

25) 앞의 책, 126頁.
26) 梁石日, 『タクシードライバー日誌』, ちくま文庫, 1986, 46頁.

하면 촌스러워지니 그만 두자. 재일 조선인은 늘 '차고'에 돌아가지 않으면 목적지에 갈 수 없는 '신참 운전수'는 아닐 것이다. 온갖 장소가 출발점이 되는 것과 같은 '이동', 어디에서도, 언제라도 시작할 수 있는 '이동'이야말로, 살아가는 구체적 장소인 '유역'을 만들어 내지 않을까?

디아스포라와 국문학

1. 제도로서의 '국문학'

어떤 국가든, '국민'의 동질화를 목표로 하지 않는 국민국가는 없다. 그것은 정치적, 경제적, 사회적 영역에만 국한되는 것이 아니라, 언뜻 보기에는 정치와 거리가 먼 듯이 보이는 문화 영역에서도 마찬가지라고 할 수 있다. 흔히들 문학은 언어를 통한 인간의 표현 의지를 나타내는 것이라고 하지만, 국민국가에서 문학은 극히 중요한 역할을 한다. 우선 국민국가에서 문학은 '국민' 정신을 응축해서 표현한 것으로 간주된다. 각각 작품의 저자는 확실히 개별 작가이다. 그렇지만, 이들 작품을 역사의 연대순으로 나열해서 그 속에서 어떤 '국민성'의 발로를 발견해 내려 한다면, 이들 한 무리의 작품은 동일한 '국민'의식의 표현으로 간주된다. 이렇게 함으로써, '국민' 역사의 문화적 측면으로서 '국민문학'이라는 영역을 만드는 것이다.

어떠한 작품들이 '국민문학'이라는 범주에 포함되는가? 어떤 작품이 가치가 있는지, 그리고 어떤 작품이 '고전'이 되는지를 결정하는 것은 각각의 작품을 쓴 작가들이 아니라, 후세의 문학사가와 문학 교육자들이다. 흔히들 '고전'이란 영원한 가치가 있는 작품이라고 하지만, 엄밀히 말하면, 특정한 역사적인 문맥 속에서 영원한 가치가 있다고 인정된 작품이라고 해야 한다. 다시 말해서, '고전'은 인위적으로 나중에 만들어진 것이다. '고전'은 작품 그 자체의 가치가 높다고 해서, 혹은 독자들의 수가 많다고 해서 '고전'이 되는 것이 아니다. '고전'으로 인정받기 위해서는 '국민정신'이 전형적으로 표현된 작품임을 공적으로 인정받아야 하는 것이다. 따라서 무엇이 '고전'인가를 정하는 기준은 시대에 따라 꽤 많은 변동을 겪기 마련이다. 이렇게 해서 '국민정신'을 표현한 '국민적 작품'이 선택되고, 그 작품들이 이어져 '국민문학'이라는 일련의 흐름이 만들어지는 것이다.

이와 같은 '국민문학'이라는 이데올로기— 감히 이 말을 쓰자면—는, 모든 국민국가에서 찾아볼 수 있다. '영문학', '프랑스문학', '독일문학' 등과 같은 틀은 결코 자명한 것이 아니다. 이와 같은 이름들로 불리는 어떤 실체가 존재한다고 생각하게 된 것은 그리 오래된 일이 아니다. 학문의 레벨에서는 더욱 그렇다. 예를 들면, 케임브리지 대학에 '영문학' 강좌가 생긴 것은 20세기에 들어와서이다. '영문학'이 학문의 대상이 되기 위해서는, 누구나 읽을 수 있는 보통의 언어로 쓰인 작품을 일부러 대학에서 가르칠 필요는 없다는 고전주의자들의 공격을 물리칠 수 있어야만 했다. 그리스어 혹은 라틴어가 아닌, 보통 시민들이 사용하는 영어로 쓰인 작품들도 그리스어나 라틴어로 쓰인 작품들과 마찬가지로 가치가 있다고 설득해야만 했던 것이다.

'국민문학'을 성립시키기 위해서는, 자국(自國)의 문학과 타국(他國)의 문학을 절단하지 않으면 안 된다. 그 절단의 전형적 방법은 작가가 그 나라의 국적을 갖고 있고, 작품이 그 나라의 언어로 쓰였으며, 더구나 그 언어가 그 작가의 모어[1]여야 한다는 기준을 만족시켜야 한다. 현재 세계 문학의 경향을 보면 점차 이 '국민문학'이라는 틀을 되물어 가는 시대라고 할 수 있는데, 이 점에 대해서는 다음 절에서 검토하겠다. 이러한 자국의 문학을 '국문학'이라고 부르는 것은, 현재에는 [너무나] 당연한 것처럼 보인다. 그러나 '국문학'이라는 명칭에는 이상한 점이 있다. 이것을 조어법의 측면에서만 본다면 '국+문학'에 지나지 않지만, 여기의 '국'은 어디까지 '자국'(自國)이라는 사실을 명심할 필요가 있다. 이같은 용어법은 '국사', '국어' 등의 경우에도 마찬가지이다. 우리들은 '영국의 국문학'이라는 말은 쓰지 않는다. 아무런 수식어도 붙어 있지 않는 '국문학'은 당연히 '일본문학'[2]이 되는 것이다.

　일본어에서 '고쿠'(國+~)라는 단어 구성을 지닌 일련의 용어는 메이지 시대 일본에서 만들어진 일본제 한자어이다. 그리고 '고쿠분가쿠'(國文學), '고쿠시'(國史), '고쿠고'(國語) 등의 말이 정착된 것은 근대 일본이 국민국가로서 제도를 만들어 가던 1880년대 후반이었다. 예를 들어, 현재 도쿄대학의 전신인 제국대학에 '고쿠시'(國史)과'가 생긴 것은 1888년이며, '고쿠분가쿠(國文學)과'가 생긴 것은 그 이듬해인 1889년이다. 그때까지 '고쿠분가쿠(國文學)과'는 '와분가쿠(和文學)과'라고

---

1) [옮긴이] 이 글에서 필자는 의식적으로 '모어'와 '모국어'를 구별해서 사용하고 있다고 여겨지므로, 원문에 충실하게 번역했다.

2) [옮긴이] 한국어본에서는 '한국문학'이라고 되어 있고 한국 독자를 상정할 때 '한국문학'으로 번역해야 문맥이 자연스러우나, 본서에서는 일본어본에 준하여 '일본문학'이라고 번역한다. 이 부분의 설명이 일본 안의 '국어, 국사, 국민'의 형성을 보고 있기 때문에, 일본어본에 충실하게 '일본문학'이라고 번역하는 것이 글의 의도를 명확하게 전달할 수 있으리라고 생각한다.

불렀다. 중학교에는 1886년에 '고쿠고(國語) 및 한문과'가 설치되었고, 소학교에 '고쿠고(國語)과'가 생긴 것은 1890년이었다.(단, 식민지하의 대만에는 1896년에 '고쿠고國語 전습소'가 만들어졌다.) 이처럼 '고쿠'(國+~)라는 말이 계속해서 퍼지게 된 배경에는, 당시 일본에서 국가주의의 기운이 고조되었던 점이 있다. 즉, 1889년의 대일본제국헌법 공포, 1890년의 '교육칙어'(敎育勅語)의 공표를 정점으로 하여 천황제 국가주의가 점차 자리를 잡아가던 바로 그 시기에 이 말들이 정식 학문 용어로 정착되어 갔던 것이다. 이는 단지 명칭의 문제에 국한되지 않는다. 이후 이 학문들은 대일본제국을 떠받치는 문화 장치로서 기능하게 되는 것이다.

현재 일본에서도 가장 알레르기 반응이 심한 것은 '고쿠시'(國史)일 것이다. '고쿠시'라는 말에서는 왠지 모르게 국수주의적인 이데올로기가 느껴지기 때문이다. 따라서 요즘 일본의 대학에서 '고쿠시(國史)과'를 설치하고 있는 대학은 드문 예외에 속한다. 보통은 '고쿠시'가 아니고 '일본사'이다. 반면, '고쿠고'(國語), '고쿠분가쿠'(國文學)는 여전히 세상에서 통용되고 있다. 그렇지만 왜 '일본어'가 아니라 '고쿠고'(國語)인지, 왜 '일본문학'이 아니라 '고쿠분가쿠'(國文學)인지에 대한 물음을 끝까지 파고들어가 보면, 그 배후에 있는 국가주의적 이데올로기에 도달하지 않을 수 없는 것이다.

물론, 소쉬르가 말한 것처럼 기호의 음성과 의미는 자의적 관계에 있는 것이 사실이다. 따라서 '고쿠시'(國史), '고쿠고'(國語), '고쿠분가쿠'(國文學)라는 용어는 메이지 시대의 일본에서는 국가주의적인 의미를 품고 있었지만, 음성형식상으로는 같은 것이라고 할지라도, 현재의 한국에서 그와 같은 의미는 없다고 할 수도 있을 것이다. 그러나, 그렇다면 '국'(國+~)이라는 용어를 고수할 필요가 있는지가 거꾸로 의문스러워진다. 그리고, 왜 한국과 대만에는 이 용어들이 남아 있고, 북한과 중국에서는 거의 사용되지 않는 것일까를 설명할 수 없게 된다. 역사도 언어도 문학도 국가가 만드는 것이 아니다. 그럼에도 불구하고 '고쿠시'(國史), '고쿠고'(國語), '고쿠분가쿠'(國文學)라는 말을 사용하고 있는 한, 국가 중심적인 시각이 모르는 사이에 스며들어 버리는 게 아닐까?

국민국가는 모든 것을 '안'과 '밖'으로 구분하려고 든다. 자신의 내부에 있는 것일지라도 이질적인 요소는 '밖'으로 배제하려고 하는 한편, '밖'의 이질적인 요소는 어떻게 해서든지 자신의 내부로 동화시키려고 한다. 거기에는 '배제의 원리'와 '동화의 원리'가 동시에 작용한다. 문학의 경우 작가의 귀속, 작품의 언어, 작품의 내용이 제각각 '국민'의 틀 속에 들어감으로써, 문학은 '국민'을 떠받침과 동시에, '국민'을 표현하는 것으로 간주된다. 이때부터 자국의 작가가 자국의 언어로 자국에 맞는 내용을 쓴 작품이야말로 자연스럽고 정상적인 문학의 형식이라는 생각이 굳어지게 된다. 문학 작품도 인간과 마찬가지로 '국적'——그것도 단 하나의——을 갖는다는 생각이 굳어지게 된다. 그러나 이 같은 사고방식은 국민국가라는 통치 형태가 자명한 것으로 간주된 이후에 성립된 것이다. 예를 들면 우리들은 문학작품은 작가의 모어로 쓰인다고 생각하고 있다. 그렇지만, 일본에서 태어나 일본어를 모어로 하면서도 다른 나라에 이민을 가 살게 되어 그 나라의 언어로 작품을 썼다면 그 작품은 도대체 어디에 속하는 것일까?[3] 이중 국적을 가진 사람이 있는 것처럼,

---

3) [옮긴이] 한국어본에는 다음과 같이 쓰여 있다. "한국에서 태어나, 한국어를 모어로 하면서도 다른 나라에 이민을 가 살면서, 그 나라의 말로 작품을 썼다고 한다면, 그 작품은 도대체 어디에 속하는 것일까?"

이중 국적의 문학이 있어도 좋지 않을까?

근대에는 인간의 다른 모든 사상 및 현상들과 마찬가지로, 문학도 국가나 국민별로 분류할 수 있다고 여겨져 왔다. 그러나 현재 세계를 둘러보면, 그 같은 분류가 곤란하거나, 분류 자체가 불가능한 작품들이 속속 탄생하고 있다. 그것을 우리는 일련의 '포스트 콜로니얼' 문학에서 찾아 볼 수 있다.

2. '포스트 콜로니얼' 문학의 전략

영어권에서는 1980년대 이후 구식민지 출신 작가들이 매우 활발하게 활약하고 있다. 남아프리카 출신의 네이딘 고디머(Nadine Gordimer), 카리브해 출신의 비디아다르 나이폴(Vidiadhar Naipaul), 나이지리아 출신의 치누아 아체베(Chinua Achebe) 등은 그 대표적인 작가들이다. 또 나이지리아 출신의 월레 소잉카(Wole Soyinka)는 아프리카 사람으로서는 처음으로 노벨상을 받았고, 인도 출신의 살만 루슈디(Salman Rushdie), 나이지리아 출신의 벤 오크리(Ben Okri)는 영국의 대표적인 문학상인 맨부커상을 받기도 했다. 미국에서도 자메이카 킨케이드(Jamaica Kincaid), 아이티 출신의 에드위지 당티카(Edwidge Danticat), 중국 출신의 에이미 탄(Amy Tan), 레이 초우(Rey Chow), 베트남 출신의 트린 민하(Trinh Minh-ha), 인도 출신의 줌파 라히리(Jhumpa Lahiri) 등이 왕성한 창작 활동을 펼치고 있다. 최근 들어 이 같은 작품과 작가들을 '포스트 콜로니얼' 문학이라고 부르게 되었다.

'포스트 콜로니얼' 문학은 일찍이 '제3세계 문학'이라고 불렸던 것과는 그 배경도, 방향성도 전혀 다르다. '제3세계 문학'은 구미의 제국주의에 대항해서 민족 해방을 향한 운동에서 생겨난 것이다. 거기에는 타도해야 할 적으로서의 서구 제국주의와 지켜야 할 것으로서의 민족의 생존, 이 둘의 대치라는 선명한 구도가 그려져 있었다. 즉 제국주의 대 내셔널리즘[4]이라는 도식이 모든 문제를 푸는 열쇠였던 것이다. 그러나 제2차 세계대전 후 많은 아시아, 아프리카의 각 나라들은 독립을 달성하게 되었다. 그렇지만 여전히 구미의 신식민주의는 신생 독립국들을 종속적인 지위에 두고 있었고, 국내에서는 끊임없는 부족 전쟁, 종교 대립, 이민족 지배, 군사 독재 등의 비극이 새롭게 대두되어 왔다. 물론 이 같은 사태들은 일찍이 식민지 지배가 없었다면 존재하지 않았을 것들이었지만, 그것만으로는 설명이 되지 않는 부분도 많다. 독립의 슬로건이기도 했던 토착적 내셔널리즘이 [이번에는] 동화주의와 순화주의로 국민을 동화시키려고 했던 것이다. 여기에서 다음과 같은 의문이 생긴다. 토착적 내셔널리즘도 역시 이질성을 배제하는 폭력을 내포하고 있는 것이 아닐까. 내셔널리즘이 주장하는 것처럼 식민지 지배 이전의 상태가 때 묻지 않은 무구한 세계였던 것은 아니다. 순수한 상태를 상정하고 그곳으로의 회귀를 목적으로 하는 토착적인 내셔널리즘은, 사실은 제국주의적 지배와 같은 꼴의 권력틀을 기반으로 하고 있는 게 아닐까? '포스트 콜로니얼' 문학이 던지는 물음은, 바로 이와 같은 것들이었다.

　이것을 문학 고유의 레벨에서는 다음과 같이 말할 수 있을 것이다. 근대 유럽 문학을 보편적인 것으로 보는 모더니즘도, 유럽 문학의 영향

---

4) [옮긴이] 이 맥락에서 '내셔널리즘'은 '국가주의'와는 다른 '민족주의'의 의미를 띠고 있어서 '민족주의'로 번역해야 마땅하지만, 일본어 원문 및 한국어 원문에서 영어 표기인 '내셔널리즘'을 사용하고 있으므로 이에 따른다. 이러한 용어 선택은 이 글이 작성될 당시의 강렬했던 내셔널리즘 비판의 분위기를 반영하고 있다고 생각한다.

을 배제하고자 하는 토착주의도, 주장하는 내용은 대립적으로 보이지만 사실은 같은 표현의 틀을 따르고 있다고. 즉, 둘 다 안정된 주체가 이미 지시된 현실을 표상해 나가는 프로세스를 자명한 것으로 간주하고 있다는 것이다. '포스트 콜로니얼' 문학은 보편주의도, 토착주의도 모두 거부한다. 표현 주체는 고정적인 아이덴티티에 묶이지 않고, 끝없는 이동에 의해 아이덴티티라는 개념 그 자체를 유동화시킨다. 주체는 돌아갈 고향도, 자기를 귀속시킬 안정된 질서도 존재하지 않는다. 그렇다면, 종착점 없는 유랑과 방황이야말로 표현해야 할 대상이 아닌가?

'포스트 콜로니얼' 문학은 종주국과 식민지, 제국주의와 내셔널리즘, 보편주의와 토착주의라는 이항 대립 중 어느 한쪽을 우위에 두는 일이 없이, 그 대립을 어긋나게 하여 대립이 성립되고 있는 공간 그 자체를 무너뜨린다. 이렇게 해서 포스트 콜로니얼 문학에서는 '하이브리드'(잡종성)와 '디아스포라'(이산)가 중요한 모토가 되었다. 원래 이 두 용어는 순화주의와 국민주의의 입장에서 보면, 부정적인 낙인이 찍혀 있던 개념이었다. 그러나 포스트 콜로니얼 문학은 이것을 역전시켜, '잡종'과 '이산'에서 적극적인 가치를 끌어내려고 하는 것이다.

포스트 콜로니얼 문학은 단순한 관념의 유희가 아니다. 그 배후에는 조국에서 벗어난, 아니 벗어나지 않을 수 없었던, 이민과 난민의 가혹한 현실이 있다. 그 속에는 본국에서 도망 나온 정치적 망명자의 문학도 포함시킬 수 있을 것이다. 예를 들면 2000년에 노벨상을 수상한 화교 작가 가오싱젠(高行健)은 중국 국내에서 작품을 발표하는 것이 금지되자, 1987년에 프랑스로 망명해 프랑스 국적을 취득했다. 따라서 가오싱젠은 국적상으로는 '중국계 프랑스인'이 된다.

대표적인 포스트 콜로니얼 비평가인 사이드(E. Said)는 다음과 같이 말하고 있다.

추방/망명의 몸이 되는 것은 태어난 고향에서 완전히 떨어져 나와 고립되고, 절연 상태가 되는 것이라고 일반적으로 생각하게 되지만, 이것은 틀린 생각이다. 그렇게 마치 외과 수술처럼 싹 잘라 내어 버릴 수 있다면 뒤에 남겨 두고 온 것을 떠올리는 것도, 상황을 되돌리는 것도 불가능하다고 포기할 수 있으니 적어도 위안이 된다. 그러나 실제로 거의 대부분의 추방자/망명자들에게 가장 어려운 것은 고향을 멀리 떠나서 살아야 한다는 것보다, 오히려 지금의 세계에서는 자기가 추방/망명의 몸이라는 것을 싫어도 떠올리게 하는 것에 둘러싸인 채 살아갈 수밖에 없다는 점이다.

그리고 사이드는 '추방/망명자의 몸이 위치하는 곳은 중간적 상태'라고 한다. 20세기는 전 세계에 국민국가 제도가 널리 퍼진 시기로서, 지구상에는 어느 국가에도 속하지 않은 토지는 모습을 감추고 말았다(물론 남극 같은 특수한 장소는 제외하고). 이미 앞에서 논의한 것처럼, 국민국가는 배제와 동화의 시스템을 내재하고 있기 때문에, 국가에서 배제당한 사람들의 거대한 무리가 이 지구상을 유랑하게 되었다. 국민국가 시스템이 강고해지면 강고해질수록 거기에서 이탈된 난민, 이민, 망명자가 점점 증가한다는 역설적인 사태가 발생한 것이다. '포스트 콜로니얼' 문학이란, 이 같은 유랑과 이산의 현실에서 생겨난 매우 현대적인 문학의 존재 형태인 것이다.

이러한 문학의 전형적인 모습을 살만 루슈디에게서 찾을 수 있다. 루슈디는 원래 인도 봄베이의 무슬림 가정에서 태어났다. 제2차 세계대전 후, 식민지 인도는 독립을 하기는 했지만, 인도와 파키스탄의 분리 독립이라는 비극적인 대가를 치러야만 했다. 인도 독립의 아버지 간디는 이 분리 독립을 가슴 아파하며 두 종교의 융화에 힘썼으나, 힌두교도인 간디가 이슬람교도에 관대하다고 분개한 국수주의적 힌두교도에 의해 암살되었다. 이렇게 해서 힌두교의 나라 인도와 이슬람교의 나라 파키스탄이 생겨나게 되었다. 그렇지만, 현실적으로는 두 나라 모두에 이 두 종교의 신자들이 공존하고 있다. 루슈디는 독립 후 인도에서 '인도의 이슬람교도'라는 입장이 얼마나 불안정한 것인지를 역설한다. 원래 인도는 갖가지 문명의 요소를 삼켜 버리는 도가니였건만, 인도 정부가 힌디 중심주의를 제창하여 인도 속의 비-힌디적인 요소를 배제하려고 하고 있다는 것이다. 루슈디는 이와 같은 순화주의를 신랄하게 비판한다. 그러나 루슈디는 파키스탄에서도 안주할 땅을 찾지 못했다. 파키스탄에도 인도의 힌디 중심주의에 못지않은 폐쇄적인 이슬람 원리주의가 있었던 것이다.

　　루슈디는 맨부커상을 수상한 『한밤의 아이들』[5]에서는 인도 현대사를, 『수치』[6]에서는 파키스탄 현대사를 '마술적 리얼리즘'이라고 불리는 수법으로 그려 냈는데, 그 작품들이 인도와 파키스탄 정부로부터 비난을 사게 되는 결과를 낳았다. 또 『악마의 시』[7]에서는 이슬람교를 모독했다는 이유로 이란의 호메이니 옹으로부터 사형선고를 받아, 전 세계의 관심의 대상이 되었다. 이 사건으로 한동안 루슈디는 몸을 숨겨야 했으

---

5) [옮긴이] 한국어판으로는 『한밤의 아이들1,2』, 김진준 옮김, 문학동네, 2016가 있다.
6) [옮긴이] 한국어판으로는 『수치』, 김선형 옮김, 열린책들, 2011가 있다.
7) [옮긴이] 한국어판으로는 『악마의 시 1,2』, 김진준 옮김, 문학세계사, 2009가 있다.

며, 일본에서는 이 작품을 번역한 사람이 누군가의 손에 의해 살해당하는 사건까지도 있었다.

루슈디는 스스로를 '고향'을 상실한 인간이라고 말하고 있다. 그가 쓴 수필의 제목을 빌리자면, 그에게 '고향'이란 현실에 존재하는 '조국'이 아니라, 어디까지나 '상상 속 고향'(imaginary homeland)이다. 이것은 루슈디만이 아니라, 많은 포스트 콜로니얼 작가들에게 공통되게 나타나는 사상이다. 그들은 현실의 '조국'으로 되돌아가는 것이 아니라—사실 정치적인 이유로 돌아갈 수 없는 이들도 많다—기억 속 조국의 상흔을 다시 조립해 상상력에 의해 '고향'을 소생시킨다. 그리고 언어가 중요한 문제가 된다. 식민지는 영어, 프랑스어 등 종주국 언어에 의해 지배당해 왔다. 종주국의 언어에 의해 토착 민족은 사회에서 배제되는 한편, 피지배 민족 중에는 영어를 익혀 제국주의적 지배의 말단 업무를 담당하는 사람도 나오게 된다. 포스트 콜로니얼 문학 작가들은 일찍이 종주국이었던 나라의 언어로 자기 표현을 하고 있기는 하지만, 식민지 시대에 강제된 종주국의 언어를 그대로 순종적으로 사용하고 있는 것은 아니다.

루슈디에 의하면, 포스트 콜로니얼 작가들은 구 지배의 언어였던 영어를 사용해 제국의 '중심-주변'이라는 모델을 전복시키려 하고 있다고 한다. 이제 '영어'는 영국 사람들이나 미국 사람들만 독점하는 언어가 아니다. 인도 사람이나 아프리카 사람들이 자기 식으로 영어를 '전유'(appropriate)해 버림으로써, 영국과 미국의 언어적 지배를 안쪽으로부터 무너뜨리는 것이다. 즉, 영어라는 언어를 아시아와 아프리카의 시점에서 '잡종화'해 버리자는 것이다. 그렇지만, 이 같은 전략은 영어의 지배권 속으로 다시금 '회수'되어 버릴 위험성도 내포하고 있음을 지적하지 않을 수 없다. 사실, 아시아와 아프리카의 포스트 콜로니얼 작가들은 '영어'를 점점 풍요롭게 해 주었다고 [지배 권력 쪽으로부터] 감사 인사를 받는 경우조차 있을 정도이다. 이처럼 문화 제국주의적인 압력에 어떻게 저항할 것인가 하는 문제 또한 포스트 콜로니얼 문학이 짊어지고 가야 할 과제 중 하나이다.

3. 경계선상의 '재일' 문학

내가 이처럼 길게 '포스트 콜로니얼 문학'에 대해 말한 까닭은 한국과 일본이라는 두 나라 간의 관계라는 시점에서만이 아니라, 좀 더 큰 문맥 속에서 '재일문학'을 새롭게 자리매김하고 싶어서였다. '재일문학'이 곧 '포스트 콜로니얼 문학'이라고 말하고 싶지는 않다. 다만, '재일문학'이 일본문학과 한국문학(조선문학이라고 하는 편이 좋을까)의 틈바구니에 끼어 몸을 움츠리고 있을 필요가 없다는 것, 오히려 '재일문학'이야말로 현재의 포스트 콜로니얼 문학의 문맥에서 파악하면 문학의 본류에 속한다는 것을 말하고 싶다.

　일찍이 '재일문학'은 '디아스포라'의 문학이라고 논해진 적이 있었다. '디아스포라'란 원래 고대 이스라엘에서 예루살렘 신전이 파괴된 후에 세계 각처에 흩어진 이산 유태인을 가리키는 말이었다. 그 의미가 확대되어 '조국'에서 추방된 민족의 모습을 가리키는 말이 되었다. 이때 '디아스포라=이산'이라는 말에는 언젠가는 '조국'으로 귀환해야 하며, '조국'에서 추방된 상태는 일시적 과도기 상태에 지나지 않는다는 뜻이 포함되어 있다. 포스트 콜로니얼 문학은 이 같은 '고향 상실'을 아이덴티티가 '결여'된 상태가 아닌, 자기의 실존을 생성하는 장소로서 받아들일 것을 가르쳐 주었다. 그런데, 포스트 콜로니얼 문학보다 앞서 '재일 문학'은 바로 이러한 것을 추구해 왔던 것이다.

재일조선인들 사이에서 '재일'이라는 말은 여러 가지 의미를 포함하고 있다. 한반도에서 태어나 일본에 건너온 1세들에게 [일본에 있는 것(在日)은] 언젠가는 본국으로 돌아가야 할 임시 거처로 여겨졌을 것이다. 그러나 일본에서 태어나 일본어를 모어로 하면서 자라난 2세, 3세, 4세가 차츰 재일조선인의 중심이 됨에 따라 '재일'의 의미는 점차 변하게 되었다. '재일'이란 본국으로의 귀환도, 일본 사회로의 동화도 아닌 재일 조선인의 삶의 방식을 가리키게 된 것이다. 그러므로 "'재일'을 살아간다"고 할 때에는 본국 지향도 아니고, 일본 지향도 아닌 새로운 아이덴티티가 모색되고 있다. '재일문학'은 바로 이와 같은 '재일'의 삶의 방식을 배경으로 해서 탄생한 것이다.

일찍부터 '재일'의 적극적인 가치를 주장했던 시인 김시종(金時鐘)은 다음과 같이 말한다.

조선이란, 결코 '구체물인 실상'이 아닙니다. '조선'이라는 명칭은 총체와 사람의 추상에 불과합니다. / 몇 번이고 말하지만, 한마디로 재일 조선인이라고는 해도 '1, 2세'는 이미 주체가 아니고, '3, 4세'는 이미 '1, 2세'가 생각하는 것과 같은 존재가 아닙니다. 이미 그들에게는 자기 나라와 고향에 대한 갈망 등이 있을 리 없습니다. 존재하는 것은 자의식으로서의 조선, 즉 총체 속 추상인 조선이 가로지르고 있을 뿐입니다. / 이 전후 세대가 내부로부터 꿈틀거리며 찾고 있는 것은, 실은 "자신에게 조선이란 무엇인가"하는, 상상을 초월한 반문인 것입니다.

그리고 김시종은 고투로 가득 찬 모색 끝에 "'재일'이 이미 하나의 조선"이며, "고유의 문화에서 떨어져 나간 '재일'을 사는 것은, 부채도 마이너스인 것도 아니며, 조선에 없는 것을 기르며 사는 삶의 방식"이라고 단언하기에 이른다. 이와 같은 결론에 도달하기까지 살을 깎는 듯한 고통과 번민이 있었음에 틀림없다.

'재일'에게 가장 절실한 물음은 자신들에게 '고향'과 '말'이란 무엇인가이다. 한 번도 가 본 적 없는 한반도가 '고향'일까, 아니면 태어나서 자라난 일본이 '고향'일까, 조선말을 못하면서도 '조선 사람'일 수가 있을까? 옛날 지배자의 말을 자신의 '모어'로 받아들여야 하는 것일까? 조선 사람이 일본어로 작품을 쓴다는 행위는 도대체 무엇을 의미하는 것일까? '재일문학'의 모든 국면에 따라다니는 것은 바로 이와 같은 물음이었다.

『이카이노 시집』(猪飼野詩集)[8], 『광주 시편』(光州詩篇) 등의 시집을 낸 김시종은[9] 1929년에 태어나 식민지 시기의 조선에서 소학교 시절을 보냈다. 당시 이상적인 '황국소년'(皇國少年)이었던 자신의 어린 시절을 회상하며 그는 다음과 같이 말한다.

나는 종전이 될 때까지 자기 나라말이라는 것을 몰랐습니다. 나와 같은 세대 사람들의 대부분은 당시의 나와 그리 다르지 않았다고 생각합니다. 물론 듣는 것은 어느 정도 할 수 있었습니다. 그러나 조선 글자 '가나

---

8) [옮긴이] 이카이노는 오사카 시내에 재일 조선인들이 밀집해서 사는 지구를 가리킨다.
9) [옮긴이] 김시종의 시집은 한국에서 다음의 시집으로 편집 번역되었다. 『경계의 시: 김시종 시선집』, 유숙자 옮김, 소화, 2008.

다'의 '가'도 몰랐습니다. 그것은 비참함을 넘어서 심히 해괴한 것이었습니다.

내 일본어는 무척이나 무거운 규제 속에서 길러진 것입니다. 그러나 종전이 되어 조선이 일본의 쇠사슬에서 벗어났다는 것과, 내가 무거운 규제 속에서 익힌 일본어를 포기하는 것은 같은 성질의 것이 아니었습니다. 이런 제가 요람기의 꿈을 한껏 품고 있는 일본어를 버리려는 의도는 추호도 없습니다. 그게 아니라 저는 무거운 규제에 의해 몸에 익힌 일본어를, 일본인을 향한 최대의 무기로 구사하고 싶습니다.

재일 조선인에게 말이란 무엇인가 하는 물음에 가장 예민하게 반응하고, 뛰어난 고찰을 남긴 이가 대작 『화산도』로 한국에도 널리 알려진 소설가 김석범(金石範)이다. 김석범은 다음과 같이 말한다.

재일 조선인은 말에 겁을 먹고 있는 존재라고 할 수 있다. 일본말을 몰라서가 아니다. 오히려 의식적인 사람들은 모국어를 모른다고 하는 끝없는 불안과 꺼림칙함에서 자유롭지 못하다. 그리고 재일의 생활을 통해 몸에 익힌 유일한 말이자 전부인 일본말에 대해서도, 조선 사람이기 때문에 직감적으로 위화감을 느끼는 존재가 재일 조선인인 것이다.

김석범에 의하면 일본어가 재일 조선인에게 '폭력적'인 것은 모국어를 빼앗기고 일본어를 강요당했기 때문만도 아니고, 일본어가 민족에 대한 멸시를 품고 있는 말이기 때문만도 아니라고 한다. "문제는 그 일본어의 폭력성에 대해 재일 조선인이 (모국어를 모르기 때문에) 일본어로밖에 대항할 수 없다고 하는 상승 관계가 말의 억압적인 구조가 되어 그들을 다시금 짓누르는 데에 있다"는 것이다. 이러한 곤경에서 벗어나기 위해서 재일 조선인은 일본어를 사용해서 일본어로부터 자유로워진다는, 극히 역설적인 행위를 계속해야만 한다. 그러나 이것은 일찍이 지배자의 말이었던 일본어를 피지배자였던 조선 사람이 환골탈태해서 새로운 언어로 재생시켜야 하는, 말도 안 되는 꿈이기도 했다. 김석범은 다음과 같이 말한다.

> 지배자의 말을 써서 거기서 자유로워지는 것은 어떤 것일까. 그것은 적의 무기를 빼앗아 그것으로 적을 넘어뜨려야 하는 게릴라 전법과 비슷해서, 말을 버리지 않는 한 활로는 거기서밖에 찾을 수 없다. 그것은 일본어에 의해, 그 일본어가 가지고 있는 주박(呪縛)의 힘을 잘라 내고, 자기 해방을 달성하려는 매우 모순된 방법일 것이다. 즉, 그것은 잘 되면 일본어를 거꾸로 이용하는 역설적인 관계가 성립한다는 의미이다.

이렇게 해서 김석범은 "문학이, 일본어를 사용하고 있음에도 불구하고 이러한 나를 구원할 수 있다면, 그것은 문학이 허구를 통해 보편과 연결되어 있기 때문임에 틀림없다. 허구야말로 말에 갇혀 있는 나를 열어 주는 것이며, 일본어를 통해서 '조선'으로 나를 이어 주는 길이기도 하다"라고 말한다. 그러나 김석범은 '조선'을 반론 불가능한 '성역'으로 세워, 거기에서 일본의 '차별', '편견'을 고발하는 태도는 취하지 않는다. 하나의 민족성(일본)에서 다른 하나의 민족성으로 이동하는 것이 아니고, 어디까지나 '조선'을 통해서 '보편'으로 연결해 가는 길, '보편으로 쭉 뚫고 나아가기 위한 독자성', 바로 그것이 모색되고 있는 것이다. 그러나 한편으로, '보편이라는 안전지대'에 달라붙어 있으면, 이번에는

'민족적 형식이 갖고 있는 메커니즘의 힘을 경시하는 결과를 초래하는 위험'에 빠져 오히려 '무의식 속에서 일본어의 지배로부터 다시금 자유롭지 못하게' 되고 마는 것이다.

김석범이 '허구'에 집착하는 것은 일본문학의 전통 가운데 '단가(短歌)적 서정'과 '사소설'(私小說)의 전통에 매우 비판적이기 때문이다. 사소설은 소설에서 허구를 배제하고, 표현을 '작자=나'라는 감정의 발로와 영탄의 한숨으로 왜소화해 버리기 때문이다. 그러나 그것은 단지 '일본적인 것'을 거부하고 싶기 때문만은 아니다. 김석범에게 문학의 임무란, 상상력에 의해 자립성을 획득한 세계를 창조하는 것이다. 그것은 현실로부터의 도피를 의미하는 것이 아니라, 현실과 대치하는 세계를 창조하는 것이다. 그럼으로써 비뚤어진 현실을 허구 쪽에서 역으로 비추어[逆照射] 현실 세계에 대한 근본적인 비판을 해내는 것이기 때문이다. 그것이 '제주도 4·3 봉기'를 다룬 대작『화산도』의 의미다.

역사 문서의 기록은 '승리자'에 의한 것만이 남는다. 섬사람 20만 명 중 3분의 1이 학살된 '4·3 봉기'의 '진실'은 비판적 상상력에 의해 발견되어야만 한다. 실증주의적 리얼리즘의 입장에서 패자의 '환상'을 부정하는 것은 역사를 승자의 시점에서만 보는 것과 통한다. 아니, 이렇게 말하는 건 정확하지 않다. 승자는 '사실'을 들이대지만, 패자는 '환상'이라는 형태로밖에 실현할 수 없는 유토피아를 그린다. '허구'에 의해 '현실'을 뛰어넘는 것은 상상력을 통해 역사의 근원까지 거슬러 올라감으로써 승자가 강제하는 '현실'을 부정한다는, 무서울 만큼 긴장감 가득한 작업이 되지 않을 수 없다. 김석범에 의해 부정되어야 할 '현실'이란 바로 '남북 분단'이었다.

이렇듯 '재일'인 표현자는 '진실'을 발견하기 위해 보편과 특수, 일본어와 조선어, 허구와 현실, 자기와 타자 사이를 끊임없이 왕래해야만 한다. 그것은 끝 없는 여행이며 모순에 가득찬 방황이지만, 바로 이 끝 없는 방황에 '재일 조선인 문학'의 근거가 있다. 김석범에 따르면, '움직이는 것, 살아 있는 것에 모순을 포함하지 않는 자유란 있을 수 없다'고 한다. 그러므로 '재일문학'이란 경직된 틀의 주박(呪縛)에서 끊임없이 벗어나려고 하는 '움직이고 있는 것', '살아 있는 것'의 다른 이름이다.

사실 "'재일 조선인 문학'은 일본과 일본문학의 발전에 기여했다"는 평가에 대해 김석범은 분노를 감추지 않는다. 그는 "재일 조선인 문학이 일본 문학계에서 시민권을 얻었다고 하는 것은 무엇을 의미하는 것일까? 존재 영역의 확장인가, 아니면 동화[風化]의 촉진인가?" 라는 물음을 던진다. 김석범은 재일문학이 일본어로 쓰이고 있는 사실을 부정하는 것이 아니라, '자명한 것인 일본문학'이라는 틀에 질문을 던진 것이다. 김시종도 김석범도 스스로를 '고향 상실자'로 규정한다. 그렇지만, 아무리 현실에서 멀리 떨어져 있을지라도, 그들은 '고향=조선'의 생생한 모습을 그려 낼 수 있었다. 그것은 그들 자아의 가장 깊숙한 곳에 '조선'이 살아 있었기 때문이다. 그러나 그런 모습조차도 그릴 수 없는 2세 이후의 세대들은 또 다르다. 오히려 그들은 '고향'이 자기들에게 서먹서먹한 얼굴을 하고 쳐다보는 비극과 대면해야 했던 것이다. 이 문제를 진지하게 받아들여 표현 속에 정착시킨 여성 작가가 바로 이양지(李良枝)였다. 그는 소설 「유희」로 아쿠타가와 상을 받았고 1992년에 37세로 요절하고 말았다.

이양지가 늘 생각했던 것은, 과연 '우리' 속에 재일 조선인이 들어갈 수 있는가 하는 문제였다. 소설 「유희」는 서울에 한국어를 배우러 간 여학생 유희가 고민하는 모습을, 같은 하숙집에 있는 한국인 여성 '나'

의 눈을 통해서 그린 작품이다. 유희는 어느 날, 이 한국인 여성에게 다음과 같은 고민을 털어놓는다.

우리나라[母國]라고 쓸 수 없어. 이번 시험이, 이런 위선의 마지막이고, 마지막이어야 한다고 한다고 생각해. 중세 국어인 훈민정음 시험이었어. 답안지를 쓰고 있는데, 그 중 *우리나라*라고 쓰는 부분에서, 더 이상 쓰질 못했어. 저번에도 이런 일이 있긴 했지만, 이번에는 손이 얼어붙은 것처럼 한 자도 쓸 수가 없었어. 답안지의 문장은 전부 머릿속에 있었고 그 네 글자만 쓰면 다음을 쓸 수 있는데 쓸 수가 없었어. 손을 움직일 수가 없었어. 본국 학생들은 쓱쓱 답안 용지를 채워 가고 있었어. 옆에서, 뒤에서, 앞에서, 볼펜이나 연필 소리가 났어. 머리가 빙빙 돌면서 쓰러질 것 같았어. 귀가 울렸고, 눈앞이 흔들렸어.

이 절규는 오로지 유희가 자기 자신을 '우리'라는 용광로 속에 던지지 못한 데에서 비롯된 것이다. '*우리나라*', '*우리말*'이라는 단어가 그녀에게는 어떤 의미도 갖지 못하는 물질적 음성에 불과했던 것이다. 그리고 유희는 '우리'의 일원이 아님에도 불구하고, '*우리나라*', '*우리말*'이라고 아무렇지 않게 쓰고 있는 자신을 '위선자' 혹은 '거짓말쟁이'라고 단죄한다.

이양지의 작품은 말과 주체와의 괴리 및 거기에서 파생되는 분열적인 신체 감각이 기조를 이루고 있다. 등장인물에게 말은 늘 타자의 말을 인용한 것이 되고, 그럼으로써 '나' 그 자체는 자신과 타자 사이에서 끊임없이 분열해 간다. 이 비극적인 상황을 이양지처럼 섬세하게, 그리고 치밀한 문체로 묘사한 작가는 없다.

이양지의 문학은 한국과 일본이라는 두 개의 거울 사이에서 고민하는 '재일'의 모습을 더할 나위 없이 성실하면서도 명확하게 그려 냈다. 문학이란 본디 판에 박힌 답을 내는 것이 아니다. 자명성(自明性)을 떼어 내고, 개방적인 물음을 던지는 것이야말로, 창조적인 문학만이 할 수 있는 귀중한 임무가 아닐 수 없다. 우리들은 한국문학, 일본문학에서 '재일 문학'을 볼 것이 아니라, 오히려 '재일문학'에서 '국문학'이라는 틀에 갇혀 있는 한국문학, 일본문학을 재검토해야 하지 않을까.

2부.
인간에게 자유는 '무거운 짐'인가

'잡거'에 대한 공포[1)]

─근대 일본의 타자 인식

1. 타자와의 관계

안녕하세요, 이연숙입니다. 이제껏 제가 전공해 온 것은 '언어'에 관한 문제입니다만, 오늘은 관점을 조금 바꿔 보겠습니다. 오늘 이야기에서는 주로 일본 사회에서 타자를 어떻게 생각해 왔는가, 그리고 타자와 함께 사는 것을 어떻게 이해해 왔는가를 생각해 보고 싶습니다.

타자라고 해도 타인을 의미하는 것은 아닙니다. 오늘 이야기하려는 것은 일본 사회 외부에 있는 사람들에 대한 것입니다. 국제적으로도 그러하고 일본 안에서도 최근 외국인이나 이민과 관련된 여러 가지 문제가 일어나고 있습니다. 납치 문제나 외국인 노동자 문제에 대해서도 그렇습니다만, 아마도 여러분은 이러한 현상을 어떤 입장에서 이해하면 좋을지 고민하고 계실지도 모르겠습니다.

---

1) [옮긴이] 이 글은 2003년 12월 16일에 메이지가쿠인대학에서 개최된 공개 강좌를 고쳐 수록한 것이다.

이런 상황은 제 자신에게도 적용됩니다만, 역시 우리들과는 달리 타자에 대하여 혐오감을 가진 사람도 있을지 모르겠고, 여러 가지를 고민하면서도 결국 큰 흐름 속에서 사회적 반발에 가담해 버리거나, 혹은 분개해 보거나 하는 등 여러분의 마음속에도 여러 가지 움직임이 일어나고 있을 것으로 생각합니다. 이처럼 타자와의 관계라는 것이 지금 일본 사회의 경우에는 매우 심리적인 문제로 제기되고 있습니다. 일본인은 마음이 자상한데 어떤 사람들은 마음이 고약하다든가, 외국에서 일본인을 거부하는 외국 사람들은 대체 어떤 마음을 갖고 있는 것일까라고 분개하거나, 원래 민족별로 사물을 느끼는 방식이 다르지 않은가라고 해석하기도 합니다. 즉 이런 식으로 사회적인 현상을 심리적인 '마음'의 문제로 정리하는 것입니다.

요즘 책방에 가 보면 마음에 대한 책이 잔뜩 나와 있지요. 현재처럼 복잡한 세상에 살고 있으면 사회 구조를 보기 힘들어지기 때문에, 결국 내 안에서 평화로운 무엇인가를 추구하고 싶어져서 마음의 문제에 관심을 집중하는 것일 테지요. 소설도 그렇고 영화에서도 마음 어느 한편을 위로받고 싶다는 기분에 부응하는 영화가 좋은 영화로 여겨지고 있습니다. 이러한 기분은 우리들 자신도 모르지 않습니다. 그렇지만 지금 추구하고 있는 것과 같은 감동은 자신의 마음속만을 충족시켜 버린다는 점이 있습니다. 그렇게 되면 마음의 평온만을 추구하여 자기 마음속 편견이나 오해 등과 같은 어두운 부분과 마주할 수 없습니다. 지저분한 사회에는 이미 질렸으니 아름다운 마음과 마주하고 싶다는 것이죠.

그러면 정말로 타자와의 관계, 더욱 직접적으로 말하자면 따옴표를 한 '외국인'에 대한 공포심이라는 것을 그러한 심리적인 차원만으로 파악해도 좋을지 생각하지 않을 수 없습니다. 그와 함께 또 한 가지 생각할 필요가 있는 것은, 이러한 타자에 대한 두려움은 일본만이 가진 독특한 것인가 하는 점입니다.

먼저 이것이 일본만의 문제인가 아닌가, 이 점에 대해서 조금 이야기를 하겠습니다. 분명 이 교실에는 이른바 일본 국적을 갖고 있는 분도 계실 테고, 일본 국적이 없어도 어릴 때부터 일본 사회에 친숙하고 익숙해지며 자란 분도 있으실 거라고 생각합니다. 그러나 일본 사회에는 일본에 와서 1년도 안 되었거나, 혹은 저 같은 경우처럼 꽤 시간이 지났습니다만 늘 일본의 아웃사이더라고 생각하고 있는 사람이 있습니다. 이러한 입장에서 요즘 텔레비전의 납치 사건의 보도 방식이나 외국인에 대한 매우 배타적인 담론을 보면서, 역시 일본의 독특한 문제라고 느껴버리게 되는 반응도 있을 것입니다. 그러나 제 생각에 다른 나라의 상황과 비교해 보면 타자에 대한 공포감, 타자를 배척하는 담론이라는 것은 어느 사회에서나 적든 많든 있다는 것을 알 수 있습니다. 물론 그 형태는 여러 가지로 다릅니다. 사회나 시대에 따라 다르지만, 타자에 대한 공포감 또한 어떤 사회든지 있습니다. 이는 사회의 자기 방위 본능일지도 모릅니다. 그렇기는 해도 어느 사회에나 있다고 하면, 그것이 인간의 보편적인 심리 상태일까요? 간단히 그렇다고 단정해 버릴 수는 없습니다. 결코 그렇지 않으며, 외국인 공포라는 현상은 어떤 특정한 역사적 상황에서 나타나 점점 확산되어 가는 경향이 있습니다. 외국인 공포는 사회적 레벨에서 생기며, 결코 개인적인 심리에 뿌리 내린 것이 아니라 시대의 어떤 큰 변동점에서 [외국인 공포가] 크게 성장하는 계기가 되는 역사적 배경이 있는 것입니다.

이러한 관점에서 오늘 여러분에게 말씀드리고 싶은 것은 메이지 21년에 실시된 조약 개정을 둘러싸고 일어났던 다양한 문제에 대해서입니다. 또한 이를 전후한 시기를 예로 들면서, 일본의 타자 의식이나 외국인에 대한 공포가 역사적으로 어떻게 형성되었으며, 그것이 어떤 식으로 현재까지 계속되어 왔는가에 대해서 말하려고 합니다.

타자를 배척하는 의식은 어느 사회에서나 존재하지만, 결코 인간 공통의 심리적인 차원이라고 환원할 수는 없습니다. 이것은 특정한 역사적 배경 속에서 형성된 것이라는 점을 명확히 해둘 필요가 있습니다. 제가 왜 이런 이야기를 하는가 하면, 타자를 배척하는 의식은 마치 원죄처럼 인간이 보편적으로 갖고 태어난 것이며, 따라서 어떤 노력을 기울여도 바꿀 수 없다고 한다면 우리는 매우 절망하겠지요. 그러나 역사적인 프로세스에서 나온 것임을 알면, 이러한 현상을 어떻게 재인식해야 하는가 하는 방향이 보일 것입니다. 또한 역사적으로 형성되어 왔다는 것은 경우에 따라 우리들의 노력에 의해서 타자를 배척하는 의식을 변화시키거나 붕괴시키는 것도 가능하다는 의미이므로, 이러한 희망이 조금은 보이리라 생각합니다. 이야기는 오늘 여러분에게 나눠 드린 발표문에 기반하여 진행하겠지만, 때때로 다른 것들도 이야기할지 모릅니다.

2. 조약 개정이라는 사건

우선 일본에서 타자 인식이 변할 만한 큰 계기가 되었던 역사적 사건으로서 1894년 제1차 조약 개정을 둘러싼 문제를 언급하고 싶습니다. 조약개정은 물론 법률적인 레벨의 이야기입니다만, 그것이 왜 타자 인식의 문제와 관련되는가를 보여 주는 예로, 발표문 속 그림을 봐 주세요. 프랑스의 풍자화가 비고²⁾의 그림입니다. 아마도 여러분 중에 아시는 분도 계실지 모릅니다만, 비고는 1882년(메이지 15년)에 와서 1899년(메이지 32년)까지 일본에 체재했습니다. 비고는 처음에는 그렇게 오래 일본에 있을 생각은 없었던 것 같습니다. 우키요에[3] 기술을 배우기 위해 일본에 와서 1년인가 2년 정도 있으려고 했지만, 일본의 풍속과 인정에 큰 매력을 느껴서 결국 18년이나 일본에 있었습니다.

비고는 메이지기 일본의 여러 귀중한 풍경을 그린 판화를 잔뜩 남겼습니다. 비고는 농민이나 어부, 상인과 같은 평범한 생활을 하고 있는 사람들, 그리고 창부나 게이샤 등 음지에 있는 사람들 등을 그렸습니다. 비고는 이런 사람들에 대해서 애정을 갖고 다정한 눈으로 마주하고 있습니다. 비고에 의해 통렬한 풍자의 표적이 되는 것은 메이지기의 많은 정치가들이나 상류계급 사람들입니다. 그렇다고는 해도 서민을 풍자한 작품도 없는 것은 아닙니다.

오늘 여러분에게 나눠 드린 발표문에 실린 풍자화는 그가 귀국 직전에 발표했던 작품집 『일본인의 생활』(日本人の生活) 속에 있는 「조약개정」(条約改正)이라는 작품입니다. 이 그림을 보면 정중앙에 동그란 안경을 쓴 서양인 같아 보이는 비교적 나이가 든 사람이 말뚝에 묶여져 있습니다. 남자 네 명이 매우 무서운 얼굴을 하고 그 주위를 둘러싸고는, 서양인처럼 보이는 사람을 위협하고 있습니다. 이 네 명의 남자는 분명 모두 하층민처럼 보입니다. 그들의 복장을 보면 알 수 있어요.

---

2) [옮긴이] 조르주 페르디낭 비고(Georges Ferdinand Bigot, 1860~1927)는 프랑스 만화가, 삽화가, 화가. 메이지 시대 일본에서 18년간 활동하면서 풍자 만화를 그려 유명해졌다.
3) [옮긴이] 우키요에(浮世絵): 일본의 무로마치 시대부터 에도 시대 말기(14~19세기)에 서민 생활을 기조로 하여 제작된 목판화.

맨발에 하반신도 훈도시[4]만 두르고 있지요. 입고 있는 옷도 양복이 아니라 기모노이거나 한텐[5] 종류입니다. 서양인 정면에 있는 남자는 거의 벌거벗은 상태죠. 상반신은 아무것도 입지 않았어요. 그리고 이 네 명의 남자들은 모두 매우 무서운 얼굴을 하고 있습니다. 그들은 서양인을 때리려고 덤벼들고 있습니다. 그렇지만 조금 뒤쪽에 있는 일본 서커스(JAPANESE CIRCUS)라고 쓰여 있는 관객석을 보면, 거기에는 험악한 표정을 한 남자 네 명과는 다른, 대조적인 표정의 사람들이 있어요. 많은 사람들이 구경을 하고 있는데, 그들은 꽤 상류계급 사람들처럼 보입니다. 군복을 입은 것 같은 사람이 있다면, 고상한 모자를 쓰고 있는 사람도 있습니다. 결국 이 관객들은 스스로의 손을 더럽히지 않고 네 명의 하층민을 통해 원한을 풀려고 하는 듯한 분위기가 느껴집니다. 따라서 남자 네 명은 그렇게 무섭고 화난 얼굴을 하고 있음에도 불구하고, 관객들 대부분은 마치 빙글빙글 웃고 있는 듯이 그려진 풍자화입니다.

　대체 왜 비고는 귀국 전에 이러한 그림을 그린 것인지 생각해 보고 싶습니다. 이것은 일본 역사에서 유명한 이야기이기 때문에 아마 제가 설명드려야 할 부분은 아닙니다만, 메이지 정부에게는 역시 영사재판권, 즉 외국인 치외법권 철폐와 관세 자주권의 회복이 매우 중요한 외교 문제였죠. 따라서 구미와의 불평등 조약을 어떻게든 개정하고 싶었습니다. 청일전쟁과 보조를 맞추어 1894년 제2차 조약개정을 통해, 법권은 전면적으로, 세권(稅權)은 일부만 개정했습니다. 그리고 이 개정된 조약은 1899년 7월부터 실시되게 되었습니다.

---

4) [옮긴이] 남성의 음부를 가리기 위한 폭이 좁고 긴 천으로 한국의 샅바 비슷한 것이다.
5) [옮긴이] 일본식 짧은 겉옷.

지금까지의 이야기를 듣고 여러분은 조약개정이 법률의 문제와 재판권의 문제라면, 왜 여기에서 타자 문제가 등장하는 것일까라고 이상하게 생각하실지도 모릅니다. 조약개정을 한 것이 왜 비고가 이런 그림을 그려 풍자할 정도로 화제가 되었던 것일까요. 조약개정이 되어 재판권이나 세권에 대한 일본의 입장이 회복되었던 것은 좋았지만, 여태까지 외국인이 살도록 규정되어 있던 어떤 특수한 거류지가 사라져 버리게 된 것입니다. 그리고 [일본인이] 외국인과 함께 사는 것을 받아들여야만 하는 상황이 발생했습니다. 이것이 소위 '내지잡거'(內地雜居) 문제입니다. 그러자 재판권이나 관세의 권리를 돌려받는 건 좋지만, 일본인이 아닌 외국인이 일본 속으로 점점 들어오게 된다, 이처럼 두려운 게 없는 것이죠. 이 두려움은 점차 외국인을 배척하는 심정을 낳습니다. 비고가 그린 그림의 배경에는 이러한 사정이 있습니다. 그 그림에는 상류 계급과 서민이 함께 외국인 배척에 나서기 시작하는 모습이 그려져 있는 것이죠. 그 뿐만이 아닙니다. 내지잡거를 계기로 하여 외국인이 들어오자, 갑자기 그 외국인들이 자신들 일본인을 어떻게 보고 있을지 신경이 쓰이기 시작합니다. 이러한 연유로 소위 일본인론이라는 게 이때부터 나오는 것입니다.

3. 일본인론의 성황

지금도 책방에 가면 일본인론에 관한 책이 많이 나와 있지요. 제가 일본에 온 것은 20년 이상 전입니다만, 몇 가지 놀랐던 게 있습니다. 그 중 한 가지가 책방에 가면 일본인론이란 게 많이 출판되어 있는 것이었습니다. 물론, 한국에도 한국인론 같은 책은 몇 권인가 있습니다만, 타자의 시선을 기반으로 한 한국인론 같은 책은 그다지 많지 않습니다. 오히려 한국 내부의 군사독재정권을 어떻게 할까와 같은 일에 관심이 집중되어 있었습니다. 그렇지만, 일본에 오자 일본인은 이러한 성격이라든가, 일본은 이러한 사회라든가를 논하는 일본론이나 일본인론이 많다는 점이 인상에 깊이 남았고 놀랐던 적이 있습니다. 물론 이런 일본인론을 가장 열심히 읽는 독자는 일본에 대해 잘 모르는 외국인이 아니라, 일본에 살고 있는 일본인 자신일 것입니다. 그런 책은 도대체 어떤 필요에 의해서 쓰이는 것일까요?

일본인론이라는 논의가 언제부터 많았는가를 찾아보면, 조약개정이 실현되고 내지잡거가 실제로 실시되게 된 때에 매우 많이 등장했음을 알 수 있습니다. 당시 지식인으로 불렸던 여러 사람들이 많은 일본인론을 쓰게 됩니다. 그 논의 속에서 일본인은 어떤 점이 좋으며 어떤 점이 나쁜가가 논해지고 있습니다만, 지금 여러분에게 이야기를 하면 깜짝 놀랄 만한 표현이 그 당시에 나왔습니다. 어떤 사람이 일본인론을 쓰는가 하면, 와세다대학을 창립한 오쿠마 시게노부(大隈重信)라든가 가타야마 센(片山潛), 도야마 마사카즈(外山正一), 시부사와 에이이치(渋沢栄一), 이토 히로부미(伊藤博文) 등을 들 수 있습니다. 도쿄대 총장을 하고 있고 문부대신에도 취임한 도야마는 매우 자세한 일본인론을 썼습니다.

그들의 일본인론을 조금 소개해 보겠습니다. 당시 세상의 많은 사람들이 내지잡거에 관심을 갖고 있는 것에 대해 어떤 느낌으로 쓰고 있는가하면, 당시 문헌에는 이발소에 가도 목욕탕에 가도 모두 내지잡거에 대한 이야기를 하고, 개나 고양이도 모두 이야기를 한다고 쓰여 있습니다. 물론 개나 고양이가 이야기를 할 리가 없습니다만, 그 정도로 내지잡거가 세상에서 큰 화제가 되어 있다는 것이지요.

조금 구체적인 발언을 소개해 볼게요. 예를 들면 이전 조선 외교관이었던 오토리 게이스케(大鳥圭介)라는 사람이 이런 이야기를 했습니다. 내지잡거가 시행되어 많은 외국인이 일본을 방문해 오면, 일본 국민이 매우 가난하고, 일본의 주택이 더럽고 도로가 나쁘고 상점이 매우 불결하며 규율이 없고 여관도 매우 더러운 것을 보고 놀라지 않을까라고. 일반 시민들은 연회를 하며 야단법석을 떤다고 하지 않을까라고. 오토리는 이는 부끄러운 일이니 어떻게든 해야만 한다고 합니다. 또한 왜 일본인은 우스운 일도 없는데 히죽히죽 웃을까라고 말합니다. 이런 측면은 지금도 조금 있을지도 모르겠습니다.

그리고 일본인은 너무 예의가 없어서 정말 되먹지 못했다고 말하고 있습니다. 이 점에 대해서 여러분은 좀 납득할 수 없을지도 모릅니다. 지금은 일본인은 매우 예의 바른데 아시아에서 온 사람들은 예의가 없다고 이야기합니다만, 당시는 내지잡거라는 것을 전제로 하여 일본의 중요한 지식인들은 이러한 걱정을 하고 있었던 것입니다. [일본인은] 예의가 없고 약속 시간을 지키지 않는다. 이 또한 현재는 납득하기 어려울지 모르지요. 이러한 언설은 [현재 일본인이] 아시아인에 대해서 말하는 것과 매우 닮아 있는 셈이죠.

그리고 복장이 매우 야만적이라고 합니다. 자주 이야기되는 것은 훈도시입니다. 일본인의 훈도시는 열대지방에서 이주해 온 야만적인 인종의 양복처럼 보인다고 매우 걱정하고 있습니다. 또한 아까도 말씀드린 도야마 마사카즈도 마찬가지로 의복이라든가 신발이 천박하고 좋지 않다든가, 기차에 짐을 잔뜩 짊어지고 타서 매우 곤란하다고 합니다. 또 실내에서 침을 뱉는 등 좋지 못한 습관을 갖고 있으며, 길에서 서서 음식을 먹는다고 합니다. 이런 것들을 어떻게 할까에 대해서도 나옵니다. 도쿄의 도로는 전혀 정비되어 있지 않으며, 사람들의 통행이 많은 도로에 쓰레기장이 설치되어 있는 것은 위생상 매우 해가 되므로 불쾌하다고 합니다. 이 또한 재미있는 것인데요, 연회 스피치에서는 정치 이야기 등 딱딱한 이야기만 한다, 이것이 일본 사회의 결점이라고 지적하고 있습니다. 이에 더해 괜히 독한 술만 마셔서 술에 취하며, 자신에게 어울리지 않는 사치를 부린다, 장례식에 가도 제대로 의례를 지키지 않는다고도 쓰고 있습니다. 또한 방문을 연 채로 둔다고도 합니다. 이것이 결점일지는 모르겠습니다만, 어쨌든 이러한 것이 쓰여 있습니다. 또 한 가지 재미있는 것은 식사 시간에 타인의 집에 마구 들어가 앉아 돌아가지 않는다. 이것은 큰 문제이고 매우 부끄럽다고도 말하고 있습니다.

여러 가지 예를 들었습니다만, 이런 언급 방식은 대체로 어떻게든 일본 사회를 계몽시켜야만 한다는 생각이 있기 때문에 나온 것으로 보입니다. 이렇게 말하는 지식인들은 많은 경우 유럽에 유학하여 지식을 익힌 사람들로, 당시에 유행하고 있던 사회진화론의 숭배자들입니다. 인간은 진화해야 하지만 그 진화의 기본은 유럽에 있고, 이에 비하면 일본은 열등하다고 하는 사고방식이 전제되어 있다고 생각합니다.

이처럼 지금 말씀드린 일본인론의 내용은, 지금 들으면 좀 납득하기 어렵다고 느끼는 분도 있을지 모릅니다. 식사 시간에 다른 사람의 집에 마구 들어가서 돌아가지 않는 사람은 적어도 여러분 세대라든가 도시에서는 좀처럼 없지요. 일본인의 결점으로 이야기되고 있는 것은 결국 유럽의 시민사회의 모델에 반하는 것뿐입니다. 오히려 옛날부터 내려온 어떤 촌락 공동체의 행동양식과 같은 것이 있지요. 지금은 보수적인 입장에 선 사람들이 공동체를 소중히 하자는 식으로 말하는 경우가 있습니다만, 당시 지식인은 그것과 정반대의 방향을 향해 있던 것입니다. 이러한 의미에서 재미있는 언설입니다.

예를 들면 침을 뱉는다는 것은 유럽 사람들이나 구미 사람들이 아시아인을 묘사할 때 나타나는 일종의 스테레오 타입이며, 지금도 비난과 경시의 대상이 되는 경우가 있습니다. 그렇다고 해도 "일본인은 자주 길에서 침을 뱉기 때문에 정말 어쩔 수가 없다"는 것이 정말 사실인가 아닌가 만을 생각하면, 소중한 점을 놓치게 됩니다. 물론 일본인 중에도 도로에서 침을 뱉는 사람도 있다면, 그렇지 않은 사람도 있을 것입니다. 그러나 "일본인은 자주 침을 뱉는다"라는 식으로 말할 때, 그것은 하나의 '일본인'이라는 괄호 쳐진 틀 속에 일정한 이미지를 만들어 내는 것이 됩니다. 이는 일본인 속에서 자발적으로 나온 이미지가 아니라, 서양인의 시선을 내면화하고 그 시선을 통해서 만들어진 이미지라고 생각합니다. "일본인은 자주 침을 뱉기 때문에 매우 좋지 않다"라고 하는 지식인은, 자신이 서양인이 된 듯한 위치에서 일본 사회를 비판하고 있는 것입니다. 이러한 말의 근저에는 서양인의 눈으로 일본이 어떻게 보일지 신경이 쓰여 참을 수 없다는 걱정이 있는 것입니다.

4. 서양의 시선

저는 내지잡거에 대한 자료를 웃으면서 읽었습니다만, 그러면서 어떤 것이 떠올랐는가 하면, 한국이 1960년대에서 70년대에 걸쳐 서양이나 일본 등 소위 선진국을 의식했을 때입니다. [당시] 한국 정부의 사회 계몽 운동의 하나가 이것이었고, [내지잡거에 대한 자료와] 매우 닮았습니다. 예를 들면 한국에서는 '코리안 타임'이라고 합니다만, 한국인은 시간관념이 부족하다고 자주 이야기됩니다. 정부는 한국인이 약속을 지키지 않는다고 세계로부터 웃음을 사고 있기 때문에, 시간 약속을 확실히 지키도록 엄청나게 계몽을 했던 시기가 있었습니다.

그리고 앞서 들었던 예로, 일본인은 매우 딱딱하고 잘 웃지 않고, 말을 하면 정치적인 이야기밖에 못하고, 마구 소란을 피운다는 이야기가 있었습니다. 비슷한 이야기가 한국에 대해서도 회자되었습니다. 그리고 지금 생각난 것인데요, 1970년대 중반 무렵, 한국 사회에는 스마일 운동이란 것이 있었습니다. 한국인은 잘 웃지 않기 때문에 거리에서 스마일을 하도록 플래카드가 붙어 있었던 적이 있습니다. 한국에서도 스마일 운동의 하나로서 교실에는 "미소는 인간 상호 간의 이해를 높인다"는 게시물이 걸려 있거나, 둥근 얼굴에 눈이 웃고 있는 스마일 배지를 많이 달기도 했습니다. 재미있었던 것은 유명한 아이스크림을 파는 곳도, 새로운 제품이 나오면 그에 맞춰서 이름을 붙였어요. 그때 정말로 스마일 아이스크림이 나왔고, 여기저기에서 스마일, 스마일이었어요. 왜냐면 아시아인, 특히 한국인은 가면과 같은 얼굴을 하고 있어서 좀처럼 표정이 없다고 자주 이야기되었기 때문입니다. 이 또한 서양의 거울에 비친 한국인의 얼굴이었다고 생각합니다.

이처럼 타자의 시선을 스스로 받아들이고 내면화하여 그것에 자신의 모습을 맞춰 만들어 갑니다. 이런 시선의 존재 방식에 대해서는 2003년에 죽은 에드워드 사이드의 『오리엔탈리즘』이라는 책 속에 자세히 분석되고 있습니다만, 사이드의 논의는 정말로 적절한 분석이라고 생각합니다. 즉 이러한 담론은 일본에서는 내지잡거 시대, 한국 사회에서는 1970년대에 있었습니다. 중국의 경우는 자세히 찾아보지 않았습니다만, 역시 중화민국 시대에 서양화가 강하게 추진되던 단계에 이러한 논의가 나왔다고 생각합니다. 서양에서 보면 '아시아적'이라고 보일 부분을 없애 버리려고 하는 담론이 생겨났던 것입니다.

반복하게 됩니다만 이러한 논의는 실제로 그러했던 사실을 논하는 것이라고 반론을 펴는 사람도 꽤 있을 테지만, 단지 사실의 문제만으로는 정리되지 않습니다. 실제로 이러한 사실이 있었을지 모릅니다. 그렇지만 그런 게 아니라 이렇게 말하는 방식, 즉 어려운 단어를 빌리자면 담론(discours)이 왜 만들어졌으며 그 담론이 어떠한 사회를 지배하는가가 문제라는 것을 말씀드리고 싶습니다. 예를 들면 거리에서 침을 뱉는 사람을 봤다고 합시다. 그것을 보고 구체적인 누구 씨가 침을 뱉었다고 파악하는 게 아니라 "일본인은 거리에서 침을 뱉는다"라는 식으로 말하는 것은 대체 왜 생기는 것일까요? 어떻게 하여 구체적인 누구 씨로부터 추상적인 '일본인'에게로 비약할 수 있게 되는 것일까요? 이러한 표현은 결코 내발적(內發的)으로 만들어진 것이 아니라, 타자의 시선을 받아들여 그 시선을 내면화하여 생긴 것입니다. 그러나 이 시선을 받아들이는 방법은 두 가지 방향이 있습니다. 서양의 경우에는 자신과 다른 타자, 더구나 자신보다 열등한 타자를 인식함으로써 자신들의 '서양적'인 아이덴티티를 만들어 가는 프로세스가 있습니다. 이와 비슷한 것이 일본에서도 있었습니다. 서양이 일본을 보는 시선을, 이번에는 일본이 아이누나 오키나와를 향해 적용시키는 것이지요. 아이누나 오키나와를 끌어들여 일본은 스스로의 우월성을 확인하고 아이덴티티를 만들어 갔던 측면이 있습니다.

예를 들어 당시 아이누 민족을 어떻게 말했는가 하면, 아이누는 석기시대에서 역사가 멈춰 있다는 서술이 자주 나옵니다. 이는 신문기사와 같은 일반 독자를 대상으로 한 읽을거리일 뿐 아니라 전문가의 논문에서도 마찬가지입니다. 그리고 일본인론에서 사용했던 것과 같은 담론을 그대로 아이누에게 적용시켜 야만성이나 후진성이라는 레테르를 붙여 갑니다. 당시 일본은 근대국민국가를 막 성립시켰을 시기로, 일본이나 일본인이라는 이미지는 그다지 확실하지 않았기 때문에 아이누라는 타자를 인식함으로써 '우리 일본인'이라는 이미지를 만들어 갑니다. 아이누는 석기시대에서 역사가 멈춰 있지만, '우리'는 다르다고 함으로써 '우리 일본인'의 진보성을 확인해 갑니다. 플러스와 마이너스의 방향을 바꾸면 이렇게 되는 것이지요. 이런 점은 오키나와에 대해서도 그렇고, 식민지에 대해서도 그렇습니다. 일본이 대만이나 조선을 식민지화했을 때 한창 이야기되었던 것은 대만이나 조선은 역사에 뒤처졌다는 담론이었습니다. 따라서 이렇게 말할 수 있습니다. 실은 일본의 자화상은 자연적으로 만들어진 것이 아니라 서양인이나 이민족이나 식민지 등의 타자와 마주함으로써 만들어져 왔다고요.

또한 우리들은 근대국가의 연장선상에 있기 때문에 근대국가를 만든 주체에 대해서 너무나도 당연한 것처럼 여기기 쉽습니다. 많은 근대국가가 그렇지만 일본의 경우는 네이션(nation)이라는 자기 자신이 제대로 만들어진 후에 이민족이나 식민지를 지배했다기보다는, 타자를 배제하는 것을 통하여 자기를 형성했다는 점이 있습니다. 오히려 일본에게 자기란 이민족 지배나 식민지 지배와 평행하게 만들어졌다고 해도 좋을지 모릅니다. 따라서 식민지주의와 일본의 근대 내셔널리즘은 매우 깊은 관계를 맺고 있다고 생각합니다.

아마 여러분 중에서도 신문을 봐도 그다지 즐거운 이야기는 없으며, 특히 아시아 각 나라와의 관계에 대해서는 매우 우울한 이야기가 잔뜩 있다고 느끼는 분도 계시리라 생각합니다. 조금 더 기분이 온화해지는 이야기를 할 수 있다면 좋겠다는 게 제 바람입니다만, 식민지기에 대해서나 혹은 일본의 내셔널리즘에 대해 이야기를 하면, 더욱 기분이 가라앉아 버리게 될지도 모르겠습니다. 그렇지만 이런 점을 제대로 인식하고 확실히 대상화함으로써, 우리는 어쩌면 처음으로 국가나 역사로부터 거리를 두면서도 자유롭게 되지 않을까 생각합니다.

기분이 우울해지는 이야기를 피해서 위로를 추구했다고 해도, 일시적인 위안에는 반드시 반동이 생기기 마련이라고 생각합니다. 함부로 감정이입을 하거나 일방적으로 반발하는 게 아니라 좀 더 거리를 두고 현상을 볼 필요가 있다고 생각합니다. 현재 우리들이 살고 있는 세계는 어떠한 역사를 거쳐 형성되어 왔는가, 그것은 대체 어떠한 구조를 하고 있는가, 라는 식으로 냉정하게 보면서 현상을 대상화해 가면 매우 자유롭게 될 듯한 기분이 듭니다. 제가 오늘 여러분에게 이야기한 것은 그다지 마음이 따뜻해지는 이야기가 아닐지 모릅니다만, 어떻게 타자 인식을 형성하여 왔는가, 그리고 일본의 식민주의(colonialism)에 왜 관심을 가져야만 하는가를 조금 이해해 주신다면, 그것이 결국은 여러분 모두가 각각 가지고 계신 힘찬 삶의 방식의 길을 발견하시는 실마리가 되지 않을까 생각합니다. 좀 과장된 이야기가 되었습니다만, 그렇게 되면 좋겠다고 생각하여 일부러 이러한 화제를 준비했습니다.

하던 이야기로 되돌아가면, [일본은] 구미인의 눈을 통과한 이미지를 가져 와 그것으로부터 거꾸로 '일본'을 만들어 갑니다. 그래서 일본인론에서는 일본인에 대한 나쁜 점이나 단점을 잔뜩 들고 있습니다만, 그렇다고 해서 일본인에 대한 욕만 하는가 하면 그렇지도 않습니다. 일본인의 결점을 열거하는 한편, 서양인에 대해서도 엄청난 경계심을 품고 있습니다. 특히 서양인이 얼마나 상술이 좋고 약아 빠졌는가 하는 것이죠. 구미인은 인정이 없어서 계산이 빠른 데 반해, 일본인은 비즈니스에 대한 재능은 없지만 인정이나 온건한 마음이 넘쳐흘러 느긋한 마음을 갖고 있다, 따라서 서양인을 조심해야 한다는 것입니다. 당시 지식인의 이야기를 정리하면 서양인은 매우 냉혹한 인간이라는 것을 계속해서 강조하고 있습니다. 서양인은 자신의 이익을 위해서라면 결코 다른 사람을 생각해 주지 않는다, 점점 더 노동자를 착취할 것이다, 등을 이야기합니다. 이 지점에서 또 한 가지 중요한 것은 기독교에 대한 경계심이 있었다는 점입니다. 서양인은 기독교를 갖고 와서 일본의 풍속이나 문화를 전부 파괴할 것이라고 말하고 있습니다.

좀 전에 여러분에게 보여드렸던 그림에서 나이 들고 수염이 길고 둥근 안경을 쓴 사람은, 확인하지는 못했지만 어쩌면 선교사나 신부일지도 모릅니다. 기독교에 대한 공포심은 매우 컸습니다. 공포심을 품으면 그에 대해 극도로 과민한 방어적 자세를 취하게 되고 그것이 나아가서는 폭력으로 연결되어 갑니다. 이 비고의 그림은 그러한 정황을 매우 잘 표현하고 있다고 생각합니다.

5. 국어라는 문제

이야기가 조금 비약합니다만, 사실 이것은 언어의 문제와도 연결됩니다. 일본어를 식민지의 '국어'로 정하고 강요했던 때에도 외부 세계에 대한 일종의 공포심이 있었다고 생각합니다. 이 점에 대해서는 오늘은 이야기하지 않을 생각이었습니다만….

일본어가 아니라 '국어'라는 말을 사용하지요. 여러분이 지금 사용하고 계신 이른바 '국어'는, 처음부터 정리된 형태였던 것은 아닙니다. 일본어가 '국어'로 정비된 것은 메이지 시대부터입니다. 메이지기에 근대국가를 만들어 갈 때, 국가를 짊어지고 갈 만한 국어(national language)를 만들어야 한다는 의식이 생겼습니다. 그렇지만 당시 일본어의 상황을 보면, 언어는 계급별로 전부 제각각이고, 지역적으로도 제각각이어서 실제로 아오모리(青森) 사람과 사쓰마(薩摩) 사람이 만나면 말이 전혀 통하지 않는 상태였습니다. 이에 더하여 구어와 문어가 크게 차이가 났습니다. 그러니 학교에서 어떤 말로 수업을 할까, 어떤 말로 재판을 할까, 또한 군대에서 어떤 말로 명령을 할까를 생각하면 매우 곤란해지는 것이었습니다. 메이지 중기 무렵까지 일본의 '국어'는 어떤 것이어야 하는지 끊임없이 논해졌습니다. 이러한 현상은 '국어'가 아직 확실한 기반을 갖추고 있지 않았기 때문입니다.

이때 중요한 역할을 한 인물이 나중에 도쿄제국대학 국어학 주임 교수가 되는 우에다 가즈토시[6]라는 언어학자였습니다. 당시 지식인은 모두 유럽에서 유학을 했습니다만, 우에다도 3년간 유럽으로 유학을 하고 청일전쟁이 일어나기 직전에 돌아왔습니다. 그는 독일이나 프랑스 등 여러 곳을 보고 와서 그것과 대조해서 보면 일본은 근대국민국가를 짊어지고 갈 만한 언어가 없으므로 어떻게든 해야 한다고 열정적으로 호소합니다. 이때가 바로 청일전쟁부터 조약개정에 이르는 시기인 것입니다.

우에다의 유명한 강연 중 「국어와 국가와」(国語と国家と)라는 것이

---

6) [옮긴이] 우에다 가즈토시(上田万年, 1867~1937): 일본의 국어학자, 언어학자. 도쿄제국대학 국어연구실의 초대 주임 교수. 도쿄제국대학 문과대학장 및 문학부장. 1908년에 제국학사원 회원을 지냈다.

있습니다. 여러분들에게 국어라는 것은 매우 익숙한 말일 테지만요, 그 당시에 국어라는 말은 좀처럼 사용되지 않았습니다. 물론 그 단어 자체가 옛날부터 없었던 것은 아닙니다. 그러나 내셔널 랭귀지(national language)라는 의미의 '국어'라는 표현은 메이지기부터 사용되기 시작한 것입니다. 예를 들면 민속학자 야나기타 구니오(柳田国男)는 지방 방언에 애착을 가진 사람이었기 때문에 메이지기가 되자 모두들 무턱대로 밑도 끝도 없이 한어(漢語)를 사용하려고 한 것을 한탄하고 있습니다. 그렇지만 야나기타는 국어라는 것은 메이지기에 등장한 새로운 언어라고 확실하게 기록하고 있습니다. 야나기타의 글 속에는 최근 젊은 이도 여자도 '국어' 등의 한어를 입에 담는 세상이 되었다고 한탄하는 부분이 있을 정도입니다. 즉 국민을 하나로 모아 갈 수 있는 '국어'라는 게, 당시에는 확실하지 않았습니다. 우에다 가즈토시는 이런 상황에 내지잡거가 되어 [일본에] 외국인이 들어오면 일본의 말은 대체 어떻게 되겠는가라고 걱정했던 것입니다.

우에다가 「국어와 국가와」라는 강연에서 말한 것을 과감하게 알기 쉽게 정리하자면, 우선 우에다는 "당신들에게는 모두 어머니가 있지요" 하고 말을 건넵니다. 그리고 "그 어머니 중에는 그다지 미인이 아닌 어머니도 있습니다. 그렇지만 미인이 아니라고 해서 어머니를 부정하겠습니까? 어머니는 아무리 예쁘지 않아도 자신의 어머니이니 애정을 가져야만 합니다"라고 말하는 것입니다. 국어란 국민에게 어머니와 같은 것이기 때문에 말도 같은 것이라는 뜻이지요. 프랑스어라면 세계 제일의 언어라고 자화자찬하는 것도 가능했을 것이고, 지금의 영어라면 세계 어디에서도 통용되는 언어라고 예찬할 수 있었겠지요. 그렇지만 일본어에 대해서는 당시에 그렇게 칭찬할 말을 찾지 못했습니다. 오히려 일본어는 일본 열도 외부에서는 사용되지 않는 보잘것없는 말이라고 하는 사람도 있을 정도였습니다. 우에다 가즈토시도 [야나기타 구니오와] 마찬가지로 일본의 언어 상황에 대해서 매우 곤란하다고 보고 있었습니다. 우에다의 제자 중 호시나 고이치[7]라는 사람이 있습니다. 이 사람은 2차 대전이 일어나기 전까지 문부과학성에서 국어 정책을 주도하는 입장에 있었습니다. 그렇지만 호시나는 일본어는 종자가 나쁜 언어라고 명확히 말하고 있습니다. 항상 일본어를 연마해 가야만 한다고 합니다. 그리고 그 연마의 도구(tool)로서 유럽의 근대 언어학을 가져오는 것입니다.

이러한 구도입니다만, 여기서 알 수 있는 것은 다음과 같습니다. 일본은 청일전쟁 후에 대만을 식민지로 삼았고, 러일전쟁이 일어난 수년 후 조선을 식민지로 했습니다. 그런데 식민지의 이민족을 동화하려고 할 때에도, 우월감과 동시에 일종의 공포감이 있었다고 생각합니다. 자기 나라 속에 자신들은 알 수 없는 말을 하는 인간이 있다는 것에 대한 공포감입니다. 이러한 공포감과 방어 본능이 작동하면, 언어 레벨에서 철저한 동화 정책을 추진하게 되는 것이지요. 일본은 식민지에서 민족어 말살 정책을 추진했다고 자주 이야기됩니다만, 여기에는 역시 몇 가지 원인이 있다고 생각합니다. 그렇게까지 폭력적인 언어 정책에 내달렸던 먼 배경 중 한가지에는, 일본어가 근대 국민국가를 짊어지기에는 불충분하고 빈약하다는 의식이 있었을지도 모릅니다.

이러한 역사의 프로세스를 보면, 타자에 대한 과민한 방어가 결국

---

7) [옮긴이] 호시나 고이치(保科孝一, 1872~1955): 일본의 국어학자. 우에다 가즈토시의 제자. 문부과학성 촉탁으로 50년간 국어정책에 관여했다.

은 폭력과 연결되어 버린다고 할 수 있겠지요. 따라서 현재 일본 상황을 봐도 외부 세계에 대해서 과민할 정도의 방어적 자세를 자주 보이기 때문에 걱정이 됩니다. 이런 걱정이 생기는 것은 지금 말한 것과 같은 역사적 배경이 있기 때문입니다.

6. 아시아와 선 긋기

하던 이야기로 되돌아가면, 한쪽에는 서양인이라는 타자의 시선에 대한 부끄러움이 있고, 다른 한쪽에는 서양인의 냉혹함이나 기독교에 대한 경계심이 있었습니다. 이는 실은 동전의 양면이어서 부끄러움이 점점 경계심을 강화시키고 폭력적인 배외주의로 향해 가는 것입니다.

여기서 생각할 점은 일본이 시선을 내면화했던 '외국'은 서양이며, 아시아는 도외시되었다는 것입니다. 그러나 아시아가 화제가 되지 않았던 것은 아닙니다. 오히려 아시아에 대해 말하는 방식, 디스쿠르[8]가 이 시기에 형성되었습니다. 구미라는 외국에 대해서 부끄러움을 느끼는 것과는 정반대로, 아시아에 대해서는 다른 종류의 감정이 생겨납니다. 구체적으로 문제가 되는 것은 조선과 중국입니다. 서양이 일본을 보는 시선으로, 일본은 이들 나라를 바라봅니다. 이것은 매우 흥미로운 사실입니다. 조선이나 중국에 대한 시선이나 디스쿠르는 일본 안에 예로부터 계속적으로 존재했던 것인가하면 그렇지 않죠. 일본에 유럽의 눈을 내면화한 시선을, 중국이나 조선에 그대로 덮어 씌웠던 것입니다.

---

8) 한국어로 번역하면 '담론'(discourse)이지만, 원문이 프랑스어로 담론을 의미하는 디스쿠르 (discours)로 표기되어 있으므로 프랑스어 발음을 그대로 따른다.

오늘은 내지잡거 당시에 많이 거론되었던 중국인 노동자 문제에 대해서 살펴볼까 합니다. 당시 일본 사회가 중국인 노동자를 어떻게 바라보았는가에 대한 것이죠. 예를 들면, 히토미 다이이치로(人見太一郎)라는 저널리스트는 내지잡거가 실시되어도 중국인에게만은 내지잡거를 허용해선 안 된다고 합니다. 여기에는 중국인에 대한 차별관이 역력하게 나타나 있습니다. 이러한 표현법에서 주목해야 할 것은 차별이 매우 생리적인 감각의 차원에서 논해진다는 점입니다.

　　우선 중국인은 개미 무리처럼 팽창력을 갖고 있고, 더구나 저임금으로 일하는 것을 싫어하지 않는다, 그들이 습격해 와서 일본 노동자가 전부 직업을 빼앗긴다면 어떻게 하겠는가, 라고 이야기합니다. 지금도 외국인 노동자 문제에 대해서 논할 때, 여러분들은 이런 이야기를 어디에선가 듣게 될지도 모르겠습니다. 보수적인 사람들 중에는 외국에서 싼 노동력이 들어오면 일본인 노동자들이 직장을 빼앗긴다, 따라서 외국인 노동자는 늘리면 안 된다는, 그러한 의견이 있다고 생각합니다. 내지잡거 때의 논의도 지금의 이러한 논의와 어딘가 서로 통하는 면이 있습니다. 물론 이러한 디스쿠르는 일본 특유의 것은 아닙니다. 미국에서도 중국인 이민이 늘어났을 때 비슷한 말로 중국인을 배척하려고 했던 적이 있습니다. 미국이 노예 해방을 했을 때, 노동력을 상품화해 가게 되었을 때, 중국인 특히 광둥성(廣東省)에서 많은 중국인이 들어오게 됩니다. 그때도 역시 미국의 노동 시장을 중국인에게 빼앗겨 버릴 거라는 두려움이 생겼습니다. 그래서 중국인에게만은 미국 시민권을 부여하지 않습니다. 중국인들은 [미국에] 귀화할 능력이 없는 사람들이라고 낙인찍습니다.

　　미국에 대한 것은 제 전공이 아니므로, 이 이상 자세히 구체적으로 말할 수 없습니다. 그렇지만 왜 이렇게 된 것인가를 생각해 보면, 결국 이 경우에도 미국이 미국의 내셔널 아이덴티티를 형성하기 위해서 역시 타자를 배제해 갈 필요가 대두했던 것입니다. 한편으로 미국에는 흑인에 대한 인종차별이 있습니다만 미국의 백인성(白人性)을 지키기 위해서는 아시아의 소위 황색인종과 선 긋기를 해야만 했습니다. 그때 역시 대거 밀려드는 중국인 노동자가 자주 화제로 거론되며 타자를 배제하는 디스쿠르가 형성되어 가는 것입니다. 따라서 [타자에 대해] 이와 같이 말하는 방식은 결코 일본 특유의 것은 아닙니다만, 그렇다고 해서 인간의 보편적인 심리로 환원시켜야 할 것도 아닙니다. 국민국가가 자기의 아이덴티티를 형성해 갈 때 타자를 배제하기 위한 구조라는 점에서 공통점이 있다고 인식하면 좋을 것 같습니다.

일본의 내지잡거라는 주제로 돌아가면, 일본에 외국인을 많이 받아들여서는 안 된다고 할 때, 이때 사용되는 말은 같은 외국인이라고 해도 서양인의 경우와 중국인의 경우가 각각 매우 다릅니다. 중국인을 형용할 때에 개미나 기생충, 세균과 같은 매우 생리적인 차원의 비유를 들고 있습니다. 이렇게 하여 불결함에 대한 두려움과 신체적 접촉에 대한 공포감에 의해 [중국인에 대한] 차별이 발생합니다. 이 또한 기억나는 것이 있는데요, 제가 일본에 와서 얼마 지나지 않은 무렵이었다고 생각합니다. 도쿄도의 어떤 구에서 운영하는 수영장이었던 것 같습니다만, 필리핀에서 온 여성들은 수영장에 오지 않았으면 좋겠다고 항의해서 큰 문제가 되었습니다. 이런 식으로 불결함이나 위생관념, 병이라는 것은 차별 문제와 매우 깊이 관련되어 있습니다. 겨우 최근에야 재판에서 재검토된 한센병 환자에 대한 차별 등을 봐도 이런 것을 알 수 있습니다. 알고 계신 것처럼 재판에서 차별이 금지되어도 숙박을 거부한 호텔이 있었을 정도입니다. 정치적 레벨에서의 차별은 문제화하기 쉽지만, 이러한 식으로 매우 생리적인 위생관념어 포함된 차별은 사회 속에 뿌리 깊게 남아 있다는 느낌이 듭니다. 따라서 그 배후의 구조를 잘 봐 두어야 합니다.

외국인만이 아니라 초등학교에서 왕따를 당해 아이들이 자살하거나 하는 비참한 사태가 일어났을 때에도 그 왕따를 당하는 아이에 대해서 '세균'이라든가 그런 별명이 붙여졌던 적이 있었습니다. 이러한 차별의식은 대체 어디에서 온 것일까 잘 생각해 봐야 합니다. 그 차별의식이 숨겨져 있는 평소에도, 어떤 위기 상황이 되면 그것이 갑자기 여기저기에서 표면으로 부상할지 모릅니다. 앞서 말씀 드린 것처럼 불결함에 대한 공포와 신체적 접촉에 대한 공포감이라는 것은 결코 보편적인 것이 아니라, 역사 속의 어떤 일정한 시기에 만들어져 그것이 사회의 깊은 차원에서 남겨져 있다고 생각합니다. 확실한 논리나 개념으로 표현하기 어려운 것인 만큼 이러한 차별관은 매우 전염되기 쉬운 성질을 지니고 있습니다.

조금 더 이야기를 확장하면, 신체적인 것이나 신체관에 대해서도 생각할 필요가 있습니다. 지금 일본에서는 신체의 존재 방식에 대해서 이목이 집중되고 있고, 신체론에 대한 책이 많이 나오고 있습니다. 그렇지만 이 신체의 존재 방식은 정말 중요한 문제인 만큼, 신중하게 다루어야만 한다고 생각합니다. 어떤 특정한 신체의 존재 방식이 국민성과 결합되거나 하는 경우도 있습니다. 신체의 문제도 개념화하기 어렵습니다만 어떤 신체 상태를 이상적인 것으로 간주하는가는, 역시 역사적으로 만들어진 부분이 크다고 생각합니다. 이러한 역사에 대한 세밀한 관찰력과 분석력이 없는 상태로 간단히 신체론을 말해 버리면, 위험한 방향이 나타날지도 모릅니다. 사실 일본의 1930년대, 즉 파시즘 시대에는 신체에 대해서 많은 논의가 있었습니다.

중국인에 대한 디스쿠르 이야기로 되돌아가면, 이러한 디스쿠르는 직접 중국인과 만나서 형성된 것은 아닙니다. 실제로 중국인과의 접촉이 없어도, 몇 가지 스테레오 타입에 의존하여 여러 차별적인 발언이 생겼던 것입니다. 물론 메이지 시대 이전에도 타자에 대한 공포는 있었다고 생각합니다만, 근대 국가에서의 차별은 자신을 국민과 일체화하여 타자인 다른 '국민' 전체를 차별하는 구조가 있다고 생각합니다.

나쓰메 소세키는 조선을 여행하고 그 후 신문에 여행기를 씁니다만, 거기에서 조선인을 어떻게 말하고 있는지 보면, 재미있는 사실을 알 수 있습니다. 현재의 관광 여행도 그러한 점이 있습니다만, 실제로 현지에 갔다고 해도, 자신에게 보이는 것만을 보는 것이지요. 현실을 말하고 있는 것처럼 보여도, 거기에서 이야기되고 있는 것은 실은 이미 갖고 있던 편견이나 스테레오타입에 불과한 것입니다. 그 당시에 나온 신문이나 잡지에는 조선이나 중국의 여행기가 많이 실려 있습니다만, 대부분의 여행기는 현실의 조선이나 중국의 모습보다도 일본인이 이미 갖고 있던 고정관념을 그리고 있다고 느껴집니다. 예를 들면 중국인이나 조선인은 게으름뱅이라고 쓰여 있는 경우가 자주 있습니다. 그러나 생각해 보세요. 현지의 사정도 잘 모르는 사람이 갑자기 와서 주인과 같은 얼굴로 명령하면 누구든 게으름을 부리고 싶어지겠지요. 자신이 얼마나 먼 곳에서 온 사람인가에 대한 자각이 없으니까 일방적으로 현지 사람들에게 '게으름뱅이'라는 낙인을 찍는 것입니다.

그뿐 아니라 아까 말한 것처럼 서양인의 시선을 빌려서 보자면, 일본인도 '게으름뱅이'로 분류될 것입니다. 이것은 어떤 것인가 하면, 이미 근검함=근대사회, 나태함=뒤처진 사회라는 대립축이 있어서, 긍정하고 싶은 때에는 좋은 쪽의 가치를 적용하고, 부정하고 싶을 때에는 나쁜 쪽의 가치를 적용하면 되는 것입니다. 이는 현실에서 어떠했는가 하는 문제가 아닙니다. 조금 전부터 반복해서 말하고 있는 디스쿠르, 현실에서 말하는 방식이 어떤 레벨인가 하는 문제입니다. 이러한 구조에 따르면 자신이 보고 있는 대상에 대해 제멋대로 가치 판단을 할 수 있을 것처럼 되어 버립니다. 예를 들어 여러 여행기를 보면 중국인이나 조선인을 비난하는 것만이 아니라, 매우 '불쌍한' 사람들이라는 서술과 만납니다. 이것은 일견 동정해서 말하는 듯이 보이지요. 나쓰메 소세키의 여행기에도 이러한 장면이 나옵니다. 그러나 이것도 역시 그들이 뒤처진 사회에 있다는 인식이 드러난 또 하나의 표현인 것입니다. 즉 자신이 위에 서서 타자를 내려다보고 하는 말인 것입니다. 이처럼 중국인에 대해 여러 가지 부정적인 말을 붙여가는 것입니다만, 그중에서 가장 두려워하고 있는 것은 중국인의 팽창력입니다. 대거 들어온 중국인이 일본인의 일자리를 빼앗고, 사회에 나쁜 습관을 퍼뜨리고, 일본 사회에 여러 가지 나쁜 영향을 미친다는 등, 빈번하게 이러한 것들을 이야기합니다. 그렇지만 중국인의 팽창력은 그렇게나 두려워하면서 다른 한편으로 일본인의 팽창력은 무조건 찬미하는 것입니다.

조금 전 언급했던 히토미 다이이치로는 이렇게 말하고 있습니다. 일본의 '번식력'은 매우 강대하기 때문에 지금은 인구가 4000만 이하이지만, 지금부터 50년이 지나면 6000만이 된다. 그러면 홋카이도뿐 아니라 남양군도, 조선, 샴, 더욱이는 남아메리카, 북아메리카 등에서 일본인의 대행진이 나타날 것이다. 다시금 100년 후가 되면, 8200만 명, 즉 지금의 12배가 되어, 세계 각지에 '팽창'하여 세계에 가는 곳마다 일본인이 넘쳐날 것이다. 당시 대표적 지식인이었던 도쿠토미 소호(德富蘇峰)도 『대일본팽창론』(大日本膨脹論)에서 비슷한 말을 하고 있습니다. 즉 중국인이 일본 안에서 팽창해 가는 것은 있을 수 없지만, 일본인이 해외로 팽창하는 것은 매우 좋은 일이라는 것입니다. 저에게는 너무나 자기중심적인 이야기처럼 들립니다만, 어떻습니까?

7. 마지막으로

정리해 보면, 일본에서는 이 내지잡거 문제를 통해서 서양이라는 타자의 시선을 강하게 의식하게 되어 그 시선을 갖고 일본 사회를 개량해 가려고 합니다. 그러나 동시에 그와 같은 시선을 다시금 아시아인에게 적용하여, 두 종류의 외국인상을 만들어 내는 계기가 되고, 그 결과 중국인의 팽창력에 대해서는 두려움을 지니면서 일본인의 팽창력에 대해서는 매우 찬미하게 됩니다. 이처럼 여기에는 매우 일방통행적인 시선이 있습니다. 이러한 시선은, 지금까지도 뿌리 깊은 곳에서 지속되어 온 것이 아닐까 싶습니다.

오늘 언어 문제에 대해서는 좀처럼 말하지 않았습니다만, 실은 내지잡거를 계기로 일본의 표준어가 급격하게 형성된 면도 있습니다. 좀 전에 서양인이 들어오면 일본의 종교나 문화를 망가뜨려 버린다는 논의가 있었다고 소개했습니다만, 그 중에서는 언어도 있었던 것입니다. 서양인이 일본 사회에 들어와도 일본어가 망가지지 않도록 하기 위해서, 그 보루로서 빨리 표준어를 만들어야만 한다는 논의가 내지잡거를 전후로 나왔습니다.

조금 전에 '국어'라는 것은 이미 있는 그대로의 언어가 아니라 '국

민'이 말해야 할 것으로 만들어진 것이라고 말씀드렸습니다만, 원리적으로는 '표준어'도 마찬가지이지요. 메이지 후반이 되면 문부성은 도쿄 중류사회의 말을 표준어로 규정하고, 교과서를 통일합니다. 예를 들어, '오토상'(お父さん), '오카상'(お母さん)이라는 호칭[9]은 그때 교과서에 도입됩니다. 이처럼 인위적인 언어정책이 왜 필요했는가 하면, 영어나 프랑스어와 같은 강대국의 언어에 삼켜져 버리지 않기 위해서는 그것에 대항할 수 있는 표준어를 만들어야 한다는 것이 당시 일본 근대 국민국가를 리드해 갔던 지식인들의 사고방식이었기 때문입니다. 좀 전에 말했던 우에다 가즈토시는 그 사람들 중 하나입니다.

예정된 시간이 조금 지났습니다만, 내지잡거라는 정치적이고 사회적인 문제에 직면함으로써 일본의 타자 인식이 형성되었음에 주목해야만 한다고 생각합니다. 타자 인식이라는 것은 결코 심리적인 것으로 환원되어야 할 것이 아닙니다. 그렇지만 이러한 역사적인 컨텍스트를 잊어버리고 분리되어 버리면, 타자에 대한 인식은 오직 심리적인 감정이나 개인적인 감각으로 느껴지게 됩니다. 그렇게 되면, 타자 인식을 비판적으로 냉정하게 바라보는 것이 어려워지는 상황이 될 것이라고 생각합니다. 내가 확실히 이렇게 느끼는데, 그러면 왜 안 되는가라는 식의 뻔뻔함 같은 것이 생기는 것입니다.

사태를 자유롭게 바라보고 생각하기 위해서는 이러한 심리적 껍질을 깨고, 역사적인 것을 되돌아보는 것이 중요하지 않을까 생각해서 오늘 이러한 이야기를 했습니다. 감사합니다.

---

9) [옮긴이] '오토상'은 아버지, '오카상'은 어머니를 의미하는 일본어이다. '아빠', '엄마'보다 격식을 차린 말이며 도쿄지방의 언어이다.

민족 차별과 교육
—스테레오 타입과 '사이 존재'

1. '민족' 담론과 살아온 '민족'

이전과 달리 최근에는 '민족'과 같은 개념을 꺼내면 시대에 뒤떨어진 듯하다. '국제화'와 '글로벌화'가 진전되는 상황에서 아직까지도 '민족'의 갇힌 세계에 집착하는 것은 자기격리(自己隔離)와 같다거나, 결국 '민족'이란 자기 집단을 동질화함으로써 타자를 배제하는 장치라고 이야기한다. 더 나아가서는 '민족은 허구이다'라거나, '민족은 사상 속에만 존재한다'고 단언하는 사람도 있을 정도다.

나는 이런 주장을 전면적으로 부정하는 것은 아니다. 그러나 그렇다고 해서 쉽게 동의할 수도 없다. 분명 이러한 담론이 비판의 표적으로 삼고 있는 것은 이야기된 '민족', 의식화된 '민족', 더욱이는 대개 '국가'와 동일시된 '민족'이기 때문이다. 원래 언어화하는 행위는 매우 고도화된 추상을 요구한다. 따라서 이야기되고 추상화된 '민족'은 이야기되기 이전에 사람들이 살아가는 행위 속에 삽입된 '민족'과는 완전히 다를 것이다. 이 점을 보면, 특별히 '민족' 등을 입에 담지 않고 살아가고 있는 소박한 사람들이야말로 가장 '민족적'으로 살고 있다고 말할 수 있을지 모르겠다. '민족'은 위세 등등한 용감한 사람이 아니라 사람들의 시선에 노출되면 부끄러워 몸을 감춰 버리는 소녀와 같은 것이다.

말할 것도 없이 사람은 처음부터 '○○인'으로 태어나는 것은 아니다. 아이는 태어나면서부터 주위 환경과 접촉하면서 점차 자기를 형성해 가고, 그 속에서 지각, 의식, 행동의 일정한 패턴을 몸에 익히게 된다. 그때, 아이는 이러한 경험을 결코 수동태로 받아들이는 것이 아니라, 세계에 영향을 미치는 과정을 통해 능동적으로 경험을 창조해 간다. 왜냐하면 인간은 끊임없이 경험을 하면서 '의미'를 추구하기 때문이다. 이처럼 아이는 환경과 상호 작용을 하면서 태어난 사회의 가치관과 규범을 익혀 간다. 예를 들면, 아이는 가장 원초적인 감각조차도, [자신의] 선천적인 기호(嗜好)와 주변 환경의 영향을 겹쳐 어떤 일정한 지각의 패턴을 만들어 간다. 그 점에서 기억의 가장 깊은 근저에 숨겨져 있는 감각은 냄새일지도 모른다. 따라서 프루스트는 아침 식사로 나온 마들렌 냄새를 맡고 잃어버린 추억을 환기하고, 조선인은 김치나 된장국 냄새를 맡으면 안심한다. 이처럼 지각의 레벨조차도 인류 보편적인 것이라고 할 수 없는 각 사회의 패턴이 있다. 따라서 사고와 행동의 레벨에서는 한층 더 그러할 것이다.

그러나 모름지기 어떤 사회에 사는 모든 인간이 같은 사고와 행동 패턴을 보일 리는 없다. 말할 것도 없이, 인간은 단 한 명도 똑같은 존재가 없다. 그렇지만 그 무한한 차이 속에서 그 차이를 유지하면서도 그 차이와 모순되지 않는 형태로 거의 일정한 패턴이 나타난다. 이러한 사회적 패턴은 개개인의 차이를 느슨하게 내포하면서 존재한다. 어떤 의미에서는 개개인이 차이가 있기 때문에 바로 이러한 패턴이 가능하다고 할 것이다. 이러한 일정한 지식, 사고, 행동 패턴에 '민족'이라는 이름이 붙여지는 게 아닐까?

또한 이러한 사회적 패턴은 경험과 행위 속에 축적되고, 이윽고 그 사회 구성원의 의식 속에 명확히 각인되어 간다. 그러나 그것은 교과서에 항목별로 써질 수 있는 게 아니며, 또한 그 당사자가 항상 의식하고 있는 게 아니라 간헐적으로 여러 풍모를 띠고 나타난다. 그렇지만 그 사회적 패턴을 외부에서 바라보면, 일정한 스테레오 타입이라고도 할 만한 것이 생긴다. 이렇게 되면 사회적 패턴의 내용에 존재했던 차이는 소멸되고 거기에는 단지 하나의 얼굴, 그것도 무표정한 가면과 같은 것이 떠오르는 것이다. 외부 인간이 보면 어떤 사회적 패턴에 따라 행동하는 인간은, 모두 같은 가면을 쓰고 있는 것처럼 해석되어 버린다. 일단 스테레오 타입이 생기면, 온갖 구체적인 경험과 행위는 이 스테레오 타입 속에 부어 넣어져 그 개별성과 유리되는 것이다. 어쩌면 '차별'이란 스테레오 타입을 일방적으로 갖다 붙임으로써 살아 있는 인간의 개별성을 박탈하는 것을 지칭하는 게 아닐까? 그리고 이 행위는 반드시 '차별하는 자'로부터 '차별당하는 자'를 향해서 일어난다. 따라서 '차별'은 결코 개별 사람들의 심리 상태로 환원되지 않는다. 오히려 '차별'적인 심리 상태는 사회적인 권력 관계 속에서 발생하는 것이다.

2. 매스미디어와 스테레오 타입

그런데 '민족 대립'이 생기면, 으레 등장하는 것이 바깥으로부터 붙여진 '민족'의 스테레오 타입이다. 스테레오 타입은 이미 결정된 틀에 박힌 질문과 답이 준비되어 있어서 그에 따르면 망설임 없이 온갖 현상을 일정한 방향으로 의미 부여할 수 있다. 특히 '민족 대립'이나 '민족 분쟁'을 센세이셔널하게 보도하고 곧바로 그 답을 원하는 매스미디어는 이러한 스테레오 타입에 의존하는 경향이 강하다.

이러한 예는 얼마든지 들 수 있다. 1992년 여름 로스앤젤레스 코리안 타운에서 일어났던 소위 '로스 폭동' 보도는 그 전형적인 예이다.

'로스 폭동'은 표면적으로는 미국 사회 하층에서 억압받고 있던 흑인들이 성공한 이민자인 한국인들의 상점을 습격한 사건으로 보인다. 그리고 이 폭동의 중요한 원인 중 하나로 흑인에 대한 한국인 이민자들의 차별적 대우가 언급된다. 그러나 이 사건의 배경은 그렇게 단순하지 않다. '로스 폭동'의 직접적인 도화선이 되었던 것은 '두순자 사건'이다. 먼저 '두순자 사건'에 대해서 조금 설명하겠다. 50대 여성인 두순자 씨는 주류 판매점을 가족과 함께 경영하고 있었다. 남편은 외출 중이고 혼자서 가게를 보고 있을 때, 15세의 흑인 소녀가 들어왔다. 소녀가 주스를 '훔치려고 했기' 때문에 두 씨와 소녀 사이에 다툼이 일어났다. 두 씨는 몸집이 큰 소녀를 이기지 못했다. 얻어맞고 쓰러진 두 씨는 엉겁결에 총을 쏘아 버렸다. 이 사건은 매스컴에 대대적으로 보도되어, 미국 사회의 주목을 끌었다. 두 씨는 필사적으로 정당방위라고 주장했다. 그러나 두 씨의 영어 실력은 충분히 증언하기에는 너무나 변변치 않았다. 단순하고 유치하게 들리는 단어만을 나열하는 '코리안 잉글리시'로는 이 미묘한 사건의 자초지종을 설명할 수 있기는커녕, "영어도 제대로 못하는 한국인 아줌마가 단지 주스 한 병 때문에 흑인 소녀를 죽였다"라는 분노를 더할 뿐이었다.

다민족 국가라고 하는 미국 언론도 이 점에 대해서는 완전히 둔감했다. 둔감했을 뿐 아니라 손짓 발짓을 섞어가며 필사적으로 호소하는 두씨의 '유치한 영어'(stupid English)를, 텔레비전에서 틀고 또 틀며 흥밋거리로 방영했던 것이다. 갑자기 일어났던 '로스 폭동'에 놀란 미국 언론은 그 후에도 '코리안 아메리칸'에 대해서 지니고 있는 틀에 박힌 [이미지를 담은] 영상을 질리지도 않고 계속해서 내보냈다. 그 결과 '코리안 아메리칸'에 대한 비뚤어진 이미지를 만들어 버린 것이다.

이 점에 대해 캘리포니아대학 버클리의 '에스닉 연구' 학과 교수인 일레인 김과 캘리포니아주립대학 사회학 교수인 유의영은 이렇게 말한다. "'로스 폭동 후' 많은 아프리카계나 유럽계 미국인들은 벌어진 사건이 어떤 의미인지에 대해서 왕성히 논의했지만, 대개의 경우 코리안 아메리칸은 침묵하는 비가시화된 존재로 지속되었다. 존재했던 것은 단지 [코리안 아메리칸에 대한] 그로테스크한 스테레오 타입 뿐이었다"[1] 이 "그로테스크한 스테레오 타입"은 "지붕 위에 올라가 총을 들고 자신의 가게를 지키고, 군중을 향해 무턱대고 발포하는 한국 남성"이나 "망가진 가게 앞에서 히스테릭하게 울부짖거나 울면서 애원하거나 하는, 대개는 한국 여성 상인"의 모습이다. 이러한 스테레오 타입이 미디어를 석권하는 한편, '코리안 아메리칸' 자신의 의견은 전혀 고려되지 않았다.

일레인 김과 유의영의 공동 편저 『동방에서 아메리카로: 코리언 아메리칸의 라이프 스토리』는 미국에 체제하는 사람들과 매스컴이 만들어 낸 이러한 '코리안 아메리칸'에 대한 비뚤어진 스테레오 타입을 파괴하기 위하여 간행된 것이다. 이 책에서 김과 유가 취한 시점에는 주목해야 할 점들이 많다. 왜냐하면 하나의 스테레오 타입에 대항하는 것은 또

---

1) Elaine H. Kim & Eui-Young Yu (eds.), *East to America: Korean American Life Stories*, The New Press, 1996, p.XVL

하나의 스테레오 타입을 불러오기 쉽지만, 이 두 저자는 결코 '마땅히 그래야만 하였던 코리안 아메리칸의 모습'을 반복하려 하지 않았다. 단지 '비가시화된 존재'를 '가시화'하는 것 뿐 아니라, 그 존재들이 얼마나 다양한 모습을 띠고 있는가를 있는 그대로 그려 내려 했던 것이다. 김과 유는 38명에 달하는 '코리안 아메리칸'이 마음껏 자신의 인생에 대해 말하도록 하고, 그것을 한 권의 책으로 정리했다. 그 38명의 코리안 아메리칸은 태어난 곳도 자란 곳도 다르며, 이주를 한 경험이나 이주 후의 체험 및 환경도 전혀 다르다. 막 이주한 자도 있고, 이민 4세도 있다. 한국어보다 스페인어를 잘하는 사람도 있고, '코리안 아메리칸'과 전혀 접촉하지 않고 자란 사람도 있다. 게이 활동가가 있다면 성공한 실업가도 있으며 택시 드라이버도 있다. 또한 두 명의 저자 자신들도 완전히 다른 경력을 갖고 있으며, 저자 자신의 '라이프 스토리'도 책의 일부분이 되어 있다. 일레인 김은 뉴욕에서 태어나 메릴랜드에서 자랐다. 그녀 주변에는 나이든 노인이나 한국인 유학생 밖에 없었다. 더구나 김의 가정은 '전투적인 비기독교도'였다. 한편 유의영은 서울에서 장로파 목사의 아들로 태어나, 식민지 통치와 조선전쟁이라는 가혹한 환경 속에서 자랐다. 그리고 서울대학을 졸업한 후 미국에 유학하고 박사학위를 취득하여 그대로 미국에 살게 되었다.

김과 유는 결코 단일한 '코리안 아메리칸'의 이미지를 그리려고 하지 않았다. 오히려 한 명 한 명의 다양한 목소리가 서로 뒤엉키면서 난반사하는 가운데 '코리안 아메리칸'이라는 만남의 장이 저절로 드러나게 하는 방법을 취한 것이다. 그러한 의미에서 『동방에서 아메리카로』라는 책은 서로 완전히 다른 다양한 인생을 살아온 '코리안 아메리칸'의 모습을 비춰 낸 만화경이 되었다. 김과 유는 앞으로의 '코리안 아메리칸'은 모든 삶을 단 하나의 아이덴티티에 집착하는 것이 아니라, 한 명 한 명이 개성적인 삶의 방식을 길러가는 다양성의 모체로 존재해야 한다고 주장한다. 그러나 그것은 '코리안 아메리칸'이라는 존재 자체를 지워 버리는 것이 아니다. 김과 유는 "서로 나눈 고통과 공통의 싸움을 잃어버리지 않고 다양한 종류의 혼종성을 서로 연관시키기 위한 공간을 열어 가는"[2] 것이 무엇보다 중요하다고 강조하고 있다.

이처럼 스테레오 타입을 다른 스테레오 타입으로 대치하는 것이 아니라 다양한 개인의 삶의 방식을 가능하게 하는 새로운 '민족'의 존재 방식을 찾고 모색하려는 시도에 나는 공감을 느끼지 않을 수 없다.

3. 스테레오 타입의 내면화

그러나 대항하는 두 스테레오 타입의 맞-거울에서 탈출하는 것은 그렇게 쉬운 것은 아니다. 수많은 억압과 갈등 속에 사는 마이너리티에게는 지배적 스테레오 타입에 대항하기 이전에, 그 스테레오 타입에 스스로 동화되어 버리는 쪽이 많기 때문이다. 이러한 사실은 캐나다 사회심리학자인 월리스 램버트(Wallace E. Lambert)의 연구에서 볼 수 있다.

램버트는 사회집단에 대한 스테레오 타입이 자기와 타자를 인지할 때 어떻게 반영되는가를 밝히기 위해 실로 교묘한 실험 방법을 개발했다. 바로 '매치드 가이즈 테스트'(matched-guise test)라고 불리는 것이다.

이 테스트가 어떠한 것인가를 설명하기 전에, 램버트의 연구 배경

---

2) *ibid.*, p. XXii.

을 이야기하겠다. 램버트는 몬트리올대학의 심리학 교수이며, 몬트리올은 퀘벡주의 중심 도시이다. 퀘벡주는 영어계 주민 이외에도 많은 프랑스어계 주민이 사는 곳으로 알려져 있다. 1991년의 인구조사를 보면 캐나다 전체에서 영어계 주민은 약 60%, 프랑스어계 주민은 약 24%이다. 그렇지만 퀘벡주에서는 프랑스어계가 약 82%이고, 영어계가 약 9%로 프랑스어계 주민이 절대 다수이다. 프랑스어계 주민은 자신들의 권리를 쟁취하기 위해 여러 가지 운동을 전개하고 있다. 그 결과가 프랑스어를 퀘벡주 유일의 공용어로 정했던 74년의 '퀘벡주 공용어법'이다. 그리고 결국 1995년에는 퀘벡주의 독립 가부를 묻는 주민투표가 실시되었다. 그렇지만 이 투표에서 퀘벡주의 독립은 극히 근소한 차이로 부결되었다. 몇몇 신문 보도에서 퀘벡주가 분리 독립까지 요구하는 데 이른 프랑스어계 주민의 '내셔널리즘'이 지닌 위험성을 지적하였지만, 그것은 단면적 지적에 불과하다. 퀘벡주의 프랑스어 주민은 인구의 측면에서 아무리 다수파를 형성한다고 해도, 사회적으로는 불평등과 편견으로 고통 받는 소수파라는 의식이 있다. 즉 프랑스어 주민의 요구는 사회적으로 우월한 지위에 있는 영어 주민에 대하여 마이너리티 쪽에서 제기한 일종의 이의 신청 성격을 띠고 있었던 것이다.

이러한 상황을 배경으로 램버트는 사람들이 이중 언어 사용자가 되어 가는 과정에는 다양한 사회적 가치가 서로 충돌하기 때문에 이중 언어 사용자는 자신에게 덮쳐 오는 두 가지 문화의 요구를 견디지 못하고, [두 문화를] 조절하도록 요구받게 된다고 말한다. 그리고 이러한 사회적 영향 속에서 가장 강력하게 작동하는 요소 중 하나는, 각 화자 집단이 가지는 스테레오 타입화된 이미지라는 가설을 세웠다.

램버트의 설명에 따르면 '매치드 가이즈 테스트'란 "언어 혹은 방언의 변이성을 이용하여 어떤 사회집단 구성원이 다른 사회집단에 대하여 품고 있는 스테레오 타입화된 인상을 드러내게 하는 조사방법"[3]이다. 그는 이를 다음과 같이 실행한다. 우선 영어와 캐나다 프랑스어를 완벽히 구사할 수 있는 이중 언어 사용자인 화자를 선택하고 그들이 같은 내용의 문장을 각각의 언어로 읽도록 하고 그것을 테이프로 녹음한다. 다음으로 인포먼트(informant)들에게 그 녹음을 들려주고 반응을 확인한다. 이때, 청자는 테이프의 소리만을 실마리로 삼아 화자의 성격이나 능력을 할 수 있는 한 추측하고 평가하도록 한다. 다만 [녹음을 청취한 인포먼트가] 동일 인물이 다른 언어로 두 번 읽었다는 것을 알아채지 못하도록 하는 것이다. 그러자 같은 인물이 읽었음에도 불구하고, [인포먼트들은] 영어로 읽을 때와 프랑스어로 읽을 때, 화자의 성격이나 능력에 대해 매우 크게 차이가 나는 평가를 내린다는 것을 알 수 있었다.

우선 영어계 주민 대학생에 대한 테스트에서는 프랑스어 화자보다도 영어 화자 쪽이 '멋지고' '지적이고' '신뢰할 수 있고' '친절하고' '의욕적'이라는 평가를 받았다. 말할 것도 없이 이런 평가에는 영어계 주민이 본 프랑스어계 주민에 대한 편견과 스테레오 타입이 반영되어 있다. 그러나 놀랄만한 것은 프랑스어 주민에게 실행된 테스트의 결과이다. 예상과는 전혀 다르게 [프랑스어계 주민에게서도] 영어계 주민들과 같은 반응이 나타난 것이다. 즉 프랑스어계 주민들 자신도 프랑스어 화자에 대해서 낮은 평가만을 내렸다. 더구나 항목에 따라서는 프랑스어계 주

---

3) Wallace E. Lambert, "A Social Psychology of Bilingualism"(*Journal of Social Issues*, vol.23, 1967, pp.91~108) in J. B. Bride & J. Holmes (eds.), *Sociolinguistics*, Penguin Books, 1972, p. 336.

164 2부_인간에게 자유는 '무거운 짐'인가

민의 회답자 쪽이 영어계 주민 회답자보다도 프랑스어 화자를 낮게 평가하는 경우조차 있었다.

이런 결과는 무엇을 말해 주는 것일까? 램버트에 따르면 이러한 평가에는 프랑스어계 주민이 열등 집단이라는 사회적 스테레오 타입이 반영되어 있지만, 중요한 것은 그 스테레오 타입을 프랑스어계 주민 자신이 함께 지니고 있다는 점에 있다. 이리하여 열등한 집단에 속하는 사람들 자신이, 스스로가 속한 집단에 대해 부정적인 가치밖에 부여하지 못한다는 결과가 나온다. 램버트는 북아메리카의 다른 마이너리티 그룹에서도 역시 이러한 부정적인 자기 평가 경향이 보인다고 말한다. 이 결과는 차별 속에 숨겨진 의식 구조를 해명하는 데에 하나의 실마리를 던져 준다.

차별이란 차별하는 자와 차별당하는 자의 관계 속에 존재한다. 그러나 보통 차별하는 자는 자신이 차별하고 있다고 의식하지 않는다. 다른 한편 차별당하는 쪽에 선 자는 스스로를 '차별당하는 존재'로 규정해 버린다. 차별이란 구체적인 사회적 관계 속에서 만들어짐에도 불구하고, 차별당하는 자는 차별을 실체화하고 차별의 원인을 자신에게서 찾고 마는 것이다. 그리고 결국에는 자기 자신에 대한 마이너스 이미지를 스스로에게 부여해 버린다. 즉 차별이란 일방적으로 '차별하는 자'를 보이지 않게 하는 동시에, 차별을 받는 쪽에게 차별당하는 존재로서의 자기 규정을 발생시키는 장치인 것이다.

램버트가 실시한 다른 실험에 대해서도 언급해 두겠다. 프랑스어계 주민에 대한 열등한 평가는 대체로 몇 살 정도에 형성되기 시작하는가에 대한 문제이다. 램버트는 우선 10세의 프랑스어계 주민 어린이에 대해서 '매치드 가이즈 테스트'를 실시했다. 그중 절반은 영어와 프랑스어 두 언어를 사용하는 바이링궐 어린이이며 나머지 절반은 프랑스어 한 가지 언어를 사용하는 모노링궐인 어린이였다. 그 결과 프랑스어 화자는 거의 대부분의 특성[항목]에서 우월한 평가를 얻었다. 그러나 프랑스어 화자에 대한 호의적 평가는 대부분 모노링궐인 어린이에 의한 것이며, 바이링궐 어린이는 영어 화자와 프랑스어 화자를 평가할 때 그 둘 사이에서 차이를 보이지 않았다. 램버트에 따르면, 10세 프랑스어계 주민 어린이는 자기 집단에 대한 부정적 편견에 물들어 있지 않음을 이 실험을 통해 알 수 있다고 한다.

다음으로 9세에서 18세까지의 프랑스어계 주민 소녀에 대해서 역시 '매치드 가이즈 테스트'를 실시했다. 이 실험에서 확실해진 것은 영어계 주민에 대한 호의적 평가, 즉 자기 집단에 대한 열등한 평가는 대개 12세 경에 시작된다는 것이었다. 단지 거기에는 출신 계층이 큰 영향을 끼치고 있었다. 중산 계층 소녀는 12세 이후에 편견이 정착되지만, 노동자 계층 소녀는 반응의 차이가 중산 계층 소녀만큼 눈에 띠지 않으며, 또한 지속적이지도 않았다. 노동자 계층 소녀들에게 자기 집단에 대한 열등한 평가는 단기적으로만 지속되었고 10대 후반에는 사라진다는 것이다. 이 점에서 램버트는 편견의 정착은 대개 12세경에 시작되지만, 그 태도가 정착하는 가장 결정적인 요인은 출신 사회 계급이라는 결론을 내렸다.

여태까지 램버트의 실험을 소개했지만, 물론 램버트의 실험 결과가 모두 옳은지 어떤지는 단언할 수 없다. 무엇보다 이러한 실험은 어디까지나 캐나다 퀘벡주라는 컨텍스트 속에서만 오로지 그 유효성을 가질 수 있을 것이다.

분명 일본에서는 이와 비슷한 '매치드 가이즈 테스트'는 실시되기 어려울 것 같다. 한 가지 이유는 일본과 같은 상황에서는 이 테스트를 함으로써 피실험자, 더욱이 실험 결과를 전달받는 사람들에게 오히려 스테레오 타입을 갖도록 할 수 있기 때문이다. 또 한 가지 이유는 결정적인 문제인데, 일본에서는 민족 문제가 확실한 형태의 언어 문제로 나타나지 않는다는 점을 들 수 있다. 예를 들어 많은 재일 한국인·조선인에게 모어는 일본어가 되었으며, 조선어를 말하는 것을 자신의 아이덴티티의 지표로 삼고 있는 사람들은 많이 줄어들었다. 그렇지만 재일 한국인·조선인에게 조선어를 배운다는 것이 지닌 의미는 결코 사라지지 않고 있다.

이러한 문제점이 있지만 램버트의 실험 속에는 민족 차별을 해명하기 위한 여러 중요한 논점이 포함되어 있다. 사회적 스테레오 타입의 형성, 자기 집단에 대한 열등한 평가, 편견의 정착에 의한 연령과 계층의 요인 등이다. 여기서 주목하고 싶은 것은 스테레오 타입의 형성과 어린이의 발달 과정과의 관련성이다. '자기 집단에 대한 부정적 평가가 몇 살 정도에 정착하는가'라는 문제는 어린이의 발달 과정 전체 속에서 고려해야 한다. 필시 이를 위해서는 구체적인 사례 연구를 토대로 축적해가야만 할 것이다.

하라지리 히데키(原尻英樹) 씨는 오사카부 이쿠노시에서 행한 필드워크를 토대로 '일본인', '조선인', '한국인'이라는 카테고리가 어린이들에게 어떤 의미를 지니는가를 고찰하고 다음과 같이 서술하고 있다.

어린이들과 관계를 갖게 되자, 초등학교 2, 3년생인 아이가 '나는 한국인', '나도 한국인'이라고 자랑스럽게 말하는 순간과도 만난다. 이런 아이들도 있지만, 일부러 '나는 한국인'이라고 밝히는 아이는 많지 않다.

스스로가 한국인이라고 밝히는 초등학교 2, 3년생은 '한국인'이 어떻게 보이는가에 관심이 없으며, '한국인'이라는 것이 의미하는 내용에 대해서도 특별한 생각을 갖고 말하는 것이 아니다. 다만 '한국인'이라고 말하고 있을 뿐이다.

그렇지만 초등학교 4, 5학년이 되면 물론 개인차는 있지만, 주위에서 자신을 어떻게 보고 있는가에 신경을 쓰기 시작한다. 그리고 [한국인이라는 것은] '뭔가 이상한 것', '정체를 알 수 없는 것'이라는 이미지를 내면화하기 시작하는 것 같다. '부끄럽다', '평범하지 않아서 싫다', '이상한 이름' 등이라고 [한국인인] 자기 자신에 대해서 말하기 시작한다. 본명을 밝히는 아이도, 밝히지 않는 아이도 마찬가지로 말한다. 그렇지만 자기 자신이 '한국인' 혹은 '조선인'이라는 것이 알려지지 않았다고 생각하는 아이는, 표현할 언어도 없고 '평범하지 않은' 자신을 드러내지 않으려고 한다. 드러내지 않으려고 하는 것은 의식적인 은폐와는 다르다. 이것은 실체를 알 수 없는 '한국인'의 이미지를 마음 한구석에 몰아넣고, 평소에는 아무렇지 않은 듯 주변 '일본인' 아이들과 똑같은 [일본인의] 역할을 연기하는 것을 의미한다.[4]

이 글에 따르면 자기에 대한 부정적인 평가는 대개 초등학교 3학년과 4학년 사이 정도, 즉 대략 10세경에 형성된다.

내가 일본에서 한국어를 가르칠 때 수강생이었던 어떤 '재일' 여성으로부터 비슷한 이야기를 들은 적이 있다. 그녀의 남편은 일 때문에 자

---

4) 原尻英樹, 『日本定住コリアンの日常と生活』, 明石書店, 1997年, 41~42頁.

주 한국을 왔다갔다했다. 일본으로 돌아올 때에는 아이 선물로 한글이 들어간 한국제 연필 등 학용품을 자주 사 왔다. 그녀의 아이는 초등학교 저학년 때에는 그 선물을 같은 반 친구들에게 기쁘게 나누어 주었지만, 고학년이 되자 태도가 일변했다. 한국에서 선물을 사 와도 쳐다보지도 않았던 것이다. 이상하게 여긴 부모들은 아이에게 학교에 갖고 가서 친구들에게 주면 어떨까라고 물어보았지만, 아이는 아무 대답도 않고 고개를 숙인 채였다. 그 아이는 자신이 한국인이라는 것을 모두에게 노출시키고 싶지 않았던 것이다. 그녀는 어떻게 해서든 자기 아이에게 한국인이라는 자긍심을 가르쳐 주리라고 결심하고, 자신도 한국어를 제대로 공부해야겠다고 생각해서 강좌에 왔다는 것이었다. 조선인·한국인의 아이가 '조선인', '한국인'이 되는 것과, 일본 아이가 '일본인'이 되는 것은 연령대로 보면 평행하게 진행되는 것처럼 여겨진다. 일본인 아이 쪽도 10세경에 처음으로 자아 형성의 단계를 겪음으로써 비로소 '일본인'이 된다. 그러나 이때 자기 자신이 속한 집단에 대한 평가의 존재 방식은 완전히 차이를 보인다.

조선인·한국인 아이가 내리는 자기 자신에 대한 부정적인 평가는 개인인 '나'에 대한 것이 아니라, '조선인', '한국인'이라는 카테고리에 대한 것이다. 그리고 그것이 '나'에 대한 서술어가 됨에 따라 주어인 '나'의 본질적인 속성이라고 여기게 되어 버린다. 그에 반하여, 일본인 아이는 개인인 자기 자신에 대해 부정적 평가를 갖게 되는 경우는 있어도, '일본인'에 대한 부정적인 카테고리를 스스로에게 투영시키는 경우는 아마도 없을 것이다. 따라서 이러한 자기 의식의 존재 방식은 매저리티 (majority)와 마이너리티(minority)의 사회적 힘 관계의 반영이며, 결코 아이의 개인적 심리 상태로 환원할 수 없다.

하라지리 히데키 씨가 강조하듯이, 재일 한국·조선인의 아이들은 '일본인'이 '조선인' 혹은 '한국인'을 바라보는 시선을 자기 자신 속에 내면화해 버린다. 그 결과 늘 익명의 '일본인'의 시선에 노출된다. 단지 이 '일본인'이라는 것은 구체적인 누군가가 아니라 카테고리인 '일본인'이며, 사회적 모델로 나타나 있는 '일본인'이다. 일본인 아이들은 이에 대하여 어떤 의심도 갖지 않고 '일본인'이 되어 간다. 따라서 물어야만 하는 것은 이 '일본인'이란 대체 무엇인가이다. 재일 한국·조선인이 스스로에게 '재일 한국·조선인'이란 무엇인가라고 진지하게 묻고 있는 것과 반비례하듯이 대조적으로, 일본인이 '일본인'이라는 자명한 카테고리를 되물으려는 움직임은 거의 보이지 않는다. 특히 '교육'의 장면에서 그러하다.

내가 여기서 말하고 싶은 것은, 이론적인 레벨에서 '국가'나 '민족'이라는 거대한 개념을 상대화하고 탈구축할 필요가 있다는 게 아니다. 일본 사회 속에 '비-일본인'(非-日本人)이 다수 존재하며, 일본 속에 일본 문화와 다른 문화가 존재한다는 것을 가능한 한 많은 사람들이 구체적인 사실로 알고 받아들이는 것이 소박한 출발점이 될 것이라는 점이다. 예를 들면 중국인, 조선인, 한국인의 경우, 남편과 아내의 성이 다르다는 사실은 과연 [일본 사회에] 얼마나 '상식'으로 인식되어 있을까? 아니, '상식'까지 가지 않아도, '재일 외국인'을 가르치는 초등학교 선생님들은 이를 어느 정도 알고 있을까? 어떤 한국인 학생의 아버지와 어머니의 성이 다르자, 정식 결혼 관계가 아니라 '사실혼'이든가 '동거'라고 오해한 학교 선생님은 그 학생 앞에서는 가능한 한 가족의 이야기를 하지 않으려고 했다는 우스갯소리도 되지 않는 이야기를 들은 적도 있다.

이렇게 보면 '일본인'이 되는 과정에서 '비-일본인'에 대한 차별의식이 생긴다기 보다, 타자가 없는 동일성 의식을 갖는다는 것이 보다 절실한 문제로 부각된다. "일본인이든 조선인이든 민족의 차이는 대단한 게 아닙니다. 그런 거 신경 쓰지 않아요"라는 일견 너그럽고 호의적으로 느껴지는 말은, 사실 매우 '차별적'인 것을 포함하고 있다. 조선인 아이가 '조선인'이라는 것을 인정해야만 하는데, '민족의 차이'는 대단한 게 아니라는 것이니, 이러한 담론은 오히려 아이의 '조선인이라는' 의식을 억압해 버린다. '민족 차별'은 '민족'을 해소하는 것을 통해서는 결코 실현되지 않는다. 오히려 서로 문화적 타자로서 '민족'의 존재를 인정해야만 한다. 역설적이지만, 이것이야말로 '민족'을 넘어서는 유일한 길이 아닐까?

4. '사이 존재'로서의 '1.5세'

다시 '코리안 아메리칸' 이야기로 되돌아가자. 이민 사회가 일반적으로 그러한 것처럼 어른이 되면서부터 미국에 이주해 온 '1세'와 미국에서 태어난 '2세' 사이에는 심각한 골이 생긴다. 가장 큰 문제는 언어 장벽 문제이다.

'코리안 아메리칸'에게 미국에 이주한 이유를 물으면, 아이들에게 새로운 세계를 보여 주고 세계적인 무대에서 활약시키고 싶기 때문이라고 답하는 사람이 많다. 따라서 미국에 도착하면 부모는 하루라도 빨리 아이들이 영어를 습득하고 미국 사회에 적응할 수 있도록 노력한다. 적극적인 노력을 하지 않아도 일반적으로 아이는 어른보다 훨씬 빨리 새로운 문화에 익숙해지기 마련이다. 그에 비해서 어른들은 생활에 쫓겨 제대로 영어를 배울 여유가 없다. 한편 아이들은 빠르게 영어를 습득하고 미국 사회에 녹아 들어간다. 이렇게 되면 점점 부모와 아이는 다른 언어의 세계로 분리되어 가고, 느끼는 방법이나 사고방식은 타협할 수 없을 정도로 달라져 버린다. 아이를 위하여 밤늦게까지 일하고 돌아온 부모가 한국어로 설교하듯 잔소리를 하면, 아이들은 영어로 대답하는 것 같은 광경까지 발생해 버린다. 집 밖으로 한 발 나가면, 그곳은 엄연한 미국 사회이지만, 부모는 가정 속에서 한국식 가치관을 강제한다.

이러한 상황에서 새롭게 주목을 받게 된 것이 '1.5세'의 존재이다. '1.5세'란 코리안 아메리칸이 스스로 만들어 낸 조어이다. 그것은 한국에서 성인이 된 후에 미국에 온 1세도 아니고 미국에서 태어난 2세도 아닌, 그 사이에 존재하는 세대를 지칭한다. 즉 1.5세라는 것은 어린 아이일 때 이주해 온 젊은 세대를 지칭한다. 그들은 희미한 조국의 기억은 있지만 부모 세대와는 달리 미국인이 되려고 결심하고 있다. 그렇지만 2세와는 달리 한국과 완전히 연결이 없는 것은 아니다. 많은 '1.5세'는 영어와 한국어의 바이링궐이며, 아이일 때 친숙해진 한국 문화에 대한 추억도 잊지 않고 있다. 그리고 미국인이 되는 것은 코리안이라는 것을 버리는 것이 아님을 그들은 시행착오를 통해 습득하고 있었다. 1983년에 설립된 코리안 아메리칸 연합(Korean American Coalition)의 위원장 찰스 김도 그중 한 명이다. 이 연합은 코리안 아메리칸의 다양한 요구를 실현하기 위해서 결성되었다. 1995년에는 약 3000명의 한국인이 '코리안 아메리칸 연합'의 원조를 받아 시민권을 신청했다. 이전에는 이러한 지원 조직이 없었기 때문에 시민권 획득을 포기했던 1세들이 잔뜩 있었던 것이다.

1996년 1월 12일 발간 『로스앤젤레스 타임즈』에는 「1.5세의 해결」이라는 제목의 기사가 게재되어 코리안 아메리칸이 직면한 문제를 다뤘다. 기사 인터뷰에 답하면서 찰스 김은 "1.5세는 지성과 정열의 세대"이며 "다리가 되는 세대"라고 말하고, 한국인 커뮤니티만이 아니라 미국 사회가 자신들을 필요로 하고 있다고 논하고 있다. 그리고 1.5세는 한쪽 발을 한국에, 다른 쪽 발을 미국에 두고 있기 때문에, 미국 사회와도 한국인 사회와도 커뮤니케이션을 할 수 있으며, 1.5세는 미래 세대를 위한 새로운 길을 열고 있다고 힘 줘서 말한다.

이미 앞에서 이름을 언급한 캘리포니아 주립대학 사회학 교수인 유의영 교수는 같은 기사의 인터뷰에서 '1.5세'의 의미를 다음과 같이 파악하고 있다. '1.5세'란 실제로는 '1세 이민'이며, 본래의 세대적 개념이 아니라 사회학적인 개념이다. 문화와 언어에 관해 말하자면, 1.5세는 중간 세대이다. 왜냐하면 그들은 아직 어떠한 한국인 아이덴티티를 형성하지 않은 상태로 미국에 왔기 때문이다. 문화적으로 보면 그들은 완전한 한국인도 미국인도 아니다. 그들은 '사이의 존재'(In-betweener)이다. 유의영은 이 점에서 '1.5세'는 강점도 약점도 있다고 한다. 그들은 그들의 부모와는 달리 1.5세는 미국화되어 있다. 또한 한국에 루트가 있는 덕분에, 2세 보다도 한국 문화에 애착을 갖고 있다. 즉 1.5세는 두 언어와 두 문화를 갖고 있다는 점이 강점이다. 그렇지만 둘 어느 한쪽의 언어 지식도 갖고 있지 않은 사람이나 어느 한쪽의 문화 이해도 갖고 있지 않은 사람도 많다. 이러한 사람은 어느 쪽의 문화에도 뿌리를 내리지 않은 채 문화적인 진공지대 속에 존재하게 된다. 실제로 한국의 미디어는 1.5세를 '잃어버린 세대'로 소개하는 경우가 있다는 것이다.

그러나 코리안 커뮤니티는 지금이야말로 이러한 '1.5세'의 적극적인 힘을 필요로 하고 있다고 한다. 미국에서 태어난 2세 한국인은 대부분 한국어를 못하고 자기 부모와 제대로 커뮤니케이션을 할 수 없다.

"로스앤젤레스의 한국인 커뮤니티 대부분에서 이러한 일이 일어나고 있다"고 유는 지적한다. "이제 구세대는 언어 문제를 인식하기 시작하고 있습니다. 왜냐면 그들은 영어를 모르는 자신들의 한계도, 한국어를 모르는 아이들의 한계도 잘 알고 있기 때문입니다. 바로 이 지점에서 바이링궐인 1.5세는 힘을 발휘할 수 있는 것입니다." '1.5세'는 말하자면 국가와 국가, 민족과 민족 사이에 존재함으로써 스스로의 적극적인 역할을 짊어지려 하고 있는 것이다.

이민이든 아니든, 실제 바이링궐이든 아니든 우리들은 기성의 '국가 논리', '민족 논리'를 뛰어넘으려고 생각한다면, 예외 없이 '사이의 존재'가 될 수밖에 없는 시대를 살고 있다. 이를 자각할 때, 코리안 아메리칸 '1.5세'의 노력은 둘도 없이 소중한 것으로 여겨지는 것이다.

맺음말 - 아이에 대한 폭력

민족 차별 문제는 아이의 문제와 떼어서 생각할 수 없다. 왜냐면 아이의 문제야말로 민족 차별의 현실에 가장 잘 반응하는 리트머스 시험지이기 때문이다. 대부분의 재일 한국·조선인은 아이였던 시대에 어떤 형태로든 차별받은 체험을 지니고 있다. 그것은 아이에게 덮쳐오는 폭력 중에서도 가장 서글픈 폭력이 아닐까?

아이라는 존재를 생각할 때 나는 도스토옙스키의 『카라마조프 가의 형제』 속에서 이반 카라마조프가 아이에 대한 폭력을 고발하며 했던 말이 생각난다. 이반은 "자신이 어떤 일을 겪고 있는지 아직 그 의미조차 이해할 수 없는 작은 아이가, 깜깜한 변소에서 슬픔으로 터져 버릴 것 같은 가슴을 자그마한 주먹으로 때리며, 피를 짜내는 듯한 눈물을 원한도 없이 조용히 흘리면서 '신'에게 도와 달라고 울며 애원하고 있"[5]는 것은 대체 무엇을 위해서냐고 질문을 던진다. 이반은 신이 주는 용서조차도 아이의 눈물을 보상할 수 없다고 단언하고, 아이 한 명조차 구하지 못하는 '신의 나라'에 들어갈 입장권을 거부한다. 이반은 이렇게 외친다.

"어쩌면 정말 내가 그 순간까지 오래 살게 되거나, 그 순간을 보기 위해서 다시 태어났을 때, 내 아이를 박해한 사람과 서로 포옹하고 있는 어머니를 보면서 나까지도 모두와 함께 '주여, 당신은 옳습니다!'라고 외치는 일이 정말 일어날지도 모르지. […] 그런 신의 조화란, 작은 주먹으로 자신의 가슴을 치면서 냄새나는 변소 속에서 보상받을 수 없는 눈물을 흘리면서 '신'에게 빌었던 저 고통스러운 아이 한 명의 눈물만큼의 값어치도 없어! 왜 값어치가 없는가하면 그 아이의 눈물은 보상받지 못한 채 끝나 버렸기 때문이지. 그 아이의 눈물은 당연히 보상받아야 해. 그렇지 않으면 신의 조화도 가능할 리가 없지 않을까? 그러나 무엇으로, 대체 무엇으로 보상할 수 있지? 과연 보상한다는 게 가능하기나 할까? 박해한 자들에게 복수하는 것을 통해서인가? 그러나 그렇다면 나에게는 복수가 무슨 의미가 된담. 왜 박해한 자를 위한 지옥 같은 게 내게 필요한 거지? 이미 아이들이 엄청난 고통을 받고 난 마당에, 지옥이 있다 한들 대체 무엇을

---

5) [옮긴이] 표도르 도스토옙스키 지음, 『카라마조프 가의 형제들1』, 김희숙 옮김, 문학동네, 2018년, 488쪽을 참고해서 번역했다.

바꿀 수 있다는 거야?"[6]

나는 이 문장을 읽을 때마다 가슴이 메어질 듯하다. 내가 알고 있는 몇몇 아이들, 그리고 내가 알지 못하는 몇몇 아이들의 슬픔은 결코 누구도 보상할 수 없다. 그러나 이 슬픔을 응시하지 않고서는 결코 민족 차별 문제는 해결되지 않을 것이다.

---

6) ドストエフスキー, 『カラマーゾフの兄弟(上)』, 原卓也 訳, 新潮文庫, 470~471頁. [옮긴이] 표도르 도스토옙스키 지음, 『카라마조프 가의 형제들1』, 김희숙 옮김, 문학동네, 2018년, 494~495쪽을 참고해서 번역했다.

전쟁이라는 덫
—근대 일본의 정신 토양

1. '전쟁'의 이름

1945년 8월 15일에 발포된 천황의 '옥음방송'에 의해 종결된 이 전쟁을 뭐라고 부를 것인가라는 것은, 당시로부터 반세기가 지난 지금까지도 확실히 결정된 답이 나와 있지 않다. 어떤 사건을 무엇이라고 명명할까 하는 것은 결코 사물의 외면만이 아니라, 그 사건의 본질을 어떻게 파악하는가라는 문제와 관련되어 있음에도 불구하고, 여태까지 일본에서는 '저 전쟁'에 대한 통일된 명칭조차 확정되어 있지 않은 듯하다.

　　'제2차 세계대전'은 어떨까? 확실히 제2차 세계대전은 일본이 연합국이 제안한 포츠담 선언을 받아들이면서 종결되었음에 틀림없다. 그러나 제2차 세계대전은 1939년 독일군이 폴란드를 침공함으로써 시작되었다는 게 역사학의 통설임을 생각하면, '제2차 세계대전'이라는 명칭으로 일본이 벌였던 전쟁 전체를 포괄하는 것은 역시 무리가 있다. 교과서와 신문 등에서 가장 일반적으로 사용되는 것은 '태평양전쟁'일 것이다. 시기적으로 보자면 이 '전쟁'은 1941년 12월 8일, 일본군에 의한 진주만 공격에서 시작된다고 여겨지고, 전쟁이 일어난 장소는 문자 그대로 '태평양'에 한정되어 버리고 마는 듯한 인상을 받는다. 이러한 의미에서 '태평양전쟁'이란 미국에서 '저 전쟁'을 보는 관점에 서 있는 명칭이라고 할 수 있다. 그러나 일본은 중국과도 전쟁을 했으며, '태평양전쟁'이란 명칭은 그것은 은폐해 버릴 가능성이 있다. 사실 일본에서 '전승국'이라고 할 때, 대부분의 경우는 미국을 떠올린다. 즉 중국 또한 미국과 마찬가지로 '전승국'이라는 것은 좀처럼 의식되지 않는다.

중국과의 전쟁에 대해서는 '중일전쟁'이란 말이 쓰이고 있다. 앞서 언급한 말에 비하자면, 이 명칭은 확실히 꽤 정당성이 있을 것이다. 그러나 이 이름을 쓴다고 해도 '중일전쟁'은 1937년 7월 7일 베이징 근교의 노구교에서 일본군과 중국군이 충돌한 이후 중국과의 전면 충돌에 돌입하게 된 이후의 전쟁을 가리키는 것으로, 그 이전부터 계속되어 온 일본 침략의 연속성이 가려져 버린다. 더구나 마치 이때까지 일본이 아시아에서는 중국하고만 싸웠던 것 같은 인상을 준다. 그래서 생각해 낸 것이 '15년 전쟁'이라는 표현이다. 이것은 1931년 9월 18일 류탸오후(柳条湖) 사건에서 시작된 '만주사변'부터 1945년의 '종전'까지를 일괄해서 부르는 명칭이다. 전쟁을 일본의 중국 침략을 축으로 파악하고 있다는 점에서는 훌륭한 표현이라고 할 수 있을 것이다. 이 '15년 전쟁'이란 말을 처음으로 사용했던 역사가는 이에나가 사부로(家永三郎)였다. 이에나가는 일관되게 일본의 침략을 비판하는 입장에서 교과서를 집필했지만, 문부성은 인가를 해주지 않았다. 이에나가는 오랜 기간 동안 교과서 검정을 놓고, 이른바 '이에나가 재판'이라는 이름으로 불린 법정 투쟁을 해왔다. 한편 비판적인 역사관을 가진 몇몇 역사가들 사이에는 최근 '아시아태평양전쟁'이란 용어도 쓰인다. '15년 전쟁'이 단지 전쟁의 기간만을 나타내고 있음에 비하여 '아시아태평양전쟁'은 전쟁이 일어난 장소를 명기했다는 점에서 이점이 있지만, 아직 일반적으로는 통용되지 않는다. 이처럼 '15년 전쟁', '아시아태평양전쟁'은 일본의 역사에 대해 비판적인 관점을 지닌 사람들이 사용하는 용어이다. 따라서 보수파들은 절대로 이 용어를 입에 올리려 하지 않는다. 그러나 그렇다고 해도, 어느 용어든 간에 일본의 식민지 지배와 전쟁과의 연속성은 확실히 나타나 있지 않다. 나는 처음으로 '15년 전쟁'이라는 말을 들었을 때, 좀처럼 느낌이 오지 않았다. 한국에서 말하는 '일제 35년'이라는 말과의 연결이 보이지 않았기 때문이다. 그러고 보니, 이 '일제'라는 말만큼 일본 사람들에게 반감을 불러일으키는 말은 없을 것이다. 이는 보수적인 사람들에 한정되지 않는다. 나의 개인적 체험이지만, 일본 식민지 지배의 침략성을 인정하는 사람들이나 좌파적인 심성을 갖고 있는 사람들조차도 '일제'라는 말이 던져지면 일순 몸을 사리며 미묘한 반응을 보이는 경우가 있다. 도대체 왜 그런 것일까 곰곰이 생각해 보기도 했다.

차츰 깨닫게 된 것은 '일제'라는 조선어는 식민지 지배의 현실을 가리키는 명칭이며, 한국인·조선인은 이 말을 일반적인 언어 감각으로 사용하지만, 일본인은 그렇게 받아들이지 못하는 것 같다는 점이다. 아무래도 '일제'라는 말을 들으면 일본 사람들은 자기네들의 과거와 아이덴티티가 뿌리째 부정당하는 느낌을 받는 모양이다. 더 나아가 자신의 인격 그 자체도 공격당했다고 생각하는 듯하다. 그래서 감각적으로 반발하는 사람도 있으며, "그건 그렇지만 모든 일본인이 침략자였던 것은 아니다"라고 뒤틀린 기분을 표명하는 사람도 있다. 다시 말하면 국가에 대한 비판이 그대로 개인을 향한 비판인 것처럼 받아들여져 버리는 것이다. 일본 사람들의 마음속에는 '일제'라는 말을 액면 그대로 받아들일 수 없는 응어리 같은 것이 존재하고 있는 듯하다. 이것은 무엇인가 숨겨져 있던 '죄'가 폭로되었을 때 나타나는 당황함과도 닮아 있다.

사람들은 흔히 자기가 완전히 부정당했다고 느낄 때, 오히려 그와는 정반대로 자기 자신을 전부 긍정하려고 하는 심리가 생긴다. 이러한 '죄'를 불식시켜 주는 말로 '태평양전쟁'이 있다. '태평양전쟁'이라는 말은 1941년 12월 8일 하와이 진주만 공격 후인 12월 12일에 일본 정부가 처음으로 공식적으로 사용하여, 전쟁 종결까지 이 명칭이 사용되었다. '태평양전쟁'이라는 용어의 핵심에는 이 전쟁이 구미 제국주의 열강의 지배로부터 모든 아시아 민족을 해방시켜 '대동아공영권'을 수립하려는 '정의의 전쟁'이라는 이데올로기, 바로 그것이 자리하고 있다. 전쟁이 끝난 지 반 세기가 지난 지금도, 전쟁 범죄나 침략의 '죄'를 결코 인정하려고 하지 않는 사람들은 이 '태평양전쟁' 이데올로기에 매달린다. 전쟁에 졌다고 해도 일본은 아시아에서 백인의 지배를 추방하고 모든 민족의 독립을 가능하게 했다고 공언하며 부끄러운 줄도 모른다. 소설가 하야시 후사오(林房雄)의 『대동아전쟁 긍정론』(1964)은 어떤 의미에서 이러한 심정을 솔직히 토로한 책이다. 또한 일본 정치가들이 걸핏하면 내뱉는 '망언'도 이런 정신적 토양 위에서 발화되기 때문에 계속되는 것이다.

이처럼 서슴없고 당당한 '대동아전쟁 긍정론'은 이제까지는 전전기(戰前期)에 정신이 형성된 사람들이나, 혹은 전쟁과 겹쳐져 정신을 형성한 전전파(戰前派) 사람들에 의해서 이야기되는 경우가 많았다. 따라서 이러한 보수파, 국쇄파의 이데올로기는 상당 부분이 '전전'(戰前)과 연속적으로 파악되는 면이 많았다. 그렇지만 1990년대에 들어 전후에 태어나고 전쟁을 체험하지 않은 사람들 속에서 '대동아전쟁 긍정론'이 새로운 형태로 부활했다. 이런 경향을 단지 '전전파'의 부활이라고 볼수는 없다. 오히려 현재 일본의 정신 상태를 배경으로 나타난 새로운 형태의 내셔널리즘이라고 볼 수 있다.

2. '자유주의 역사관'이라는 기만

그 대표적인 예가 후지오카 노부카쓰(藤岡信勝)가 제창한 '자유주의 사관'이다. 후지오카는 평론가 니시오 간지(西尾幹二), 역사학자 고(故) 사카모토 다카오(坂本多可雄), 만화가 고바야시 요시노리(小林よしのり) 등과 함께 '새로운 역사 교과서를 만드는 모임'(新しい歴史教科書をつくる会)를 결성하고 하나의 사회적 세력을 만들어 냈다.

후지오카 씨의 '자유주의 사관'과 '새로운 역사 교과서를 만드는 모임'에 대해서는 찬반양론과 관련된 논의가 많이 축적되어 왔기 때문에, 내가 여기서 구구절절 설명할 필요는 없을 것이다. 요점을 정리하자면 다음과 같다. 후지오카 본인의 말에 따르면 일찍이 자신은 '좌익적' 입장에서 일을 해 왔는데, 1991년 1월에 발발한 이른바 걸프전쟁을 보고 국제 평화 유지를 위해서는 군사력이 불가피함을 깨닫고, 좌익적인 '일국평화주의' 이념을 버리게 되었다고 한 적이 있다. 국가를 경시하고 전쟁을 부정만 할 뿐 '국민의 긍지'를 길러 주지 못했던 전후의 역사 교육은 완전히 잘못된 것이며, 지금이야말로 '건전한 내셔널리즘'을 형성해 나가야 한다는 인식에 도달했다는 것이다. 이러한 주장을 펼쳐 가기 위해 후지오카는 두 개의 무기를 준비했다. 하나는 국민적으로 인기 있는 작가 시바 료타로(司馬遼太郎)의 저작을 추켜세우는 것이다. 다른 하나는 지금까지의 좌익은 물론이고 우익과도 다른, 이데올로기에 좌우되지 않는 '자유주의 사관'을 구축해 나가겠다고 호언장담했다는 것이다.

현대 일본의 대표적인 작가인 시바 료타로는 에도 말기에서 메이지 시대에 걸쳐서 '새로운 일본'을 건설하려는 정열에 불타는 애국지사와 정치가를 즐겨 그렸다. 시바 료타로에 의하면, 메이지 시대까지 일본 내셔널리즘은 건전했는데 쇼와 시대가 되면서 빗나가고 말았다고 한다. 즉 메이지 시기까지 일본 내셔널리즘은 건전했으나, 쇼와로 들어서면서 군부 독재에 의해 일본은 계획도 세우지 않은 채 무모한 전쟁에 돌입해 버렸다는 것이다. 이런 관점에서 시바 료타로는 일본의 군부, 특히 육군의 무능력함에 신랄한 비판을 퍼부었다. 그러나 이것은 결코 근대 일본에 대한 비판적 관점에서 행해진 것이 아니라, 오히려 메이지 시대에 대한 동경과 동전의 양면 같은 성격을 띤 것이었다. 이와 같은 시바 료타로의 견해는 소설가 한 명의 입장에 불과한 것인데도 후지오카는 그것을 '시바 사관'이라고 이름 붙이고, 마치 근대 일본을 가장 적절하게 파악한 역사관인 양 찬미했다. 그런데 시바 료타로의 소설이 이미 일본의 독자들에게 상당한 인기를 얻고 있었다는 사실은, '자유주의 사관'이 파고들어 갈 수 있는 토양이 이미 준비되어 있었음을 말해 준다. '저 전쟁'은 단순한 일시적 일탈이며, 근대 일본의 진로는 전체적으로 볼 때 틀리지 않았다는 주장은 어떻게 해서든지 '국민의 자긍심'을 찾고 요청하고 있던 사람들의 자존심에 호소했던 것이다.

그러나 왜 '자유주의 사관'이었을까? 여기서 말하는 '자유주의'라는 것은 예를 들면 영국 존 스튜어트 밀의 개인주의에 기반한 정치사상과는 전혀 무관하다고 봐도 좋을 것이다. 일본의 '자유주의 사관'은 온갖 이데올로기에 좌우되지 않는 '자유'로운 입장에 선다는 것만으로 '자유주의'라고 불리고 있다. 실제로는 이데올로기에 좌우되지 않기는커

넝, 이데올로기 중 가장 강력한 이데올로기인 '내셔널리즘'을 표방하고 있기 때문에 이론적으로는 완전히 모순된 것이라고 할 수 있다. 이러한 모순으로 가득 찬 '역사관'이 꽤 많은 독자층에게 받아들여졌던 것은 무슨 이유일까? 이는 냉전 체제가 붕괴된 이후 시대에, 좌익도 아니고 우익도 아닌 '제3의 길'을 지향한다는 선전 문구에 많은 사람들이 솔깃했기 때문이었다. 당초 후지오카 등이 외친 '자유주의 사관'은 처음에는 패전 전의 일본을 찬양하는 우익의 '대동아전쟁 긍정 사관'과도, 패전 전의 일본을 완전히 부정하는 '동경재판 사관', '코민테른 사관'과도 다른 어떤 판단 기준도 미리 정하지 않는 공정한 역사관이라고 주장했었다. 그러나 패전 후[1] '국민의 긍지'를 빼앗아 버린 것은 마르크스주의 역사관이며, 그런 종류의 역사관은 모든 일본의 과거를 죄악으로 간주하는 '자학사관', '암흑사관'이라고 혹평함으로써, '자유주의 사관'은 실제로는 한없이 '대동아전쟁 긍정론'에 가까워졌다. 이러한 방향에서 등장한 것이 만화가 고바야시 요시노리의 『전쟁론』(1998)이다.

3. '전쟁'의 모럴과 미학

패전 후 일본의 정신 상황은, 보수 세력과 혁신 세력의 대립에 의해 형성되어 왔다. 그러나 소련의 해체와 냉전 체제의 붕괴로 마르크스주의

---

1) [옮긴이] 일본어로 '전후'라고 기입된 부분은 '패전 후', '전전'은 '패전 전'이라고 번역한다. 1945년 이후에도 조선과 대만, 동남아시아 등 구 식민지에서는 끊임없이 내전, 백색테러 등 전쟁이 지속되고 있었다는 점을 볼 때, '전쟁 후'라는 의미의 '전후'라는 용어는 적합하지 않으며, 또한 일본의 패전 이후라는 용어는 보다 정확하게 상황을 지시한다고 볼 수 있기 때문이다. 단 본문 중에서 작은 따옴표로 묶어서 표현한 '戰後'의 경우는 그대로 '전후'라고 번역한다.

의 권위가 실추된 것과, 1955년 이래 단독 정권을 유지해 왔던 자민당이 무너진 것이 상승 작용을 해 예전같이 명확한 보수 대 혁신이라는 구도를 쉽게 그릴 수 없게 되었다. 마침 이 틈을 타고 자유주의 사관 같은 신보수주의적인 입장이 등장했다고 볼 수 있다.

그러나 일본의 보수층은 결코 한 성향만을 지니는 것은 아니다. 크게 두 가지 흐름으로 나눌 수 있다. 하나는 관료를 중심으로 한 일종의 공리주의적인 '국가 이성'의 입장을 취하는 흐름이고, 다른 하나는 정신주의적인 민간 우익의 흐름이다. 후자는 패전을 계기로 정치의 제일선 무대에서는 사라졌지만, 전자는 관료를 중심으로 한 흐름으로 전쟁 전후를 그대로 관통해 연속하고 있다고 볼 수 있다. 사실 15년 전쟁[2] 후반에 천황의 신격화가 극단적으로 강요되었을 때조차도, 엘리트 관료 중 천황이 신이라고 정말로 믿었던 사람은 드물었다. 패전 후 일본의 시민 운동을 지탱해 왔던 철학자 구노 오사무(久野收)와 쓰루미 슌스케(鶴見俊輔)가 『현대 일본의 사상』(現代日本の思想)에서 논한 것처럼, 메이지 이후 일본의 천황 국가는 '현교'와 '밀교'의 두 기둥에 의해 지탱되어 왔다. 천황이라는 존재는 국민을 대상으로 한 '겉 표면'에서는 신격화된 절대 군주이면서, 지배층에게는 국가제도의 최고 기관으로 받아들여지고 있었다. 즉 천황은 국민에게는 '신'(현교)이었지만, 정치 내막을 잘 알고 있는 지배층에게는 정치상의 '기관'(밀교)이었던 것이다. 실제로 메이지 유신을 추진했던 정치가들 사이에서 천황은 정치적으로 이용할 도구라는 각성된 인식이 지배적이었다. 광신적인 천황주의자는 정치적인 지

---

2) [옮긴이] '15년전쟁'이라는 용어에 대해서는 178~179쪽을 참조..

배층에서가 아니라, 오히려 저변의 민중에서 나타났다는 역설이 이렇게 해서 생겨났다.

후지오카 씨를 중심으로 결성된 '새로운 역사 교과서를 만드는 모임'이 좌익 지식인뿐만 아니라 정부와 문부성을 비판하는 구도는, 패전 전 관료와 민간 우익과의 대립을 상기시키는 측면이 있다. 이 '새로운 역사 교과서를 만드는 모임'은 시리즈로 『교과서에 쓰여 있지 않은 역사』(教科書に書かれなかった歷史)라는 제목의 책을 연이어 간행하고 있다. '새로운 역사 교과서를 만드는 모임'의 내용을 모르고 이 책의 제목만 보면, 정부와 문부성을 비판하는 좌익 편에 선 책으로 오해할지도 모른다(실제로 나는 이런 생각으로 이 책을 샀던 사람과 만난 적이 있다). 그러나 '건전한 내셔널리즘'을 표방한 이 '새로운 역사교과서를 만드는 모임'이 먼저 비판의 화살을 던진 것은 한국과 중국에게 전쟁과 식민지 지배에 대해 사죄한 정부였으며, '강제 연행'과 '종군 위안부'를 교과서에 싣는 것을 인가한 문부성이었다.

민간 우익의 특징은 이성적인 말을 잠재우는 최면술적인 심정 드라마에 호소한다는 점에 있다. '새로운 역사 교과서를 만드는 모임'이 지향하는 역사 기술은 눈물 나는 멜로 드라마나 '미담'으로 [역사를] 가득 채우는 것이다. 가난 속에서 서로 돕고 사는 서민들이나 나라를 위해 목숨을 바친 병사들의 이야기가 독자의 눈물을 짜내도록 쓰여 있는 한편, 조금이라도 일본의 전쟁이나 침략을 비판하면, "혼신의 힘을 다해 살아온 조부님들을 왜 죄에 빠뜨리려 하는가"라는 비난의 소리가 되돌아온다. 즉 사회나 국가의 논리를 개인의 심정으로 환원시켜, 전쟁 당시 사람들의 입장에 감정을 이입시켜 동일화함으로써 역사에 대한 일체의 비판적 견해를 봉쇄해 버리는 것이다.

이 경향이 극에 달한 것이 고바야시 요시노리[3]의 만화 『전쟁론』이다. 이 『전쟁론』은 만화이기는 하지만 좀 색다른 구성을 하고 있다. 왜냐하면, 여기서는 특정한 주인공을 중심으로 스토리가 전개되는 것이 아니라, 작자 고바야시 요시노리가 직접 만화에 등장해 전쟁에 대한 저자의 의견을 피력하는 형식을 취하고 있다. 그러므로 이것은 만화라기보다는 만화 에세이라고 할 만하다. 그러나 거기에는 만화라는 시각 장르의 특징이 최대한으로 발휘되어 있다. 문장으로 썼다면 도저히 읽을 수 없을 비논리적인 내용인데도, 선정적인 이미지와 작가의 직접적인 메시지가 어우러져 독자에게 강렬한 인상을 안겨 주는 것이다. 이 『전쟁론』은 노골적으로 '대동아전쟁 긍정론'의 입장을 취하고 있다. '그 전쟁'은 아시아에서 구미 열강을 내쫓기 위해 어쩔 수 없이 한 전쟁이며, 일본군은 아시아 여러 나라의 독립을 준비했노라고 뻔뻔스럽게 말한다. 그리고 일본의 '난징 학살'은 연합군이 날조한 것이고, 군부에 의한 강제 연행은 사실이 아니며, 종군 위안부는 자기들의 의지로 행한 상행위였다고 이야기한다(그러나 어느 것이든 새로운 주장은 아니다). 이 점만을 두고 본다면, 이 『전쟁론』은 지금까지 있었던 '대동아전쟁 긍정론'의 새로운 버전에 지나지 않는다. 그러나 이 책은 지금의 일본이 처한 상황을 배경으로 등장했다는 특성이 있다. 그냥 넘겨 버릴 수 없는 것은 바로 이 지점이다.

후지오카 노부카쓰와 마찬가지로 고바야시 요시노리도 이러한 입

---

3) [옮긴이] 고바야시 요시노리(小林よしのり, 1953~): 일본의 만화가, 평론가. 1976년에 『아아, 공부 일직선』(ああ勉強一直線)을 투고하여 데뷔했고, 이후 『도쿄대 일직선』(東大一直線) 등의 히트작을 냈다. 1992년 『고마니즘 선언』(ゴーマニズム宣言) 이후 사회 평론적 글을 발표하였고, 2002년에 계간지 『와시즘』(わしズム) 책임 편집장을 맡았다.

장에 서게 되기까지의 편력이 있었다고 한다. 약물 피해 에이즈 사건[4]에서는 에이즈 바이러스가 섞인 비가열 혈액 제제의 수입을 묵인한 후 생성을 신랄하게 공격해, 한때 운동의 선두에 섰던 시기조차 있었다. 그러나 그 후 고바야시 요시노리는 일종의 '전향'을 했던 듯하다. 그것은 '인권'의 깃발을 내세운 시민운동은 결국에는 자기들이 '좋은 사람'임을 증명하기 위한 '개인 고마니즘'[5]의 발로에 지나지 않는다고 생각하게 되었기 때문이라고 한다. 이 발상의 전환은 중요했다. 그 결과, 점차 고바야시의 비판의 표적은 소위 '전후 민주주의'를 향해 갔다. 고바야시 요시노리에 의하면, 지금의 일본 사회가 안고 있는 가장 큰 문제는 전후 민주주의가 개인의 자유만을 강조할 뿐, 사회 전체에 대한 '봉사'라든가 '자기 희생'과 같은 가치를 완전히 무시해 온 것이라고 한다. 그 때문에 '공'(公)을 위해 무엇인가를 해야겠다는 의식이 조금도 없는 젊은이들이 생겨났다고 한다. 따라서 『전쟁론』의 전반부는 상투적인 '대동아전쟁'에 대한 찬미로 메워져 있지만, 후반부는 현재 일본 사회의 경박한 풍조에 대한 비판으로 채워져 있음에 주목해야 한다. '원조교제'라는 이름 아래 행해지고 있는 여고생들의 매춘 행위, 패션밖에 관심이 없는 젊은이, 접대받기에 정신없는 부패한 관료들을 연이어 다루며 날카롭게 비판한다. 고바야시 씨에 따르면, 이 같은 풍조는 '전후 민주주의'가 '개인'의 욕망만을 비대화시킨 결과라는 것이다. 단지 여기서 이야기되는 '공

---

4) [옮긴이] 약물 피해 에이즈 사건(薬害エイズ事件): 1980년대에 가열을 통해 바이러스를 비활성화시키지 않은 혈청응고인자제제를 혈우병 환자의 치료에 주로 사용함으로써, 다수의 혈우병 환자 가운데 에이즈 감염자 및 에이즈 환자를 낳은 사건이다.

5) [옮긴이] '고마니즘'이란 고바야시 요시노리가 쓴 『고마니즘 선언』에 나오는 조어로, '오만'(傲慢)의 일본어 발음인 '고만'+'이즘'을 합성한 것이다. 이는 자신의 눈과 상식만을 신뢰할 뿐 기성 가치관 전부를 재검토한다는 것을 의미했다.

공심'(公共心)이란 '국가'의 입장에 선 것으로 새로운 국가주의이다. 현재 일본 사회의 도덕적 퇴폐를 비판하는 것과 반비례하듯이, 전쟁 중 나라를 위해 목숨을 바친 병사들의 미학과 모럴을 끊임없이 찬양한다.

이와 같은 고바야시의 주장은 결코 새로운 것은 아니다. 어떤 의미에서 그것은 근대 이후 일본 우익의 전형적인 심정의 논리다. 일본에서 생의 미학과 모럴을 이야기하기 시작하면 자연스럽게 보수주의, 더 나아가서는 국수주의에 접근해 가는 경향이 있다. 일본의 정신 구조에서는 고향을 생각하고 부모의 은혜에 감사하며, 사회를 위해 자신의 한 몸을 기꺼이 바치는 것이 주어진 사회 질서를 그대로 받아들이는 것과 등가로 간주되는 것이다. 그리고 근대 일본이라는 거대한 틀에서 보자면, 이 두 가지를 이어 주는 연결 장치 역할을 하는 것이 바로 '천황제'이었던 게 아닐까? 패전 전의 천황제 권력은 '이에'(家)와 '고향'을 경유해, 이성 이전의 정서에 호소함으로써 지배를 관철해 왔다. 이러한 논리는 '상징 천황제'로 변한 패전 후의 일본 사회에서도 아직 완전히 사라지지 않는 것이다.

결국, 후지오카의 '자유주의 사관'이나 고바야시의 『전쟁론』은 일본의 '전후 민주주의'에 대한 이의 제기라는 성격을 지니고 있다. 1990년대 후반이 되어 이 보수주의적이고 국가주의적인 입장이 큰 영향력을 갖게 된 것은, 지금까지 신뢰되어 왔던 '전후 민주주의'의 가치관이 흔들렸다는 점에 그 원인이 있다. 그렇다면 현재의 일본 사회에서 '전후'란 개념은 어떤 의미를 지니고 있는 것일까?

4. '전후'의 의미

한국어와 일본어는 같은 한자를 사용한 말이어도 의미가 다른 것이 있는데, '전전', '전후'라는 말도 그 중 하나이다. 한국어에서 '전전'과 '전후'라는 단어는 좀처럼 사용되지 않는다. 혹시 사용된다 해도 바로 이해되지 않을 것이다. 사실, 나는 처음에 이 말을 들었을 때 의미를 알 수 없었다. 대체 어떤 전쟁을 말하는 것일까? 한국전쟁인 것일까, 베트남전쟁인 것일까?

'전후'란 말 그대로 한다면 전쟁 이후를 가리키지만, 일본어에서 '전후'라고 하면 1945년 8월 15일 이후를 가리킨다. 그러면, 그 8월 15일을 뭐라고 부를지에 대해서 생각해 보자. 한국에서 '광복절'이라고 부르는 이 날은, 일본에서는 '종전 기념일'이라고 부르고 있다. 그러나 '종전'이란 단지 전쟁이 끝났음을 의미할 뿐이다. 많은 일본인은 포츠담 선언의 수락과 그에 따른 전쟁의 종결을 알고는 씌어져 있던 망령이 사라진 것 같은 허탈감과 그로부터 오는 해방감에 젖었던 듯하다. 전쟁은 마치 거대한 재난을 야기한 자연재해인 것처럼 느껴졌던 것이다. 여기에는 '사회'를 '자연'의 연장으로 간주하는 일본의 전통적인 감각이 관련되어 있다. 마루야마 마사오(丸山眞男)의 분석에 근거해서 말하면, 전통적으로 일본은 인간이 의도를 가지고 제작하는 '작위'(作為)의 논리는 하찮게 여겼고, 인간의 의지가 개입하지 않고 사물 자체의 본성대로 진행되는 '자연'의 논리 ─ 논리의 형태를 갖추지 않은 논리 ─ 를 중시해왔다. 전쟁도 이런 의미에서 '작위'가 아니라 '자연'의 카테고리에 속하는 것으로 파악되었던 것이다. 군부조차도 이런 감각을 가지고 있었다. 마루야마가 날카롭게 분석한 것처럼 일본의 전쟁범죄를 재판하기 위해

열렸던 '동경재판'에서 도대체 누가 전쟁을 일으켰으며, 누가 전선을 확대시켰고, 누가 작전 책임을 졌는가에 대해 질문했을 때, 군인들은 제대로 대답할 수 없었다. 전쟁의 당사자였던 군인들조차 전쟁을 스스로에 의한 '작위'가 아닌 '자연'스럽게 전개되는 그 무엇이라고 인식했기 때문이었다. 마루야마 마사오는 바로 이 점을 끈질기게 파헤쳐 일본 국가의 정치 체제는 무한한 무책임에 의해 성립되었다고 지적했던 것이다.

또한 마루야마는 시야를 확대하여 '작위'에 대한 '자연'의 우월, 즉 정치적 행위의 무책임성을 근대 일본의 존재 전체를 병들게 한 정신적 취약성을 나타내는 것으로 파악하였다. 마루야마는 이와 같은 취약성을 불식하고 일본에 진정한 의미의 시민 사회 원리를 뿌리 내리고자 노력했다. 이러한 마루야마의 생각은 1960년대에 각광을 받아 전후 민주주의 세력을 지탱하는 중요한 사상적 기둥이 되었다. 그 후 마루야마 논의는 한동안 주목을 받지 않게 되었지만, 일본의 '책임'이란 무엇인가라는 문제는 '종군 위안부'를 둘러싼 논쟁 중에 다시 주목을 받게 되었다. 그렇지만 이와 동시에 마루야마의 한계를 비판하는 논의도 나타나고 있다. 이 점에 대해서는 나중에 논의하겠다.

'종전'이라는 말에는 전쟁에 대한 일본인의 책임을 면제 받으려는 의미가 담겨 있다. 아니, '종전'이라는 말에는 전쟁 자체를 잊어버리려고 하는 의지, 혹은 잊고 싶다는 바람이 포함되어 있다고 할 수 있다. 이것은 앞서 지적했듯이, '저 전쟁'은 종결만은 명확한데 시작이 모호하다는 사실 자체에도 나타나 있다. 이러한 애매모호함은 '전전'/'전후'라는 개념을 어떻게 의미 지을까라는 문제에도 반영되어 있다. 전쟁 이전의 시간들이 모두 '전전'에 속하는 게 아닌 것이다. 확실히 에도 시대를 '전전'이라고 부를 수 없다. 메이지 시대도 이를 '전전'이라고 특징짓는 것은 불가능할 것이다(메이지기가 한창일 때 전쟁이 일어났던 것이므로). 즉 '전전'이란 객관적인 시간의 길이가 아니다.

'전전'이라는 말이 사용될 때는 일본이 '종전'을 필연적인 귀결로 하는 체제가 발생한 때부터의 시기만을 의미한다. 즉 '전전'이란 '전쟁' 이전이 아니다. '전전' 속에는 이미 전쟁이 본질적으로 편입되어 있으며, 실제로는 '종전'(終戰)의 '전'(前) 시기인 것이다. 근대 일본의 시간은 1945년 8월 15일을 경첩으로 하여, '전'과 '후' 두 개가 접혀 있다고 할 수 있다. 여기에는 역시, 전쟁의 기억을 회피하려고 하는 의지가 숨어 있다고 할 것이다.

언제까지가 '전후'(戰後)인가하는 문제는 언제부터가 '전전'(戰前)인가하는 문제와 동전의 양면이지만, '전후'란 무엇인가라는 물음은 더욱 어려운 문제를 제기한다. '전후'란 말 그대로라면, '전쟁' '후'의 시대가 된다. 그러면 1945년 8월 15일 이후에 흘러간 시간은 영원히 '전후'인 것일까? '전전'이 '전쟁'을 미래의 필연으로 내포한 시간을 가리키는 것처럼, '전후'는 전쟁을 스스로의 직접적인 과거로 의식할 수 있는 시간이 된다. 지금이 '전후'라는 의식 뒤편에는 '전쟁'의 기억이 붙어 있는 것이다. 이 지점에서 흥미로운 것은 전후 10년 정도가 지났을 때부터 일본은 줄곧 "이제는 전후가 아니다"라고 이야기해 왔다는 점이다.

이 말이 처음 나타난 것은 1956년에 일본 정부가 낸 경제 백서이다. 이 백서에서 "이제는 전후가 아니다"라고 한 의미는 '종전'에서 10년이 지났기 때문에 이제는 '전후 혼란기'를 지나 경제 부흥의 길로 들어섰다는 것이었다. 말할 필요도 없이 한국전쟁이 가져 온 호황으로 일본은 경이적인 경제 성장의 스타트 라인에 섰던 것이다. "이제는 전후가 아니다"라는 말 뒷면에는 이제는 전쟁의 기억에 구속되고 싶지 않다는 바람이 있었다. 즉, 사람들은 전쟁을 하루 빨리 잊어버리고 싶었던 것이다. 그러한 의식은 한국전쟁이라는 또 하나의 전쟁에 의해 비로소 가능해진 것이었으며, 이 점이 명확히 인식되는 경우는 거의 없었다. 여기에서는 전전과 전후의 구별을 넘어서서, 근대 일본의 타자 인식의 부재라는 근본적인 문제가 나타나 있다. 물론 1956년에 나온 경제백서는 정부가 의도적으로 끌어낸 것이라는 측면이 있지만, "이제는 전후가 아니다"라는 의식은 이러한 정부의 의도와 별도로 어느 정도 사회 속에 퍼져 있었다. 역설적이지만 "이제는 전후가 아니다"라는 의식은 '전후 민주주의'라고 불리는 것이 사회에 침투하면 할수록 강화되었던 것이다. 여기에 '전후'의 두 번째 의미가 있다. '전후'의 첫 번째 의미는 '전쟁'에 대치하는 것이었다면, 두 번째 의미는 전후 민주주의로 상징되는 '밝음'과 '진보'에 대한 무조건적인 신뢰였다. 그리고 이 의식을 구체적으로 지탱해 주었던 제도가 '일본국 헌법'이었다.

　'일본국 헌법'이야말로 '전후' 긍정적 의식의 상징이었다. 거기에 명기된 "국민주권, 기본적 인권 존중, 전쟁 포기"라는 이념은 패전 후 진보파의 공통 전제인 동시에, 궁극의 목표를 보여 주는 것이었다. 일본 지식인들에게는 마르크스주의가 압도적으로 영향력을 행사하고 있었으나, 사회주의를 목표로 한다고 해도 일본국 헌법의 이념을 한 번도 부정한 적이 없었다. 즉 일본국 헌법은 자유주의자로부터 마르크스주의자에 이르는 진보파를 포괄할 수 있는 '전후'적 이념으로 존재해 왔던 것이다. 이러한 일본국 헌법을 둘러싼 대립이 전후 일본의 정치 상황, 나아가 사상 상황을 지배해 온 축임을 파악해야 한다. 보수파와 진보파의 대립은 무엇보다도 일본국 헌법을 둘러싼 태도에 잘 나타나 있다. 하나의 대립은 헌법 제정에 이르는 과정의 문제이며, 다른 하나는 '전쟁 포기'를 명기한 조항의 해석 문제이다.

　1945년 8월에 일본이 항복하자, 10월에 연합군사령부(GHQ)는 일본 정부에게 헌법 개정의 필요성을 지시했다. 그러나 일본 측이 작성한 개정안은 천황 주권을 그대로 유지한 것이었기 때문에 GHQ를 만족시킬 수 없었다. 따라서 GHQ 최고 사령관 맥아더는 GHQ가 만든 개정안을 일본 측에 제시한다. 1946년 2월에는 일본 정부에게 초안이 제시되어 같은 해 4월에 헌법 개정안이 발표되었다. 이어서 국회 논의를 통해 몇 부분 수정을 가한 후 11월 3일에 헌법이 공포되었고, 다음해인 1947년 5월 3일부터 시행되었다. 이 같은 헌법 개정 과정을 들면서 보수파들은 일본국 헌법을 점령군이 '강요한 헌법'이라고 주장하고 있다. 보수파의 가장 큰 목표는 이 같은 '강요당한 헌법'을 개정해 '자주 헌법'을 만드는 것이다. 사실상 자민당의 강령에는 자주 헌법 제정을 지향한다는 점이 명기되어 있다. 국민의 반발을 살까 두려워 역대 자민당 정권은 개정론을 정부의 정책 목표로 든 적은 없었지만, 지금은 '개헌' 의지를 명시하고 있다. 헌법 논의 중에 제일 문제가 되는 것은 제9조, 즉 '전쟁 포기' 조항이다. 그 조항은 다음과 같다.

　　제9조 일본 국민은 정의와 질서를 기조로 하는 국제 평화를 성실하게 희구하며, 국제 분쟁을 해결하는 수단으로서는, 국권 발동에 의한 전쟁과 무력에 의한 위협 또는 무력 행사를 영구히 포기한다.
　　앞 조항의 목적을 달성하기 위해 육해공군, 그 외의 전력을 보유·유지[保持]하지 않는다. 나라의 교전권은 인정하지 않는다.

　이 조문을 충실히 지킨다면, 일본에는 군사력이 존재할 수 없을 것이다. 그러나 알고 있듯이, 일본에는 세계 제2위의 군사비를 자랑하는 '자위대'가 있다. 이 경위는 다음과 같다. 한국전쟁이 발발한 직후인 1950년 8월, 맥아더의 지시에 따라 미군의 원조하에 경찰 예비대가 창설되었다. 그 후 일본 안보 조약이 발효된 후인 1952년 7월에 '보안대'가 강화되어, 치안 유지와 국가 방위의 임무를 맡게 되었다. 더욱이 1954년 6월에 안보대를 개조하여 육해공 3군으로 된 자위대가 정식으로 발족하게 되었다. 그렇다면 이 '자위대'는 그 존재 자체가 헌법에 위배되는 것이 아닐까? 확실히 사회당을 비롯한 혁신 정당은 그러한 입장을 취해 왔다. 그렇지만 역대 자민당 정부는 교묘한 논리 조작으로 자위대가 헌법에 저촉되지 않는다고 주장해 왔다. 간단히 말해 이 논리 조작은 이러한 것이다. 일단 헌법 9조는 '교전권'의 포기이지 '자위권'의 포기는 아니라는 것이다. 그리고 자위대는 그 이름 그대로 어디까지나 '자위'(自衛-스스로의 방위)를 위한 것이며 결코 '군대'가 아니라는 것이다. 누가 봐도 이것은 발뺌에 불과한 것이지만, 전후 일본은 이 미묘한 문제를 해결하지 않고 그대로 방치해 둠으로써 경제 성장을 제일의 목표로 두고 매진할 수 있었다.

그러나 냉전 체제의 붕괴, 걸프전쟁 발발 등에 의해 일본의 '전후'를 밖에서부터 지탱해 주었던 세계 시스템이 변동함에 따라, 다시 한 번 '전후'를 되물으려는 움직임이 나타났다. 앞에서 언급한 '자유주의 사관'이 그 중 하나인데, 그것은 오히려 보수파의 정치적인 선전이라는 성격이 농후하다. 내실을 더욱 가다듬은 사상적 문제로써 요즘 주목을 모으고 있는 것은 평론가 가토 노리히로(加藤典洋)의 『패전후론』(1997)이다. 가토 씨는 다음과 같이 주장한다. 전후 일본은 보수/혁신, 개헌/호헌, 현실주의/이상주의라는 축에 의해 인격적으로 두 갈래로 분열되고 말았다. 그러나 보수파와 혁신파는 대립하면서도 같은 무대에서 서로 엇비슷한 관계를 맺는다. 보수파=개헌파는 개헌을 주장하면서도 재일 미군을 유지하고 있고, 혁신파=호헌파는 헌법이 '강제'된 사실을 받아들이지 않는다. 즉 이 양자 모두 '전후'의 원점에 있는 '비틀림'을 직시하지 못하고 있다는 것이다. 여기에서 말하는 '비틀림'이란, 평화주의를 표명하는 헌법이 군사력에 의해 강제당했다는 뜻이다. 지금은 전후를 지배해 온 보수/혁신, 개헌/호헌이라는 두 항목의 대립에서 빠져나와야 될 때이다. 이를 위해 두 갈래로 분열된 일본 사회를 통합할 만한 "국민이라는 내셔널한 것", "새로운 '우리'의 형성"이 필요하다는 것이다.

가토 씨의 주장 중 가장 논란의 초점이 되었던 것은 이러한 논의를 '전쟁 책임'을 둘러싼 '사죄'의 문제와 결부시켰던 점이었다. 일본의 정치가들이 한국이나 중국에 '사죄'를 한 뒤에도 그들이 금방 다시 일본의 침략을 부정하는 '망언'을 하는 것은, 위에서 논한 일본 사회의 인격적 분열에 그 원인이 있다고 한다. 가토 씨는 다음과 같이 말한다. "왜 일본은, 일본정부는 신속히 전후 책임을 지지 않는가… 그 근원에는, 내가 생각하기로는 전후 일본 사회에 '국민'이라는 기반[基體]의 부재, 우리들 '전후 일본인'의 인격 분열이 있다고 생각한다." 즉 '사죄'를 하는 '외적 자기'와 '망언'을 하는 '내적 자기'가 분열하면서도 표리일체를 이루고 있다는 것이다. 그리고 이 둘의 '자기'는 죽은 이들에 대해서도 이중적인 태도를 취한다. '외적 자기'는 '2000만 아시아의 죽은 자'에 사죄하려고 하고, '내적 자기'는 '300만 자국의 죽은 자'를 애도한다. 어느 쪽도 상대 쪽의 죽은 자는 버리고 돌보지 않는다. 그러나 '사죄'를 하려면, 어찌되었든 사죄하는 주체를 정립할 필요가 있다. 그러기 위해서는 '300만 자국의 죽은 자'에 대한 애도가 그대로 '2000만 아시아의 죽은 자'에 대한 사죄로 통하는 길을 발견해야 한다. 전쟁에 참가해서 죽은 '자국의 죽은 자'는 물론 '더럽혀져 있기'는 하지만, 일본이 스스로 죽은 자들을 찾아 깊이 애도하는 '죽은 자에 대한 태도'야말로, 새로운 '국민'이라는 주제를 구축해 나가는 출발점이 되어야만 한다고 말하는 것이다. 대략 요약해 보았지만, 가토 씨의 논의 진행은 알기가 꽤 어렵다. 가토 씨의 문체가 미묘한 심정에 호소하는 것을 우선하는 면이 있기 때문이다. 그러나 가토 씨가 '전후'에서 다뤄지지 않았던 새로운 '내셔널리즘'의 구조를 지향하고 있음은 명확할 것이다.

『패전후론』은 크나큰 반향을 불러일으켰다. 보수 대 혁신, 개헌파 대 호헌파라는 대립에서 도망치고 싶어 하는 사람들에게 호응을 얻었다. 그러나 대립을 넘어서 새로운 지평을 모색하는 일은 아무래도 보수주의적인 경향으로 향하기 쉽다. 사실, 가토 씨는 일본 사회가 전후 50년이 지나도 '열린 의사소통이 되는 사회'도, '타국 주민과의 관계'에서 '제대로 책임을 다하는 사회'도 되지 못하는 것은 다음과 같은 이유 때문이라고 본다. 즉 "나이브한 선의를 토양으로 하여 피어나는 언론", 곧 "여기서 구 호헌파(舊護憲派)라고 불리고 있는 진영의 사고방식이 제대로 되어 있지 않기 때문"이라는 것이다. 그러나 정말 그러한 것일까? 가토의 논의에 따르면, 마치 일본 사회가 비틀려 버린 주된 원인이 보수파가 아니라 혁신파에 있는 것처럼 보인다. 오히려 현실에서 일본이 '전쟁'과 '전후' 관계를 제대로 마주하지 않았던 것은, '전전'과의 연속성을 유지하려고 하는 보수파 세력이 강했기 때문이지 않을까? 보수파와 혁신파를 동시에 비판한다는 가토 씨의 주장은, 자신도 모르는 사이에 보수주의적인 색깔을 강하게 띠게 되지 않을 수 없다.

내가 의문스럽게 생각하는 것은 이런 것이다. 확실히 전후 일본에서 보수와 혁신의 대립은 대략적으로 개헌파와 호헌파의 대립과 일치한다. 그러나 그것이 그대로 식민지 지배를 둘러싼 '망언'파와 '사죄'파로 직결되어 연결되지는 않는다. 앞서 말한 것처럼, 일본에서 '전쟁'을 이야기할 때 거기에서 식민지 지배 문제는 빠져 버리는 경향이 있었다. 보수파와 혁신파의 주요한 대립점은 전쟁과 헌법에 관련된 문제이기는 해도 일본의 식민지 지배를 둘러싼 것은 아니었다. 가토 씨는 '자국의 300만 죽은 자'와 '아시아의 2000만 죽은 자'라는 단순 이항 대립으로 논의를 전개해 가지만, 대일본제국에 의해 강제적으로 '일본 사람'이 되어 죽어 갔던 비일본(非日本) 민족은 도대체 어디에 위치하는 것일까? 가토의 논의 속에는 식민지 지배 문제가 완전히 빠져 있다. 전후 일본의 보수파와 혁신파가 같은 무대에서 경쟁하고 있다고 한다면, 그것은 양자 모두가 '일본 국민'의 존재를 자명한 전제로 하고 있기 때문이지, 가토가 주장하는 것처럼 '전후의 비틀어짐'을 무시해서가 아니다. 따라서 지금까지의 보수 대 혁신의 틀에서 벗어나려고 한다면, 가토가 주장한 것처럼 '새로운 국민을 형성하는' 것이 아니라 자명한 것으로 여겨 왔던 '국민' 개념을 재검토하는 방향으로 의식을 돌려 봐야 할 것이다. 사실 현재 일본의 가장 선진적인 비판은 이 '국민' 개념을 향해 있다.

5. '국민' 개념의 해체

가토 노리히로의 『패전후론』은 호의적인 반향과 더불어 심한 비판도 받았다. 그 중에서도 가장 철저하게 비판한 이는 도쿄대학 교수이자 철학자인 다카하시 데쓰야(高橋哲哉)였다. 이 두 사람의 논쟁은 '역사 주체 논쟁'이라고 불리면서 많은 주목을 받았다. 가토 씨가 '사죄'하기 위해서는 국민이라는 '주체'를 확립해야 한다고 말했던 것에 대하여 다카하시 씨는, 가토 씨의 그 논의는 완전히 앞뒤가 뒤바뀐 것이라고 한다. '사죄'하기 전에 '주체'가 필요한 것이 아니고, '주체'를 형성하기 위해서는 먼저 '사죄'해야 한다는 것이다.

　다카하시 씨의 비판은 이른바 '종군 위안부'로 끌려갔던 여성들을 어떻게 마주할 것인가하는 문제가 그 축을 이루고 있다. 다카하시 씨는 다음과 같이 말한다. 자기라는 것은 타자와의 관계 속에서만 정립할 수 있는 것이며, 자기의 책임은 자기의 주체적 선택 이전에 '타자'로부터 부름을 받은 것이라고 한다. 1991년에 김학순 할머니가 자기 이름을 대고 위안부였음을 밝힌 것을 들은 이후, 전후 일본은 그 '책임=응답 가능성'(responsibility)의 구조에 들어갔다는 것이다. 이를 무시하고 '사죄'하기 전에 '국민 주체'를 형성할 필요가 있다고 주장하는 것은, '타자'를 폭력적으로 배제하는 '동질적인 국민 공동체'를 만드는 것으로 귀착된다고 한다. 다카하시 씨가 지적하는 가토 씨 논의의 최대 문제점은, '죽은 이들과의 연대'에 의한 자기 중심적인 내셔널리즘을 지향한다는 것이다. 다카하시는 일본 사람들이 전후 책임을 질 때는 당연히 일본이라는 정치 공동체로 귀속되는 것을 확인하게 되지만, 그것은 "내셔널리즘에 복종"하는 것도 아니며, "국민국가로 융합하거나 동일화하는 것"를 필요로 하는 것도 아니라고 한다. 지금 가장 필요한 것은 '국민'을 재형성하는 것이 아니라, "기존의 정치 공동체를 변형시키면서 타자와의 새로운 관계를 창출해 나아가는" 것이라고 다카하시는 지적하고 있다.

　분명 현재 일본 지식인들 사이에서 가장 격렬한 논쟁 거리가 되고 있는 것은 '국민' 개념을 둘러싼 것이다. 예를 들면 이 논쟁 과정에서 여태까지는 최대 악이 '국가'였는데, 지금은 '국민'이 '국가'를 대신한 최고의 '괴물'이 되었다는 언급조차 있을 정도이다.[6] 이런 시점에서 보면, 전후 일본 혁신파와 명확한 차이가 드러난다. 기존 혁신파의 비판은 '국가'가 국민을 억압하고 있다는 점에 초점이 맞춰져 있었다. '국가'를 비판하고 '국민'의 입장에 서는 것이 전후 민주주의의 중요한 근거였던 것이다. 그러나 지금은 '국민' 자체 속에 '타자'를 배제하는 폭력적인 동일화 논리가 작동하고 있음을 비판하게 된 것이다. 이 같은 '국민' 비판 중에 가장 철저한 것이 사카이 나오키 씨의 주장일 것이다. 사카이 나오키 씨는 '일본 사상사'에 대한 비판적인 독해를 통하여 현재 자명한 전제가되어 있는 '일본', '일본인', '일본어'라는 개념이 역사적으로 날조된 것이며, 거기에는 차이를 말소시키고 타자를 억압하는 폭력이 숨어 있다는 것을 철저하게 폭로한다. 사카이 나오키 씨의 비판은 매우 철저한데, 국수주의, 보수주의에만 비판의 화살을 던지는 것이 아니라, 전후 민주주의를 지켜 온 지식인들에게도 비판의 화살을 향하고 있다. 그 좋은 예가 마루야마 마사오 비판이다.[7]

정치학자인 마루야마 마사오는 일본의 정치사상사에 대한 투철한 이해를 토대로 전쟁을 지탱해 온 최대의 이데올로기인 '초국가주의'의 기만을 철저하게 비판했다. 이런 입장에서 마루야마 마사오는 전후 일본의 정치 상황에 적극적으로 참여해, 민주주의를 일본 사회에 뿌리 내리려고 많은 노력을 기울여 왔다. 그러나 사카이 나오키에 따르면, 마루야마의 문제의식은 "즉자(an und für sich)적 민족 공동체에서 어떻게 개

---

6) 西川長夫, 『国民国家論の射程: あるいは "国民" という怪物について』, 柏書房, 1998 [니시카와 나가오, 『국민이라는 괴물』, 윤대석 옮김, 소명출판, 2002].

7) 酒井直樹, 「国民共同体の '内' と '外'」, 『死産される日本語·日本人』, 講談社, 2015 [사카이 나오키, 『사산되는 일본어 일본인』, 이득재 옮김, 문화과학사, 2003].

인의 주체적 선택에 기반을 둔 국민 공동체를 만들까"라는 의문에서 출발하고 있으며, "그의 지적 투쟁은 일본의 국민 공동체 내부에 미리 설정된 시좌를 기반으로 구상되어 왔다"고 주장한다. 이런 의미에서 "마루야마 교수는 시종 국민주의자로서 일해 왔다"고 볼 수 있다는 것이다. 가장 큰 문제점은 "타자인 '서양'에 대조하여 정립된 자기가 전혀 규정되지 않은 채 '일본'이라는 이름으로 제공되고 말았다"는 것이다. 이러한 점에서 마루야마는 "동일 민족 공동체가 그 동일성 자체는 바꾸지 않은 채, 연속적으로 자기 전개를 하는 발상"에서 빠져나가지 못해 "비국민주의적 비판의 가능성이 꺾이고 말았다"는 것이, 사카이 나오키가 주장하는 마루야마 비판의 요지이다.

사카이 씨는 원리적으로 보아서 "배타적이 아닌 국민주의가 있을 수 있을지는 매우 의문"이라고 한다. 동일한 '국민'의 존재를 자명한 것으로 보는 것은 반드시 내부의 다양성과 차이를 억압하고 타자를 배제하는 것으로 연결된다. 그러나 '국민' 논리를 관철하려고 하면 반드시 자기 파탄에 빠진다. 왜냐하면 "'서양'이나 '일본'의 주체가 충분히 자기 구성을 하는 것은 불가능하고, '서양 사람'은 반드시 완전한 '서양 사람'이 되지 못하며, '일본 사람'은 진짜 '일본 사람'일 수는 없기" 때문이라고 한다. 그래서 '국민'이라는 카테고리에서 늘상 빠져 버리는 것들, 즉 차이, 타자, 잡종성의 측면에서 '국민' 개념을 '탈구축'해야 한다고 주장한다. 최근 일본 사상계에서는 이 '탈구축'(deconstruction)이라는 말이 자주 사용되고 있다. 이 말은 원래 프랑스의 사상가 데리다가 서양의 형이상학을 비판하기 위해서 사용한 개념이다. 이러한 점에서도 드러나듯이, 이와 같은 '주체' 비판, '동일성' 비판, '국민' 비판은 포스트모더니즘 사상을 배경으로 하여 나타났다. 다카하시 데쓰야 씨는 데리다 전공자이며, 사카이 나오키 씨의 논문도 일본 사상을 주제로 삼고 있기는 하지만 거기에는 푸코, 데리다, 사이드 등의 이름이 자주 등장한다.

이러한 논의들은 귀중한 것임에 틀림없고, 귀를 기울여야 할 많은 내용을 품고 있다. 그러나 그렇다 하더라도, 지식인을 별도로 하더라도, '현대 사상'의 용어에 익숙지 않은 일반 독자에게는 너무 고답적이고 난해한 면이 있다는 것은 부정하기 힘들다. '국민' 비판이 현대의 중요한 과제임에는 틀림없지만, 추상적인 논리 차원에서만 전개되고 그친다면, 결국은 사회 현실과는 무관한 상태로 끝나 버릴 것이다. '국민'이란 의식이자 사상임과 동시에 사회 현실의 문제이기도 하다. 바꾸어 말하면, 소수의 지식인들만 '국민' 비판을 제창한다고 해도, '국민'이라는 이름 아래 포섭된 일반 대중 자신들이 그 비판을 생활 속에서 날마다 실천해 가지 않으면, '국민' 신화는 결코 해체되지 않을 것이다. 일본에 살면서도 '국민'에 속하지 않는 '비일본인'에게 '국민'이란 결코 어마어마한 사상이나 형이상학이 아니라, 바로 생활과 마음 깊은 곳을 억압하는 장치이기 때문이다. 그러한 의미에서 '탈구축파'의 비판은 아직 일본의 현실과는 거리가 있다고 생각하지 않을 수 없다.

이렇게 짚어 보면 1990년대에 접어든 일본의 정신 상황은 큰 반환점에 와 있음을 알 수 있다. 냉전 체제의 붕괴, 걸프전쟁, 옴진리교 사건, 길어진 경제 불황, 오키나와의 미군 주둔 문제, 그리고 이른바 '종군 위안부' 문제 등, 지금까지 예상하지 못했던 큼직한 사건들이 자꾸 일어나서 전후 일본을 지탱시켜 주던 가치관이 흔들리기 시작했기 때문이다. 이렇게 보았을 때 가토 노리히로의 논의에서 전형적으로 드러나는 것이지만, 전후의 보수파 대 혁신파라는 대립 구도 그 자체를 검증해 보고자 하는 시좌가 생기는 것에는 충분한 근거가 있다. 그러나 그것이 보수주의로 전환하거나, 나아가 국가주의로 퇴행하는 것으로 나타난다면, 결국 이는 '전전'의 가치관이 부활하는 것에 불과할 것이다. 실제로 21세기에는 이러한 경향이 확실히 나타났다. 자명하다고 여겨 왔던 것에 의문이 생겼을 때야말로 새로운 사상이 싹 틀 기회이다. 이미 언급한 것처럼 전후 일본의 자명한 명제는 '전전'과 '전후'에 단절이 있다는 인식이었다. '전후 민주주의'를 지탱해 온 혁신파만이 '전전'과 '전후'의 단절을 자명하게 여겼던 것은 아니다. 보수파도 역시 그 단절을 인정하기 때문에 '전전'적 가치의 부활을 꾀하려고 기도하는 것이다.

그러나 정말로 '전전'과 '전후' 사이에는 단절만이 있었을까? 근대 일본의 가장 큰 문제인 식민주의와 민족 차별을 생각해 보면, 단절만이 아니라 명확한 연속성이 눈에 띈다. 근대 일본은 아이누, 오키나와, 대만, 사할린, 그리고 조선에서 연이어 이민족 동화정책을 펴고 지배권을 확대해 나아갔다. 전후에는 물론 일본은 대만과 조선을 비롯한 식민지를 포기했다. 그러나 현재 일본 사회에는 계속해서 민족 차별과 동화정책이 변형된 형태로 존재하고 있다. 단지 이는 '전전'의 요소가 불식되지 않은 채 잔존하고 있는 것은 아니다. 오히려 타자를 지배하고 동화시키려는 넓은 의미의 식민지주의가 '전전'과 '전후'의 단절을 넘어서 근대 일본의 동일성을 계속해서 지탱해 주고 있다고 할 수 있지 않을까? 예를 들어 '재일조선인' 문제 하나만 보아도 이런 점은 명확할 것이다.

〈부기〉

원래 이 글은 현재 일본의 사상적 상황이 어떠한가를 한국 독자를 대상으로 알기 쉽게 해설하기 위해 쓴 것이다. 한국에는 현대 일본에 대한 정확한 정보나 사실이 의외로 알려져 있지 않다. 나와 같은 문외한이 굳이 펜을 든 것은 이러한 한국의 상황이 있기 때문이다. 필시 내가 일본 독자를 대상으로 했다면, 이러한 글을 쓰지 못했을 것임에 틀림없다. 그러나 일본에 대한 글이 항상 일본인을 대상으로 하여 쓰이지 않는다는 것을 전하기 위해서 일부러 이 글을 책에 수록했다. 물론 수록하면서 문장을 꽤 많이 수정했다. 하나는 앞서 언급한 것처럼, 일본의 독자에게는 번거롭고 장황하게 느껴질 수 있는 부분을 삭제하거나 다시 썼다. 또 한가지는 초출의 문장에서 꽤 시간이 지나 있어서, 너무 시사적으로 느껴질 수 있는 부분을 삭제했다.

'적반하장'에 맞서서[1]
── 『포스트 콜로니얼리즘과 홀로코스트의 부정』 해설

나는 포스트 콜로니얼리즘 전문가도, 홀로코스트 연구가도 아니다. 그런 내가 『포스트 콜로니얼리즘과 홀로코스트의 부정』이라는 제목이 붙은 책 해설을 쓰는 것은 어울리지 않는다고 생각하지만, 다행히 포스트 콜로니얼리즘은 장르의 침범이나 일탈을 광범위하게 장려하고 있기 때문에, 여기서 해설답지 않은 해설을 써도 너그럽게 봐 주리라 생각한다.

1. 포스트 콜로니얼리즘과 홀로코스트 부정론

꽤 이전의 일이지만, 잡지 『마르코 폴로』(マルコポーロ, 文芸春秋, 1995년 2월호)에 「나치의 강제 수용소에 '가스실'은 없었다」는 기사가 게재되어, 그 잡지가 폐간되는 사건이 있었다. 아무래도 이 기사는 '홀로코스트 부

---

1) [옮긴이] 제목의 '적반하장'의 원문은 "開き直り"로 갑자기 태도를 바꿔 정색하고 반격하여 나온다는 뜻을 담고 있다. 여기서는 매저리티와 마이너리티 사이의 관계를 다루고 있으며 문맥상 '적반하장'으로 번역한다.

정론'이 일본에 상륙했다는 증표였던 듯하다. 일본 내부의 상황을 보면, 1996년 말에는 '새로운 역사 교과서를 만드는 모임'이 결성되어, 일본판 '부정론'이라고 할 수 있는 '역사수정주의' 흐름이 만들어졌다. 일본에서 '홀로코스트 부정론'을 문제 삼아야만 하는 이유는 '홀로코스트' 자체에 대한 관심은 물론이거니와, 일본 식민지 지배와 침략 전쟁에 대해서도 마찬가지의 '부정론'이 발생할 가능성이 있기 때문이다. 사실 이러한 역사수정주의 담론이 이후 대량으로 발생했다. 이러한 일본의 사정을 염두에 두고 이 책을 되짚어 보면, 이 책이 이러한 일본 사정과는 매우 다른 관점에서 쓰였음을 알 수 있다. 저자 이글스톤이 노린 것은 "포스트모더니즘이 홀로코스트 부정론을 낳았다"라는 당치 않은 의혹에서 포스트모더니즘을 지키기 위하여, 포스트모더니즘의 사상을 무기 삼아 홀로코스트 부정론을 논파하는 것이었다. 이러한 저자의 시좌는 이 책 속에 언급되어 있듯이 1980년대 이후 미국 사회의 '문화 전쟁'이라는 콘텍스트를 참조하지 않으면 이해하기 어려운 면이 있다.

1980년대 미국의 지적 세계에서 이제껏 유일한 진리의 기준이 되었던 것은 결국 매저리티(majority)의 시점이며 진리란 실제로는 권력의 양태였던 게 아닐까라는 의문을 갖고, 다양한 마이너리티(minority)의 관점에 서서 근대성 그 자체의 근원을 이루는 자명한 전제를 검토하는 것을 목적으로 하는 다양한 연구 분야가 나타났다. 이러한 분야들은 예를 들면 포스트콜로니얼 스터디즈, 컬처 스터디즈, 젠더 스터디즈 등인데 이것들을 총괄하는 명칭으로 선택된 것인 '포스트모더니즘'이었던 것 같다. 사회적이고 학문적 주류파의 입장에서 보자면, '포스트모더니즘'은 극단적인 문화 상대주의를 칭송하여 사회와 학문의 기반을 무너뜨리는 것으로 평가되었다. 물론, 문화상대주의는 지금까지 인류학 등에서 일반적으로 채용해 온 시점이다. 그렇지만 문화상대주의는 인식 대상인 개별 사회의 고유성을 인정하는 것이었고, 결코 연구자가 서 있는 인식기반과 방법론과 관련되어 있는 것이 아니다. 반면에 '포스트모더니즘'은 '진리' 개념 그 자체의 '상대성'을 주장한다.

사회적 주류파에게 이러한 '포스트모더니즘'적 경향이 얼마나 위험한 것으로 느껴졌는가를 보여 주는 에피소드가 있다. 제2차 세계대전 종전 50주년을 기념하기 위해서 스미소니언 박물관이 히로시마·나가사키의 원폭 피해에 관한 전시를 하려고 하는 중, 퇴역 군인회와 보수파 정치가, 역사학자들로부터 전시의 철회를 요구하는 격렬한 캠페인이 일어났다. 이러한 과정에서『워싱턴 포스트』의 사설은 박물관 학예사들이 '분석적·비판적'인 기획을 목표로 했다는 발언을 발췌하여, 학예사들이 정치적 의견과 "보편적 '객관적'인 전제"를 구별하지 못했고, 그 원흉에 아카데미즘의 '포스트모던한 상대주의'가 있다고 통렬하게 비판했던 것이다.[2] 이러한 포스트모더니즘에 대한 반발은, 화제가 된 앨런 소칼(Alan David Sokal)의『지적 사기』[3]가 나타난 배경이 되기도 했다. 불행하게도 이 '문화 전쟁'과 거의 같은 시기에 "아우슈비츠에 가스실은 없었다"라고 주장하는 '홀로코스트 부정론'이 출현했다. 이것 또한 여태까지의 사회적 기성 개념을 파괴하는 사고방식이었다. 이 점에서 이러한 파괴적 견해가 나오는 것은 포스트모더니즘이 진리의 객관성을

---

2) 米山リサ,『暴力·戦争·リドレス―多文化主義のポリティクス』, 岩波書店, 2003, 95頁.

3) [옮긴이] 언급된 책은 アラン·ソーカル, ジャン·ブリクモン,『「知」の欺瞞: ポストモダン思想における科学の濫用』, 田崎晴明 大野克嗣 訳, 岩波書店, 2012(초판은 岩波書店, 2000)[앨런 소칼·장 브리크몽,『지적 사기: 포스트모던 사상가들은 과학을 어떻게 남용했는가』, 이희재 옮김, 한국경제신문사, 2014].

부정하고, '뭐든 있을 수 있다'는 무책임한 태도를 퍼트렸기 때문이라고 인식하게 되었다. 바로 이 '포스트모던적 상대주의'가 바로 '홀로코스트 부정론'을 낳은 장본인이라는 의견이 확산되었던 것이다(더욱이 여기에 하이데거의 나치 가담 문제가 관련되었던 것은 말할 필요도 없다).

이글스톤이 일부러 포스트모더니즘의 시점과 방법을 사용하여 '홀로코스트 부정론'을 논파하려고 기획했던 것은 이러한 억측을 타파하기 위한 것이었으리라. 이글스톤은 부정론파가 쓴 것은 그 증거, 방법, 입론, 서술 등 온갖 면에서 볼 때 일반적으로 인지되는 '역사'라는 장르를 구성하는 규칙에 따르지 않는다고 말한다. 따라서 '홀로코스트 부정론'은 아무리 '실증적'이며 '객관적'인 분절로 [그 부정론 담론을] 채색하려고 해도, 원래 '역사'가 아니라고 결론 내린다. 이글스톤의 비판은 매우 설득력이 있기 때문에 부정론파의 주장을 일축하는 데 성공하고 있다. 그렇지만, 이러한 이글스톤의 '포스트모던'적 입장 자체에는 논의의 여지가 없는 것은 아니다. 예를 들면 이글스톤은 많은 부분을 헤이든 화이트[4]에게 근거하고 있다. 화이트는 역사를 일정한 시점과 규칙을 가진 언어적 허구[仮構物]로 파악하고 있는 듯하다. 확실히 언어는 미리 주어진 대상을 묘사할 리는 없다. 그러나 그렇다고 해서 언어 외부에 있는 지시 대상의 존재를 부정하는 것은 너무 지나치다는 생각이 든다. 언어 표현은 지시 대상을 '구성'한다고 할 수 있을지 모르지만, '구성'이라

---

4) [옮긴이] 헤이든 화이트(Hayden White, 1928~2018): 웨인스테이트대학교와 미시간대학교에서 역사와 철학 등을 전공했다. 그 뒤 UCLA, 웨슬리언대학교, 코넬대학교에서 유럽 근대사, 역사철학, 지성사 강좌를 담당했다. 주요 저서로 『역사의 선용』(*The Uses of History*, 1968), 『비코』(*Vico*, 1969), 『자유주의적 휴머니즘의 시련』(*The Ordeal of Liberal Humanism*, 1970), 『메타히스토리』(*Metahistory*, 1973), 『담론의 비유법』(*Tropics of Discourse*, 1978) 등이 있다.

는 개념은 인식 주체와 인식 대상 사이의 상호 규정적 관계성으로서 파악되어야만 하지 않을까? 언어 표현이 지시 대상을 '창조'한다고 주장한다면, 이 상호규정성을 도리어 부정하는 것이 된다. 왜냐하면 '창조'라는 개념은 '만드는 자'로부터 '만들어진 자'가 일방적으로 발생한다는 것을 암시하기 때문이다(화이트에 대한 비판은 카를로 긴츠부르그Carlo Ginzburg의 논의가 설득력이 있다).

2. 부정론의 폭력성

이글스톤에게 포스트모더니즘을 옹호하고 지키려는[5] 자세가 강한 만큼, 홀로코스트 부정론의 중요한 측면이 시야에서 빠져 있는 듯이 느껴지는 것은 유감이다. 문제 삼고 싶은 것은 대체 부정론자는 이 주장을 통해서 무엇을 하고 싶은가 하는 점이다. "가스실은 존재하지 않았다"라는 언명은, 도대체 무슨 말을 하려는 것일까? 이 점에서 이글스톤은 어떤 사실 확정적 언표도 행위 수행적 작용을 할 수 있다는 '포스트모더니즘'적 시점을 적용시켰어도 좋았겠다는 생각이 든다. 사실 확정적 언표라든가 행위 수행적 작용이라든가 하는 것은 난해하지만 알기 쉽게 말하자면 이러하다. "방이 덥네"라는 발화가 "창문 열어 주세요"라는 명령을 표현하는 경우를 생각해 보면 된다.

데이비드 어빙은 프랑스의 로베르 포리송(Robert Faurisson)과 함께 부정론자들 중의 '거물'인 듯하다. 어빙은 홀로코스트 부정론을 선전하

---

5) [옮긴이] 원문은 '호교론'(護敎論)임.

는 문서라고 할 수 있는 『로히터 레포트』[6]—『포스트 콜로니얼리즘과 홀로코스트의 부정』에서는 "부정론에 근거하여 작성된 가스실에 대한 결점투성이 보고서"(9쪽)라고 언급되어 있는— 서문을 집필하고 있다. 이 『로히터 레포트』는 이제껏 주춤거리면서 조심하고 있던 부정론을, 가스실 존재 자체를 부정하는 결연한 부정론으로 일거에 진전시킨 계기가 된 문서이다. 1991년 11월 9일 '수정의 밤'[7]을 기념해 독일에 초대되었던 어빙은 환영하는 우익 세력 앞에서 "새로운 독일 제국이 성립될 것이다"라고 선언했다고 한다. 또한 영국 의원이 그가 네오 나치와 친근감을 지니고 있다고 비판하자, 어빙은 이렇게 말했다고 한다. "나는 자진하여 아우슈비츠의 '가스실'과 같은 곳에 들어가겠어요. 그곳에서 세간에 잘 알려져 있는 방식으로 치클론 B를 던져 넣으면 돼. 당신들이 만족할 만한 결과는 나오지 않을 거라고 생각하지만요"라고.[8] 치클론 B는 아우슈비츠 가스실에서 사용되었던 독가스의 명칭이다.

　　이는 단 한 조각의 이성도 찾아 볼 수 없는 무책임한 망언임에 틀림없다. 그러나 이러한 '무책임한 망언'을 방자하고 후안무치에서 오는 제

---

6) [옮긴이] 미국의 처형 가스실에 종사했던 프레드 로히터(Fred A. Leuchter)가 1988년에 아우슈비츠에 있었던 소위 '가스실'을 조사한 결과를 정리한 레포트이다. 이 보고서에서 그는 "아우슈비츠와 비르케나우의 '가스실'이 처형 가스실로 이용되거나 혹은 그렇게 그 가스실이 기능했다고 생각할 수 없다"고 결론짓고 있어 '홀로코스트 부정론'의 근거로 이용되었다.

7) [옮긴이] '크리스탈나흐트'(Kristallnacht)라고도 한다. 1938년 11월 9일, 나치는 파리 주재 독일 외교관이 유대인 차별에 항의하는 한 유대인 소년에 의해 피살된 사건을 계기로 시나고그와 유대인 상점에 대대적인 방화와 약탈을 자행하여 유대인 91명을 살해하고 3만 명을 체포했다. 당시 유대인 상점의 진열대 유리창이 깨져 그 파편이 반짝이며 거리를 가득 메웠다고 하여 '수정의 밤'이라고 불린다. (네이버 지식백과)

8) ティル・バスティアン, 『アウシュヴィッツとアウシュヴィッツの嘘』, 石田勇治 他 編訳, 白水社, 2005.

멋대로의 발언으로서만 인식하는 것은 불가능하다. 예를 들면 아우슈비츠에서 살아나온 생환자, 그리고 아우슈비츠에서 부모와 친구가 살해당한 사람들이 이 발언을 듣는다면 어떤 느낌이 들까? 분명 아우슈비츠가 다시 반복될지 모른다는 악몽이 그들을 덮칠 것이다. 그리고 다양한 사회적 폭력에 매일같이 노출되고 있는 마이너리티나 이민자들에게는 이 발언이 자신들을 향한 폭력적인 위협이나 공격이라고 느낄 수밖에 없지 않을까? 이러한 종류의 '망언'은 그 자체 속에 폭력성을 포함하고 있으며, 어떤 특정한 청취 대상을 상정하고 있다. 이 말들은 그 청자의 신체에 직접적으로 꽂히는 폭력이다.

부정론의 언표 전체는 사실 이러한 폭력적인 '망언'의 확대판이지 않을까? 아니 그보다도 부정론이 실제로 의도하고 있는 것은 이러한 종류의 폭력적 위협인 것이다. 즉 부정론을 비판해야만 하는 것은 이 부정론이 단지 과거의 폭력을 은폐하고 있기 때문만이 아니다. 이러한 발언 행위 전체가 현재의 폭력을 발생시키기 때문이다.

3. '폭력의 예감'에 떠는 자들

나치의 홀로코스트와 소련의 강제 수용소 중 어느 쪽이 비참했을까를 묻는 것도, 그것들이 같은 것이지만 다른 발현이라고 파악하는 것도 넌센스이다. 난징, 싱가포르, 캄보디아, 과테말라, 동티모르, 르완다의 학살은 제각각 특이성을 띤 사건이며, 다른 어떤 것으로도 환원 불가능하다. 무수한 살육 행위에 하나의 척도를 적용시켜 비교하고 계량하고 결산표를 작성해서는 안 된다. 만약 그렇게 하면 그것은 절멸 수용소[9]에서 일어났듯이 '죽음'을 측량하고 인간을 교환 가능한 단위로 폄하하는 폭력을 작동시키는 것이 된다.

부정론자들은 종종 "가해자도 피해자도 마찬가지로 고통 받고 있으니까, 피해자의 고통만을 존중하는 것은 이상하다"고 한다. 그러나 이렇게 말할 때, 부정론자는 역시 고통의 결산표를 만들고 있는 것이다. 왜냐하면 이러한 말은 서로의 고통을 저울로 달고 있기 때문이다. 역설적으로 들릴지 모르지만, '내'가 '당신'의 고통에 '공감'할 수 있다는 것은 '당신'이 '나'의 고통과 공약 불가능한 고통, [즉 동일한 척도로 잴 수 없는 고통]을 경험하고 있다는 것을 이해했을 때, 비로소 가능해진다. 고통의 공약 불가능성이 있기 때문에야말로, 고통의 '공감'이 만들어질 수 있다. '당신'이 고통 받는 것은 알지만 '나'도 고통 받고 있다고 갑자기 위협적인 태도를 취하면, '나'는 결코 '당신'과 만날 수 없을 것이다. 부정론자는 만남을 거부하고 있는 것이다.

인간의 고뇌를 측량하여 비교 가능한 양으로 잰다면, 이에 더하여 다른 방향으로 은폐하는 작용을 불러일으킨다. 이런 측량과 비교는 사회에 존재하는 불평등, 지배와 피지배의 관계, 매저리티와 마이너리티의 차이를 지워 버리는 것이다. 분명 한 명 한 명의 인간은 지배를 한 극으로 하고, 피지배를 다른 극으로 하는 스펙트럼 사이의 어딘가에 위치하고 있다. 그렇기 때문에 레비가 (그리고 솔제니친이) 적확하게 묘사하였듯이, 수용소 안에서도 일종의 '회색지대'(grey zone)가 존재하는 것

---

9) [옮긴이] 절멸 수용소(絶滅收容所, 영어: Extermination camp, 독일어: Vernichtungslager): 아우슈비츠 강제 수용소, 헤움노 강제 수용소, 베우제츠 강제 수용소, 르브린 강제 수용소, 소비불 강제 수용소, 트레블링카 강제 수용소 등의 강제 수용소를 가리키는 말이다. 사실 절멸 수용소를 정식 명칭으로 한 시설은 존재하지 않는다. 또한 당시의 독일 정부의 공식 문서에 절멸 수용소라는 말은 존재하지 않는다. (위키피디아)

이다. 그러나 그렇다고 해서 지배-피지배의 관계성이 소멸하는 것은 아니다.

마이너리티는 '폭력의 예감'에 두려워하며 '방어 태세'를 취한다. 아니 그보다 '폭력의 예감'에 두려워 떠는 자들이 마이너리티라고 해도 좋을 것이다. 예를 들면 부모가 아이를 학교에 보낼 때, 오늘도 무사히 집에 돌아오기를 매일 염원해야만 하는 상황을 상상해 보았으면 한다(나는 현재 일본 사회를 염두에 두고 있다). 마이너리티는 사회에 널리 퍼져 있는 폭력이 언제 자신에게 향할지 모른다는 두려움 속에서 살고 있다. 매저리티가 보면, 단지 피해 망상으로밖에 보이지 않을지 모른다. 그렇지만 매저리티는 자신이 안전한 입장에 있다는 것을 보장받고 있기 때문에 그렇게 느낄 수 있는 것이다. 그리고 폭력이 예감될 때, 이미 폭력은 발동하고 있는 것이다(여기에서 나는 도미야마 이치로 씨가 『폭력의 예감』에서 전개했던 훌륭한 논의를 바탕으로 쓰고 있다).[10]

4. 매저리티의 '적반하장' 전술

앞서 말한 것처럼 '홀로코스트 부정론'은 그 언설 전체가 어떤 폭력성을 내포하고 있다. 그리고 홀로코스트든 난징 학살이든 '부정론'의 담론 구조는 놀랄 만큼 서로 닮아 있다. 유사성을 드러내고 있는 것은 그 사건들 자체가 아니라 부정론의 담론 구조인 것이다. 홀로코스트 부정론이 주로 취하는 방식은 아래와 같은 것이다. 공식적으로 발표된 희생자의

---

10) 富山一郎, 『暴力の予感』, 岩波書店, 2002年[도미야마 이치로, 『폭력의 예감』, 손지연·김우자·송석원 옮김, 그린비, 2009].

수가 의심스럽다. 수감자에게 사용된 가스는 결코 살상력을 갖고 있지 않다. 수용소에 관한 증거 자료는 모두 연합군이 지어낸 것이다. 뉘른베르크 재판은 연합국 측에 의해 멋대로 이뤄진 '승자의 재판'이다. 당시 유럽의 유대인 인구를 생각해 보면 그 정도의 대량 살육이 일어났을 리가 없다. 히틀러도 당시 독일인도 절멸 수용소의 존재를 몰랐다. 그것은 일부의 극단적인 자들이 한 것이다. 수용소 직원은 위로부터의 명령에 따랐을 뿐이며, 그들 자신은 살육의 의도가 없었다. 왜 피해자의 증언만을 다루는가. 가해자 쪽의 주장도 들어 달라. 연합군도 마찬가지의 대량 학살을 했기 때문에, 독일인만이 비난받을 이유는 없다. 모두 어디선가 들어본 적이 있는(그리고 지금도 빈번하게 듣고 있는) 주장이다. 어쩌면 '부정론'의 매뉴얼이 세계에 확산되어 있는 것이 아닐까 싶은 착각조차 든다. 물론 이 각각의 주장을 뒤집는 것은 어려운 일이 아닐 것이다. 그렇지만 이들 발언의 기반이 되어 있는 담론의 의도를 파악하지 않는 한, 온갖 수단을 동원하여 얼마든지 유사한 궤변이 나올 것이다.

대체 부정론자는 무엇을 하고 싶은 것일까? 대략적으로 말하자면, 그것은 '가해자', '지배자', '매저리티' 쪽의 '적반하장'이다. 사실 이런 담론의 의도는 결코 '홀로코스트 부정론'만의 전유물은 아니다. '부정론'이 세상에서 그 정도로 반향을 불러일으키는 것은, 이러한 '적반하장'식 담론이 다른 장면에서도 자주 사용되고 있기 때문이다.

여태껏 목소리를 빼앗겼던 자들이나 사회의 지배적 폭력에 노출되어 있던 자들이 분연히 발언하기 시작하면, 이에 대해 사회의 매저리티가 퍼붓는 많은 발언들에는 비슷한 종류의 폭력성이 출현한다. 예를 들면, 1992년 노벨 평화상을 수상한 과테말라 선주민 여성 리고베르타 멘추[11]에 대해서 어떤 인류학자가 가한 공격 방식을 보자. 『나, 리고베르타 멘추』(*I, Rigoberta Menchú*, 1938)라는 책 속에서 멘추는 자신의 인생을 되돌아보는 것과 함께, 과테말라 정부가 선주민에게 가해 왔던 잔혹한 학대와 억압의 역사를 이야기한다. 그렇지만 과테말라를 필드로 하고 있는 인류학자 스톨은 멘추가 자신의 책 『나, 리고베르타 멘추』에서 이야기하고 있는 것들 중에 많은 거짓말과 오판이 있다고 주장하며, '실증적' 연구 방법을 통해 구체적으로 그것들을 들추어낸다.[12] 그리고 스톨은 멘추의 학력, 직업 경력, 소송에 이르기까지, 현지 조사를 통해서 매우 자세하고 철저히 조사한 결과, 멘추의 증언은 신뢰할 수 없다고 결론 내렸다. 이렇게까지 편집증적인 사실 확인에 대한 정열은, 대체 어디로부터 생겨난 것일까?

오타 요시노부(太田好信) 씨에 따르면, 스톨이 이러한 비판을 가한 배경에도 80년대 미국의 '문화 전쟁'이 작용하고 있었다고 한다. 1980

---

11) [옮긴이] 리고베르타 멘추(Rigoberta Menchú, 1959~) : 과테말라의 여성 인권운동가. 1959년 과테말라의 가난한 가정에서 태어나 농장 노동자로 일했다. 지하조직인 농민연합위원회 일원으로 인권운동을 하다 피살된 아버지의 영향으로 1979년 캄페시노 단결 위원회에 가입하여 인권운동에 참여한다. 농민을 조직화하는 일에 착수하나 어머니가 처형된 후 1981년 멕시코로 탈출한다. 전세계에 중남미 인디오들의 참상을 알리는 일에 힘썼고 과테말라 전위 조직과 농민연합위원회를 후원했다. 유엔 원주민 문제 위원회 위원으로 활동했고 유네스코 평화교육상 등을 수상했다. 1992년 노벨평화상을 수상하였다.

12) [옮긴이] 관련된 기사로 다음과 같은 것이 있다. 「노벨평화상 수상자 멘추 자서전 조작 의혹」, 『연합뉴스』, 1998년 12월 16일. 미국 인류학자 데이비드 스톨은 멘추의 자서전과 관련된 공문서를 연구하고 120명의 관계자와 인터뷰를 진행한 뒤, 자서전의 일부 내용이 조작되었다고 주장한다. 예를 들어 "토지 분쟁은 멘추의 아버지와 유럽계 혈통의 부유한 지주 사이에서 불거진 것이 아니라 아버지와 친척간의 가족 불화였"으며, "노예 생활에 시달려 영양실조로 굶어죽었다는 남동생은 실제로 있지도 않았으며 부모들이 지켜보는 가운데 과테말라 군인들이 불태워 죽였다는 두 번째 남동생도 사실은 다른 이유로 숨졌다"고 한다. 또한 "정식 교육을 받지 못했다고 주장하고 있지만 사실은 로마 가톨릭 수녀들이 운영하는 유명한 기숙학교에서 중학교 수준의 교육까지 마쳤"다고 주장했다. 그러나 노벨상위원회에서는 이것이 노벨상을 재고할 이유가 되지 않는다고 밝힌다.

년대 말 스톨이 대학원생으로 입학했을 때, 스톨은 아카데미 세계에서 '희생자 발화의 권위'가 너무나 큰 힘을 갖는다는 것에 위화감을 품는다. 그것이 "미국 중산계급 백인 남성인 스톨에게는 견딜 수 없었다"고 한다.[13] 오타 씨는 "스톨의 주장에서는 이제껏 자신의 발화가 지닌 권위에 의문을 가져 본 적이 없었던 백인 남성이, 그 권위가 의문에 붙여지기 시작할 때 보이는 당혹감과 분노가 읽힌다"고 명쾌하게 지적하고 있다.[14] 그리고 오타 씨는 스톨의 '실증적 수법'을 비판한다. 그는 "멘추의 말은 역사적 자료가 아니다. […] 증언이 현실을 모방한 것이라고 해석해서는 증언이 지닌 힘의 절반밖에 이해하지 못한 셈이 될 것이다"라고 말하고 있다.[15] 멘추는 '과거의 사실'을 이른바 신문기자처럼 제삼자가 말하듯 보고하는 게 아니라, '이야기한다'는 행위 속에서 스스로의 아이덴티티와 선주민의 아이덴티티를 재구성하고 있다. 물론 스톨의 면밀함과 홀로코스트 부정론자의 허술함 사이의 차이는 크다. 그렇지만 담론의 의도에 관해서 말하자면, 이들 사이의 동형성[相同性]은 명백할 것이다. 부정론자는 "희생자의 발화가 지닌 권위"에 반발하고 있으며, 마이너리티가 이의를 신청하는 소리를 억압하려고 하는 것이다. 이는 "왜 마이너리티나 희생자의 발화만이 존중되는가. 우리들의 소리도 들어 달라"라는 원망에서 시작하여, 나아가서는 "매저리티에게는 매저리티의 입장이 있는 것이다"라는 '적반하장'에 이른다. 여태까지 안심하며 눌러앉아 있을 수 있었던 성채를 희생자나 피해자의 증언이 흔들고 있

---

13) 太田好信, 『人類学と脱植民地化』, 岩波書店, 2003, 48~49頁.
14) 太田好信, 『民族誌的近代への介入』, 人文書院, 2001, 224頁.
15) 앞의 책, 215頁.

다고 느꼈을 때 발화되는 공격적 언사가 온갖 부정론의 본질을 이루고 있다.

　이러한 '적반하장' 전술이 진전되면, 스스로가 제기한 '실증성'이나 '객관성'의 기준을 갑자기 확 벗어던지는 경우조차 있다. 이러한 예로는 어빙보다 일본의 '부정론자' 담론이 참고가 된다. 예를 들어, 니시오 간지 씨의 『국민의 역사』[16]에는 "모든 역사는 신화이다", "역사는 언어로 말해짐으로써 비로소 성립하는 세계이다", "따라서 역사는 민족마다 각각 다른 것이 당연하다. 나라 수만큼의 역사가 있어도 조금도 이상한 일이 아니다" 등의 문구가 여기저기 새겨져 있다. 조금 더 다듬어진 형태로 사카모토 다카오(坂本多加雄) 씨의 논의가 있다.[17] 사카모토 씨는 '역사 연구'와 '역사 교육'을 구별한다. '역사 연구'가 '정책적 관심으로부터 독립'하여 진행되는 학문적 탐구라고 한다면, '역사 교육'은 "국민의식의 형성이라는 고도로 정치적인 영역과 관련되어 있다". 따라서 "역사 교육 본래의 과제를 생각해 보면 가해자로서의 자각은, 다른 역사 교육의 과제를 뒤로 미루면서 특별히 우선시하고 중요하게 다뤄야 할 목표가 아니다." '역사 교육'은 어디까지나 '국민의 이야기'를 가르쳐야만 하기 때문이다. 더구나 사카모토 씨는 "국민 형성의 이야기는 개인의 이야기 이상으로 픽션적 성격이 강하다"는 것을 서슴없이 인정해 버린다.

　앤더슨의 '상상의 공동체'[18]론이나 이야기론(narratology)을 내부로 흡수한 이러한 담론이 출현하는 것은 이글스톤의 예상을 넘어서는 것

16) 西尾幹二, 新しい歴史教科書をつくる会 編, 『国民の歴史』, 扶桑社, 1999.
17) 坂本多加雄, 『歴史教育を考える: 日本人は歴史を取り戻せるか』, PHP研究所, 1998.
18) [옮긴이] 베네딕트 앤더슨, 『상상된 공동체: 민족주의의 기원과 보급에 대한 고찰』, 서지원 옮김, 길, 2018.

일지 모른다. 왜냐하면 역사가 '실증적'이고 '객관적'이지 않고, '신화'나 '이야기'와 동일한 차원에 있다고 단언하고 있기 때문이다. 이 문제에 대해서는 다카하시 데쓰야 씨가 일련의 저서에서 훌륭하게 분석과 비판을 진행하고 있으므로, 이 자리에서 반복하진 않겠다. 한 가지만 덧붙인다면, 이처럼 이야기론적인 '국민의 역사'를 공공연히 주장하는 것은 '자유'로부터 얼굴을 돌리는 것이 된다. 나는 『국민의 역사』의 마지막 장인 「인간은 자유를 견딜 수 있을까?」를 읽고, 도스토옙스키가 『카라마조프 가의 형제』에서 묘사한 '대심문관'의 모습이 겹쳐지는 것을 어찌할 수 없었다. 예수는 인간의 자유를 지키기 위해서 악마의 유혹에 대항하여 기적을 거부했던 것이지만, 대심문관은 "애초에 인간에게 자유는 짐"이며, 권위가 명령하는 대로 안심하고 살아가는 것이 다수의 사람들의 행복이라고 예수(라고 여겨지는 사람)를 비난한다. 그러나 예수는 한마디도 답하지 않고 대심문관의 뺨에 키스를 하고 떠난다. 예수가 지키려고 했던 '자유'는 단지 정치적 개념이 아니며, '자기 결정'과 등가로 여겨지는 '자유'도 아니다. 그것은 아우슈비츠의 '사물화[物化]된 삶'의 대척점에 있는 인간의 삶의 방식이 아닐까?

나는 슬슬 마음을 우울하게 하는 '부정론'에 관여하는 것은 그만두려고 한다. 다만 나는 니시오 간지 씨에게 작별을 고할 때, 도저히 예수처럼 행동할 수 있을 것 같지 않다.

우리는 상처 입을 수 있는 마음을 가지고 있는가?

—『전쟁과 인간』

1. 전쟁과 심적 외상(트라우마)

인간은 슬픔을 참고 견딜 수 있어도, 심한 공포는 견딜 수 없는 존재인 듯하다. 자신의 생명이 위기에 직면했거나 생각지도 못했던 파국(catastrophe)을 만났을 때, 인간은 이러한 체험을 마음속에서 소화시키지 못한다. 잊을 수도 없고, 그렇다고 그것을 옛날 이야기하듯 말하지도 못한다. 다만 그때 그 무서웠던 체험이 있는 그대로 마음을 사로잡는다. 그리고 그 경험은 몇 번이고 몇 번이고 되살아나 마음을 들볶는다. 더 이상 마음은 저항하지 못한 채 그 체험의 노예가 되어 버리고 만다. 이런 체험은 흔히 심적 외상(트라우마)이라고 불린다.

심적 외상이란 현상 그 자체는 인류의 역사가 시작된 이래 줄곧 존재했을 것이다. 그러나 심적 외상이란 문제의 발견에는 전쟁이 중요한 역할을 했다. 전쟁이야말로 인간의 마음이 허용할 수 없는 비참한 체험의 극치이기 때문이다. 프로이트는 이미 오래 전부터 전쟁 체험이 '외상성'(外傷性) 노이로제 증상을 불러일으킨다는 점에 주목했다. 프로이트는 『정신분석입문』의 제18강 「외상에 대한 고착: 무의식」[1]이란 장에서, 제1차 세계대전을 계기로 발생한 정신 질환을 논하고 있다. 프로이트가 비엔나대학에서 뒷날 『정신분석입문』의 모태가 된 강연을 한 바로 그때가 제1차 세계대전이 최고조에 달했던 때였다. 제1차 세계대전은 탱크, 비행기, 독가스 등 근대 병기가 최초로 사용된 전쟁이며, 당시 병사들은 장기간에 걸친 참호전으로 극도의 피로와 무력감에 시달리고 있었다. 이는 근대 최초의 총력전이라 할 만했다. 주디스 허먼의 『심적 외상과 회복』에 의하면, 부상병 중에는 "히스테리 여성과 꼭 같은 행동"을 하는 남성도 있었다고 한다.[2] 찢어질 듯한 쇳소리를 내며 흐느껴 울고, 가위에 눌리며, 말도 반응도 없어지고, 기억을 잃으며, 감정을 상실했다고 한다. 프로이트가 주목한 것은 아마도 병사들의 이와 같은 증상이었던 것 같다.

프로이트는 외상성 노이로제의 근간에는 그 외상을 초래했던 재해 순간이 단단하게 눌러붙어 있다고 지적한다. 이 환자들은 아직 외상을 제대로 처리하지 못해서, 외상을 준 상황은 여전히 극복할 수 없는 현실 과제로서 환자 앞에 첩첩이 가로놓여 있다는 것이다. 프로이트는 이를 다음과 같이 설명하고 있다. 짧은 시간에 겪은 심적 생활의 자극이 극도로 증대하기 때문에, 흔히 정상적으로 사용하는 방법으로는 그 충격을 처리, 혹은 소화시키지 못한다. 그 결과 에너지 활동에 지속적인 장애를

---

1) [옮긴이] 한국어판으로는 지그문트 프로이트, 『정신분석입문』, 최석진 옮김, 돋을새김, 2015 중 18장 「외상에 대한 고착(固着): 무의식」을 참고.
2) ジュディス L. ハーマン, 『心的外傷と回復』, 中井久夫 訳, みすず書房, 1999. 원서는 Judith Lewis Herman, *Trauma and Recovery*, Basic Books, 1997[『트라우마: 가정폭력에서 정치적 테러까지』, 최현정 옮김, 열린책들, 2012].

가져온다는 것이다. 그 후 제2차 세계대전 때에도 병사들은 비슷한 증세를 보였다고 한다. 그러나 그때의 주된 관심은 어떻게 하면 병사들이 그러한 증세를 일으키지 않을까 하는, 전쟁 수행을 위한 목적에서 출발한 연구가 대부분이었다고 한다.[3)]

심적 외상과 전쟁의 관계가 정신의학계 전체의 주목을 끌게 된 주요한 계기는 베트남전쟁이었다. 계기가 된 것은 베트남전쟁에서 귀환한 병사들이 공통으로 보이는 정신 장애였다. 전쟁터에서의 무시무시한 체험들이 미국으로 돌아간 뒤에도 병사들의 마음을 끈질기게 괴롭혀 그들의 사회 복귀를 어렵게 했던 것이다. 이렇게 해서 미국의 정신의학회는 1980년에 '심적 외상 후 스트레스 장애'(PTSD, Post Traumatic Stress Disorder)란 병명을 정식으로 채택했다.

PTSD의 주된 증상은 심적 외상을 몇 번이고 몇 번이고 떠올리며 반복해서 경험하는 것이다. 그 결과 심적 외상이 떠오르는 것을 회피하기 위해서 일차적으로 기억 상실에 빠지거나 한없는 무기력감에 젖기도 한다. 그런가 하면 또 한편으로는 감정을 컨트롤하지 못해 하찮은 일에도 대단히 과민하게 반응하며, 주위 사람들에게 공격적이 된다. 또는 극도로 불안한 상태에 빠지는가 하면, 갑자기 흥분하기도 한다. 이 모든 증상은, 과거의 심적 외상이 결코 과거에 일어났던 일로 그치는 것이 아니라, 끊임없이 되살아나 마음을 [찌르고 할퀴며] 고통스럽게 하는 데에서 기인한다. 그 후 PTSD는 전쟁 체험만이 아니라, 교통사고, 성적 학대, 강간 등의 체험에 의해서도 일어난다는 것이 명백히 밝혀졌다. 예를

---

3) 앞의 책 참조.

들면 일본에서는 1995년의 고베 대지진 후 많은 사람들이 이 PTSD 증상을 보여서 사회의 이목을 끌었다. 특히 이 지진이 어린이들에게 미친 영향은 매우 심각해서, 지진이 일어난 지 수년이 지난 지금도 불안과 공포, 무기력, 히키코모리[4] 등과 같은 PTSD 증상을 보이는 어린이들이 상당히 많다. 그 어린이들의 인격 형성과 사회 생활에 미칠 영향이 우려되는 실정이다. 아직 여린 마음을 간직하고 있는 어린이들에게 지진의 공포는 상상을 뛰어넘는 것이었음에 틀림없다. 그래서 지금도 지진 당시의 기억이 어린이들의 마음을 사로잡고 있는 것이다. 또 같은 해(1995년)에 일어났던 옴진리교의 사린 사건[5] 피해자 중에도 PTSD 증상을 보이는 사람들이 꽤 있어, 지금도 사회 복귀에 어려움을 겪고 있다.

이렇게 보면 심적 외상은 우리 인간의 마음이 얼마나 상처받기 쉬운가를 나타내 주는 좋은 예라고 할 수 있다. 물론 우리는 일상생활에서도 때때로 비통한 경험, 무서운 사건들과 접한다. 그러나 우리는 세월이 지나면서 그것을 잊거나 과거지사로 처리하는 등, 어떻게 해서든지 마음의 균형을 유지한다. 즉 마음이 주체가 되어 그 같은 체험과 사건의 기억을 컨트롤하려고 하는 것이다. 그러나 이러한 마음의 능력을 대폭

---

4) [옮긴이] 1970년대부터 일본에서 나타나기 시작했으나 1990년대 중반 은둔형 외톨이들이 많이 생기면서 사회 문제로 떠오른 용어다. 히키코모리(引き籠もり)는 '틀어박히다'는 뜻의 일본어 '히키코모루'의 명사형으로, 사회 생활에 적응하지 못하고 집안에만 틀어박혀 사는 사람들을 일컫는다.

5) [옮긴이] 1995년 3월 20일 오전 8시경에 가스미가세키역의 5개 전동차 안에서 독가스가 동시다발적으로 살포되어 5500여 명이 눈과 코에서 피를 흘리는 등 심각한 중독 현상으로 쓰러졌으며 이중 12명이 목숨을 잃었다. 이 사건은 1995년 2월 말에 발생한 공증사무소 가리야 사무장 납치 사건과 관련하여 경찰이 옴진리교에 대한 전면 수사를 할 것이라는 첩보를 입수한 옴진리교 아사하라 쇼코(麻原彰晃) 교주가 경찰의 관심을 다른 데로 돌리기 위해 교단 간부에게 독가스 살포를 지시함으로써 야기되었음이 밝혀졌다. (네이버 지식백과)

초월한 무시무시한 체험을 한 번이라도 하게 되면, 마음의 주체성은 상실되고 정신의 일체성도 붕괴된다.

그 중에도 전쟁만큼 비통한 체험은 없을 것이다. 전쟁이란 단적으로 말하면, 국가 사이의 합법적 살인이다. 그런데 거기서 죽고 죽이는 것은 국가가 아니라 살아 있는 몸을 지닌 인간이다. 더욱이 근대의 총력전은 병사뿐만 아니라 무방비 상태의 일반 주민에게까지 영향을 미치는 것을 피할 수 없다. 근대의 전쟁은 무차별 공격, 주민의 강제 연행, 물자 약탈, 성적 폭행, 대량 학살의 기록으로 넘쳐난다. 이러한 사건을 인간의 마음이 과연 견딜 수 있을까? 어떤 의미에서 심적 외상에 의한 정신 질환은, 인간이 아직 인간적인 마음을 소유하고 있음을 비극적인 형태로나마 증명해 준다고도 할 수 있다.

2. 가해자의 심적 외상

노다 마사아키의 『전쟁과 인간: 군국주의 일본의 정신분석』[6]은 제2차 세계대전 때 중국 대륙에서 군인, 의사, 헌병으로 종사했던 사람들을 찾아다니며 그들의 체험담을 듣고 모은 책이다. 그들은 '황군'의 병사로서 마음 내키는 대로 폭력을 휘둘렀다. 그 기술은 읽던 책을 덮어 버리고 싶을 정도로 무섭고 견디기 힘들다. 유명한 '731 부대'에 소속했던 의사들의 생체 실험에 대한 기록 등은 인간의 생명을 책임지고 있는 의사의 행위라고는 도저히 생각할 수 없다. 살아 있는 사람들에게 페스트

---

6) [옮긴이] 野田正彰, 『戦争と罪責』, 岩波書店, 1998[노다 마사아키, 『전쟁과 인간: 군국주의 일본의 정신분석』, 서혜영 옮김, 길, 2000].

균을 주사하거나 생체를 해부하는 것은 일상 다반사였다. 또 '만주국'에서 헌병 노릇을 했던 사람의 회상은 중국 사람들에게 얼마나 잔혹한 고문을 했는지 아주 상세하게 이야기하고 있다. 의사, 군인, 헌병이라는 입장과 관계없이, 그들은 인간을 인간으로 보지 않았다. 실제로 그들은 생체 해부의 대상이 되는 중국 사람들을 '통나무'라고 불렀고, 물건처럼 '수집'해서 '해체'해 '폐기'했던 것이다. 심적 외상이 피해자를 덮치는 것은 두말할 필요도 없다. 그러나 그 체험이 인간으로서 견디기 어려운 것이라면, 가해자에게도 심적 외상을 일으킬 수 있다. 노다가 의문시한 것이 바로 이 점이었다. 그토록 잔혹하고 비인간적인 행위를 자행했던 이들에게는 일체의 심적 외상이 없었다는 것이었다. 여기에는 몇 가지 단계가 있다. 처음에 그들은 자기들이 한 잔학 행위를 인정하려 들지 않았다. 그리고 잔학 행위를 인정했다고 하더라도, 그것은 국가와 상사의 명령에 따른 것일 뿐이라고 둘러댄다. 만약 자기들에게 죄가 있다면, 먼저 국가의 주모자들을 탓해야 한다고 주장한다. 설사 자신들이 잔학 행위를 저질렀다는 것을 인정하고 피해자들에게 사죄하고 싶은 마음을 가졌다고 할지라도, 그 일로 깊은 정신적 고뇌에 빠지는 일은 없었다.

제2차 세계대전 중 일본군을 같은 시기의 독일군과 비교하거나, 베트남전쟁 때의 미군 혹은 체첸이나 아프가니스탄을 침공했던 소련군과 비교해 보아도, 귀환 후 그들이 심적 외상으로 괴로워한 경우는 극히 드물었다. 아무리 비참한 체험을 하고, 엄청난 잔학 행위를 했을지라도, 일본군 병사들에게는 그 체험들이 심적 외상이 되어 괴로워한 흔적이 전혀 보이질 않는 것이다. 이것이 대체 어떻게 된 정신구조인지 노다는 묻는다. 노다는 이를 다음과 같이 해석한다. 이 부분은 이 책의 핵심이 담겨 있는 중요한 대목이므로 좀 길지만 인용해 보겠다.

나가토미(永富, 전 특무기관원) 씨는 죄의식의 결여를 천황제 사상, 거기서 비롯된 민족 멸시 탓이라고 설명한다. 확실히 그럴 것이다. 그러나 이것은 지적인 인식 차원보다 깊고, 감정의 표층보다도 더욱 깊은 곳에 있는 감정의 마비, 무감각에 닿아 있다. 상대에 대하여 가엾다, 참혹하다, 너무하다고 느끼는 일도, 자기 자신이 힘들다, 괴롭다고 느끼는 일도 없다. 자타의 비통함에 대해 무감각하다.

그것이 그 개인의 성격이며 대개 타고난 것이라면 비사회성 인격장애(WHO의 국제 질병 분류)로 진단하거나, 이전의 독일 정신의학에서라면 정신병 성질[精神病質] 인격의 정서 결여자 (거기에 발양성 성격[7]이 부가된 것)로 진단해 버렸을 것이다. 그러나 감정 마비는 당시의 일본인의——아마도 현재까지 이어지는——사회적 성격이었다.

나가토미 씨의 감정 마비는, 정신적 외상 후 스트레스 장애(PTSD)의 증세를 발생시키지 않는 정신구조로 되어 있다. 죽음의 위협을 체험한 후 많은 사람들이 공포의 체험을 망각하려고 애쓰지만 잊으려 하면 할수록 그 기억이 떠올라 괴로워한다. 회상하지 않기 위해서라도, 혹은 회상에 휘둘려서라도 그는 마음의 문을 닫고 무감각과 감정 마비에 이른다. 그런데 나가토미 씨의 경우는 미리 어떤 감정을 느끼지 않도록 하는 구조를 지니고 있다.

그것은 나가토미 하쿠도 씨가 받은 예의범절과 학교 교육에 의해 형성된 것이다. 상무(尙武) 기풍이 강한 아소(阿蘇) 지방의 옛 가문에서 허약했던 소년은 철저하게 단련받았다. 이겨 내느냐 죽느냐하는 폭력적 수

---

7) [옮긴이] 발양성 성질(hyperthymia): 발양성 변조 기분, 과도 정신 흥분, 감정 격발을 의미한다.

양은 소년의 부드러운 감정을 딱딱하게 굳게 만들고, 내부에서 자라는 감정을 억압했을 것이다. 자신의 슬픔과 기쁨의 감정조차 알 수 없게 된 자가, 어떻게 타자의 감정에 대해서 충분한 상상력과 공감을 가질 수 있겠는가?

이리하여 그의 감정은 매우 이데올로기적인 질서를 갖게 된다. 명예나 수치, 그리고 이와 관련된 감정은 비대해지는 반면, 자신이나 타인의 슬픔과 기쁨의 감정에는 냉담해진다. 타자와 대등한 관계를 이루지 못하고 [사람들과의 관계는] 늘 상하 관계로 바뀐다. 예외적으로 자신이 비호하는 대상에 대해서만 연민의 감정을 부분적으로 남기게 된다. 그것을 통해 경직된 감정에 숨결을 불어넣으려 하지만, 그가 지닌 연민이나 애정은 일방적인 것에 지나지 않는다. 타자에 대해 잔인한 사람 중에는 어린아이나 화초에 일방적인 애착을 느끼는 자가 적지 않다.[8]

노다는 이 책에서 두 가지 중요한 질문을 던진다. 하나는 군대에 가기 전에는 결코 공격적이지도 폭력적이지도 않았던, 오히려 인정 많았던 보통 사람들이 왜 전쟁터에서는 그토록 몸서리쳐지는 잔학한 행위를 할 수 있었을까 하는 점이다. 다른 하나는, 그들이 귀환 후 잔학한 행위를 했던 것에 대해 마음 속 깊이 고통스러워하고 고민하지 않는 것은 도대체 어떻게 된 것인가 하는 의문이다.

결코 오해해서는 안 되는 것은, 이 책에서 언급하고 있는 것은 전쟁 중에 자기들이 한 행위가 전혀 꺼림칙하지 않다고 느끼는 비인간적인

---

8) 앞의 책, 207~208頁. 한국어판을 참고하여 수정 번역했다[노다 마사아키, 『전쟁과 인간』, 233~235쪽].

사람들이 아니라는 것이다. 오히려 패전 후 일본에 돌아와 이전에 자신들이 한 행동을 반성하고, 중국에 사죄하는 마음을 가지고 있는 사람들이 대부분이다. 이들 중에는 반전 운동이나 중일 우호 운동에 헌신하고 있는 사람도 있다. 그러나 그렇다고 해도, 그들의 반성이나 사죄가 지적 인식의 차원이거나 표면적인 감정의 레벨에 그치기 쉽다는 점을 문제 삼고 있는 것이다.

확실히 군대는 인간을 전투 기계로 변신시키기 위해 여러 수단을 동원한다. 일본군은 입대한 지 얼마 안 되는 나이 어린 초년병에게 총검으로 죄 없는 중국 사람을 찌르고, 사람을 죽이는 일에 아무런 느낌도 갖지 않도록 하는 훈련 방법을 보유하고 있었다. 그러나 병사들은 왜 조금도 반항하지 않은 채 그 명령에 따랐던 것일까? 물론 군대에선 상관의 명령이 절대적이다. 상사의 명령을 거역하면 자신에게 재앙이 덮친다. 그러나 그렇다면 병사들은 상관의 명령이기 때문에 마지못해서 잔학행위를 했을까? 아니면 병사들은 하룻밤 사이에 살인마로 환생했을까? 정답은 그 어느 쪽도 아니라는 것이다. 놀랍게도 병사들은 소심한 공명심, 그리고 허영심의 소유자였던 것이다. "군대에서 승진하려면 이 정도의 일을 못 해선 안 된다"라든가, "소대의 지휘관으로서 아직 사람을 죽이지 않은 것은 부끄러운 일이다" 등의 하찮은 이유로, 그들은 살인을 정당화했던 것이다. 또 헌병들은 죄 없는 주민을 연행해 고문하고 억지 자백을 시키는 건수가 많으면 많을수록, 조직의 명성이 높아지고 개개인의 출세와 연결되었다. 그리고 소심한 공명심과 허영심을 공명심과 허영심으로 느끼지 못하게 하는 데에는 천황제 이데올로기가 유효했다. 자신들은 '동양 평화', '오족협화'(五族協和), '팔굉일우'(八紘一宇)를 위해 헌신하고 있다는 자기 멋대로의 망상으로 어떠한 잔학 행위도 정당화했고, 또 한편으로 이러한 망상이 자기들의 허영심과 공명심을 가리고 숨기는 미사여구가 되기도 했다.

이데올로기의 역할과 효능은 바로 이런 데에 있다. 자기들이 훌륭한 행위를 하고 있다는 보증을 국가로부터 받기만 하면, 무슨 일이든 할수 있다. 그 일이 단지 자기의 추잡스러운 욕망을 채우기 위한 행위라할지라도, [이데올로기는 그것을] 마치 성인(聖人)의 거룩한 행위처럼 착각하게 만든다. 이데올로기가 고매하면 할수록 비루한 욕망을 가린다. 이렇게 해서 이데올로기상의 표면적인 미사여구는 병사들의 야수적인행동을 정당화시켜 주는 것이다(사실 '야수적'이라고 한 것은 옳지 않은 표현이다. 왜냐하면 '야수'는 인간처럼 잔학한 행위를 하지 않는 법이기 때문이다). 그리고 뒷날 잔학한 행위를 돌아보더라도 그것이 마음을 아프게 하지는 않는다. 나쁜 일이었다고 인정은 해도, 그 상황에서는 어쩔 수 없었다든가, 전쟁이란 그런 게 아니냐는 시원찮은 변명을 하면서 자신의행위를 정면에서 직시하려고 하지 않는다.

상관으로부터 끔찍한 잔학 행위를 명령받고 거부한 병사들은 거의없었다고 한다. 노다 씨에 의하면 기성 국가나 군대의 권위를 거부하기위해서는 그것보다 더 높은 차원의 권위, 특히 종교적인 권위에 따르거나 그 권위를 의심할 수 있는 비판적인 눈이 필요한 법이다. 예를 들면어떤 불교도 병사는 포로를 살해하라는 상관의 명령을 종교상의 이유로 거부했다고 한다. 그러나 이러한 예는 놀랄 정도로 적었으며, 있어도소극적인 저항에 그쳤다. 보다시피 전쟁 중 일본에서는 기독교든 불교든, 모든 종교 조직이 쌍수를 들고 침략 전쟁을 지지하고 있었다.

노다 씨는 참전했던 일본군 병사들이 인간적인 마음을 되찾기 위해서는 '탈세뇌'(脫洗腦)가 필요했다고 역설한다. 그 전형적인 예가 중국

공산당이 일본군 전범에게 한 취급 방식이었다. 중국은 저우언라이의 '관대함 정책' 아래, 아무리 잔학한 행위를 했던 병사일지라도 한 사람의 인간으로 대우해 주었다. 실제로 중국에서 사형 판결을 받은 일본인 전범은 한 사람도 없었다. 일본인 병사들은 중국의 이러한 대우에 처음에는 당혹스러워했지만, 차츰 마음의 문을 열고 몇 년간의 억류 생활 속에서 과거에 한 일을 반성하고 사죄하게 되었다. 그러나 몇 년 만에 돌아온 일본에서 그들을 기다리고 있던 것은, 그들에게 '빨갱이'라는 레테르를 붙이는 주위의 차가운 시선이었다. 중국에 억류되었던 참전 병사들에게는 '빨갱이'라는 레테르가 붙었던 것이다. 많은 사람들이 중국에서의 귀환자라는 이유만으로 일자리에서 거부당했고, 공안 경찰의 감시 대상이 된 사람도 적지 않았다. 참전 병사들의 마음이 변화하는 개심(改心) 과정을 분석한 노다 마사아키의 필치에는 정신과 의사다운 날카로움과 섬세함이 넘친다. 특히 노다 씨가 중요한 포인트로 삼고 있는 것은, 가해자가 피해자 한 사람 한 사람의 '얼굴'을 떠올릴 수 있는지 없는지에 대해서이다. 단지 '물건'이 아니라, 그리고 한 뭉텅이의 집단도 아니라, 한 사람 한 사람 다른 '얼굴'을 가진 인간이라는 것을 인식하는 것이 자신이 한 행위의 잔혹함을 느끼게 하는 계기가 된다는 것이다. 아니그보다, 원래 자기가 가해자라는 자각을 갖기 위해서는 인간과 인간 사이의 평등하고 대등한 관계를 되살릴 필요가 있는 것이다.

이렇게 보면 일본군이 엄청난 잔학 행위를 한 것과 패전 후 일본 사람들이 '가해자'로서의 아픔을 전혀 느끼지 않는 것은 표리일체라고 할 수 있다. 그 근원에는 전쟁 중에도 패전 후에도 조금도 변하지 않는 일본 사람들의 취약한 정신 구조가 있다. 그러나 이 취약한 정신 구조가 어떤 면에서는 '강함'이 되어 나타난다. 그 '강함'이란 어떤 일도 겁내지 않고 일시적인 감정의 흐름에 좌우되지 않는 마음, '시쓰지쓰고겐'[9]을 받드는 극단적인 정신주의로 무장한 정신을 이상으로 한다. 그들은 '약자'에 대해서는 자기 멋대로 연민을 표시하지만, '강자'에 대해서는 다만 순종할 뿐이다. 그 근저에 있는 것은, 타자의 아픔과 슬픔에 대한 무감각이며, 나아가서는 자기 자신의 아픔과 슬픔에 대한 무감각이다. 근대 이후 일본 사람들은 이 같은 무감각과 감정 마비의 상태에 빠져 있다는 것이 정신과 의사인 노다 씨의 진단이다.

3. 현대 사회와 공격

이러한 일본 사람들의 정신 구조는 1945년 패전 이후에는 바뀌었을까? 노다는 그렇지 않다고 한다. 이러한 정신 구조는 전쟁 범죄를 반성하지 않고 잔학 행위를 인정하려고 하지 않는 일부 보수 우익 세력에게만 남아 있는 것은 아니다.

　　노다 씨에 따르면 전쟁 중에는 군국주의가, 패전 후에는 회의주의가 일본인의 정신을 지배하고 있다고 한다. 사회에 대해 비판 정신이 없고, 그저 회사에 절대적으로 순종하며, 상사의 명령이라면 선악 판단을 하지 않고 따르며, 과로사할 때까지 일하며, 아시아에서 현지 노동자를 멸시하는 일본인의 태도는 전쟁 중 병사와 마찬가지가 아닐까? 이런 태도에는 타자와 공감할 수 없을 뿐 아니라, 자신의 감정마저도 상실한 인

---

9) 시쓰지쓰고겐(質実剛健): 검소하고 단단한 정신이라는 뜻으로 일본 남성의 최고의 미덕 중의 하나로 여기고 있으며, 일본을 대표하는 명문 학교 가운데에는 이를 교훈으로 삼는 데도 많다.

간이 있다. '회사 인간'이 이른바 '기업 전사(戰士)'라는 것은 모두가 인정하는 사실이므로, 만약 노다가 이 정도의 문제를 지적한 것이었다면 그다지 놀랄 것도 없었을지 모른다. 노다의 고찰이 귀중한 것은, 일본 사람들의 감정이 마비된 근원에는 '강함'에 집착하는 정신이라는 병근(病根)이 있다고 파헤친 점에 있다. 예를 들면 이 책 마지막 부분에서 노다는, 만주국 군인으로 중국을 침략한 아버지의 잘못을 반성하고 패전 후에는 평화 운동에 종사해 온 남성에 대하여 다음과 같이 논하고 있다.

그러나 [그 남성은] 다른 하나의 질문에 아직 사로잡힌 채이다. 그 질문은 아직 투명한 질문으로 바뀌지 않은 것 같다. 그는, '전쟁에 반대할 수 있는 강함이 있는 것일까? 아버지와 같은 처지에서 포로를 죽이지 않는 인간이 될 수 있었을까?'라고 묻는다. 즉 강한 의지에 대한 집착을 지니고 있다. 이렇게 묻는 한, 의지가 약한 인간은 전쟁 반대를 말할 수 없게 된다. 이와 같은 사고방식을 갖고 있을 경우, 불리한 상황에 처하거나 위협당하거나 하면, 이번에는 단숨에 나서서 다른 사람을 억압하는 인간으로 변하기 쉽다.

강인한가 아닌가를 물으면, 답은 강인한 쪽이 좋다고 결정되기 마련이다. '시쓰지쓰고겐'하고 의지를 관철하는 인간이 훌륭한 인간이 된다. 이것은 과거 일본 군인의 정신주의와 같은 것이 된다. 그리고 강인한 의지에 평화주의를 접목시켜 놓으면, 바람직한 삶이 돼 버린다.

과연, 강함은 그렇게 필요한 것일까? 강한 인간이기 전에 느끼는 인간이 되어야 한다. 그렇지 않으면 정신은 경직돼 버린다. 어떤 상황에서 무엇이 일어났는지, 늘 구체적으로 알려고 노력할 것. 충분히 알고 나서 당사자에게 감정 이입하여 생생하게 느낄 수 있는 것이야말로 정말로 소중한 게 아닐까?[10]

노다는 힘주어 말한다. '강한 인간' 보다 '느끼는 인간'이야말로 참된 의미의 인간적인 마음의 소유자라고. 부드러운 마음, 정신주의 및 이데올로기에 대한 집착을 버릴 수 있는 정신이 있어야만 깊고 풍부한 감정을 자기 속에서 느끼고, 그것을 타자에게도 표현할 수 있는 인간이 될 수 있는 것이다. 그런데 '느끼는' 것이 지금처럼 어려워진 시대도 없다. 노다 씨는 현 시대를 "감정은 무미건조해지고, 유쾌해야 한다는 강박관념이 생겨 버린" "다행증"(多幸症)의 시대라고 파악하고 있다. 즉 현재는 "생명이 지닌 느긋한 기분"을 잃어 버리고, 자극적인 감각에만 사로잡혀 버린 듯한 시대이다. 노다는 이렇게 말한다.

> 내용이 결핍된 공허한 상쾌함. 현실을 보기보다는 전체적으로 '잘 돼 가고 있다'고 미리 받아들여 방어하는 자세. 그 이면에는 자발성이 약해지고 충동성이 강해지는 현상이 있다. 사람들은 불안하게 돌아다니고, 거품 경제에 들떠 있으며, 늘 무엇을 했는지 무엇이 일어났는지 검증하는 일 없이 환상 속 행복을 향해 웃어 왔다. 공동화하는 정치, 파탄 나는 금융, 비대해진 관료제, 아시아 여러 나라의 개발 독재에 대한 가담, 목적 없는 정보화, 아이들의 폐쇄감[閉塞感]…. 그 각각에 대해 충동적으로 반응하고 얼굴을 찌푸리며 경련성 눈물을 흘리는 일은 있어도, 깊은 슬픔은 없다."[11]

---

10) 앞의 책, 338~339頁[노다 마사아키, 『전쟁과 인간』, 371~372쪽].
11) [옮긴이] 노다 마사아키, 『전쟁과 인간』, 13쪽.

현대 사회는 '상냥함 및 순함'과 '공격성'이 표리관계를 이루며 붙어 있는 사회이다. '상냥하고 순하다'(やさしさ)는 것은 타인을 방해하지 않는 것이며, 동시에 타자와 거리를 두는 것이다. 거기에는 타자와 밀착된 커뮤니케이션을 결코 원치 않는다는 태도가 있다. 다른 한편으로는 공연히 표면적인 감각만이 첨예화되어, 깊은 슬픔도 희열도 느끼지 않는다. 그러나 누군가가 자기 마음속으로 들어오면, 자기의 영역이 흙발로 더럽혀지는 것처럼 느끼고, 극히 공격적인 태도를 보이게 된다.

이렇게 하여 활동적인 것만을 추구하는 인간, 끊임없이 무언가 하지 않으면 초조하고 불안해하는 인간이 생겨난다. 휴대폰으로 쉴 새 없이 떠들어 대며, 워크맨으로 끊임없이 음악을 듣는 젊은이들, 밖에서는 거리의 시끄러움과 북적거림에 포위되고, 집에 돌아가면 즉시 텔레비전 스위치를 켜고 소란스러운 화면에 넋을 잃는 어른들. 현대 사회는 모든 곳에 전기불을 비추고 소음으로 가득 메운다. 사람들은 밤의 암흑, 조용함, 침묵을 견딜 수 없어 한다. 생명의 깊은 리듬은 상실되고, 시계가 규칙적으로 조각낸 시간만이 행동의 지침이 된다.

어쩌면 현대 사회는 인간의 마음을 심적 외상을 입지 않게 하는 보호막으로 싸 버렸는지 모른다. 이런 사회에서는 상처받기 쉽거나 민감한 마음을 지닌 사람들은 정신병 속에서 피난처를 구할 수밖에 없는지도 모르겠다. 정상과 비정상이 역전된 광경이 여기에 있다.

노다의 시선은 어디까지나 일본인과 일본 사회의 모습에 집중되어 있다. 확실히 이 책을 읽으면 일본 사회와 일본 사람들의 정신 구조, 그 한 단면을 손에 잡힐 듯 알게 된다. 그러나 여기서 노다 마사아키가 그린 "경직된 강함을 추구하는 사회", "깊은 감정의 움직임을 상실한 정신"은 과연 일본 사회만의 문제일까? "자신의 슬픔과 기쁨의 감정조차 알 수 없게 된 자가, 어떻게 타자의 감정에 대해서 충분한 상상력과 공감을 가질 수 있겠는가?"라는 노다의 물음은 천황제 이데올로기나 전체주의에 지배당한 사회만이 아니라, 소비 자본주의에 덮여 있는 현대 사회에도 적용되지 않을까?

3부.
월경이라는 사상을 다시 더듬다

경계선 위의 지성
── 아이작 도이처, 『비유대적 유대인』

아이작 도이처[1]의 대표 저서는 무엇보다도 『무장한 예언자 트로츠키』,
『비무장의 예언자 트로츠키』, 『추방된 예언자 트로츠키』라는 트로츠키
전기 3부작일 것이다. 이 트로츠키 전기는 아이작이 열정을 기울였다는
점에서도, 상세하고 정확한 사실 기술이라는 점에서도 20세기에 나온
전기 중에서 최고 걸작으로 꼽힐 것이다.

그러나 이 3부작은 어쩐지 안으로 들어가기가 꺼려지는 거대한 절

---

1) [옮긴이] 아이작 도이처(Isaac Deutscher, 1907~1967): 크라쿠프대학에서 철학, 역사학, 경제
학을 공부한 후 신문기자가 된 그는 1927년 폴란드 공산당에 입당해 당 기관지의 편집자가
되었다. 스탈린의 사회주의 파시즘 및 코민테른에 반대하고 트로츠키의 반-나치 통일전선
을 지지하다가 1932년 당에서 제명당함. 1939년 영국으로 망명한 그는 런던에 머물면서
문학평론가, 경제학자, 정치평론가로서 영국의 『이코노미스트』, 『옵서버』, 『트리뷴』의 기고
자로 활동했다. 1942년부터는 『이코노미스트』의 편집자가 돼 세계적인 소련 전문가로 활
약했으며, 『타임스』, 『맨체스터 가디언』을 비롯한 여러 신문과 잡지에 글을 썼다. 제2차 세
계대전 후 『옵서버』의 서독 주재 특파원을 지내기도 한 그는 이후 미국의 신문과 잡지까지
진출하여 『리포터』, 『포린 어페어스』, 『월드 폴리틱스』, 『뉴욕타임스 매거진』 등에도 글을
썼다. (네이버 책 소개 참고: https://book.naver.com/bookdb/book_detail.nhn?bid=11586755)
인용된 아이작 도이처의 일본어 번역서는 『非ユダヤ的ユダヤ人』, 鈴木一郎 訳, 岩波書店,
1970. 영어판은 다음과 같다. *The Non-Jewish Jew: And Other Essays*, Tamara Deutscher
ed., Verso: Reissue, 2017.

처럼, 나 따위는 그 파사드(facade) 앞에 단지 멈춰 서 거대한 위용에 감탄하는 것만으로 만족해 버린다. 오히려 내가 잊을 수 없는 아이작의 작품은 여기서 언급한 『비유대적 유대인』이다. 이 책은 계속 고전으로 언급되는 대작도, 시대의 정신을 변화시킬 정도의 문제작도 아니다. 이 책은 아이작이 죽은 뒤 아내인 타마라가 남편을 추억하기 위해 엮어 낸 소박한 에세이집이다. 그러나 그런 만큼 20세기를 살아 낸 지식인 도이처의 목소리가 내 마음속에 조용히 퍼져 가는 듯하다.

아이작 도이처는 1907년에 폴란드의 크라쿠프시 근교에 있는 크루자노프라는 마을에서 태어났다. 도이처는 10대 초기에는 정통적 유대교 환경에서 자랐다. 그것은 나치가 철저하게 파괴한 동구 유대인의 세계, 샤갈이 묘사했던 꿈과 환상으로 가득 찬 유대인 공동체였다. 타마라 도이처는 이렇게 회상한다. "도이처가 벗어난 세계는 이미 존재하지 않는다. 그것은 잔혹하게 파괴되어 괴롭힘당하고, 학살당하고, 말살된 세계이다. 그것은 두 번 다시 재현되지 않을 것이다. 그것은 단지 그것에서 빠져나와 살아 온 사람들의 추억과 공포심 속에 남아 있을 뿐이다."

젊은 시절의 도이처는 유대교의 관례에 따라 "짧게 자른 짙고 검은 단발에 머리 양쪽으로 곱슬머리를 늘어뜨리고 있었다". 그리고 매일 아침 일찍 시너고그(Synagogue, 유대교의 교회당)에 다니며 탈무드나 토라(torah)의 가르침을 받고 마침내 13세라는 어린 나이에 유대교 사제인 랍비 자격을 얻었다. 그러나 지적 호기심과 반항정신으로 넘치는 젊은이였던 도이처는 답답한 전통이 짓누르는 유대교 사회에서 튕겨져 나왔다. 그리고 16세 때 폴란드어를 쓰는 시인으로 세상에 나왔지만, 18세 때 바르샤바로 이주하자 마르크스주의에 대한 관심이 점차 깊어져 19세 때 폴란드 공산당에 입당한다. 그러나 도이처는 점차 세력을 확장해 가는 나치에 대해 계속해서 우유부단한 태도를 취하고 있는 스탈린에 대한 의혹이 깊어진다. 그리고 당내에서 소수의 동지들과 함께 반 스탈린 운동을 전개한다. 그 결과 도이처는 "나치의 위협을 과대 선전했다"는 이유로, 1932년에 공산당에서 제명 처분을 받는다. 그 후 1939년에 영국으로 건너가 저널리스트로 활동한 뒤, 1949년에 출판된 『스탈린 전기』로 명성을 확립한다. 그 후의 활약에 대해서는 많은 저작을 통해 잘 알려져 있다. 즉 아이작 도이처의 생애 그 자체에 나치에 의한 홀로코스트와 스탈린에 의한 전체주의라는 20세기의 거대한 문제가 교착되어 있는 것이다.

아이작 도이처의 아버지인 야곱 도이처는 계속하여 폴란드어로 시를 쓰는 아들을 보면서 이렇게 말했다고 한다. "확실히 너는 좋은 시를 쓰고 있지만, 전부 폴란드어다. 너는 언젠가 위대한 작가가 될 거야", "왜 너는 네 모든 재능을 그런 시골말로 묻어 버리는 거니. 아우슈비츠 저 너머로 가기만 하면 전부 독일어라고." 사실 아우슈비츠는 크라쿠프 마을에서 그렇게 멀리 떨어져 있지 않았다. 독일어야말로 '유일한 세계 언어'라고 믿는 아버지 야곱의 말버릇은 "너는 아우슈비츠 저 너머로 가면 된다고"였다. 이러한 아버지를 회상하는 아이작 도이처의 말은 가슴을 친다. "슬프게도 나의 아버지는 아우슈비츠 저 너머로는 한번도 갈 수 없었습니다. 제2차 세계대전 중에 아버지는 아우슈비츠 안에서 사라졌기 때문입니다."

도이처는 유대교, 카톨릭, 폴란드, 독일, 스탈린적 사회주의 그 어디에도 안주하지 못하고 독자적인 입장을 계속하여 지켜 왔다. 물론 인터내셔널리즘을 주창하는 트로츠키의 사상이 도이처를 지탱해 주고 있던 것은 말할 것도 없다. 그렇지만 어느 공동체에도, 조직에도 안주하지 않는 도이처의 입장은 사상이라기보다는 더 근원적인 삶에 대한 태도에 근거하고 있다고 여겨진다. 그러한 삶의 존재 방식을 도이처는 "비유대적 유대인"으로서 그려 냈던 것이다.

"비유대적 유대인"——형용 모순(oxymoron)이라고밖에 할 수 없는 이 말을 처음 접했을 때의 충격을, 나는 잊을 수 없다. 도이처는 '비유대인적'임을 선택하면서, '유대인'임을 지속한다. 특정 민족의 속박에서 벗어나는 것이 결코 다른 민족에 소속되거나 소속 불명의 '세계 시민'이 되는 게 아니라는 인식은, 우리들에게 매혹적이고 해방적이었다. 도이처는 스피노자, 하이네, 마르크스, 로자 룩셈부르크, 트로츠키, 프로이트와 같은 유대인 사상가의 계보를 더듬어 간다. 이들 사상가야말로 도이처가 자신의 선도자라고 인정한 "비유대적 유대인"인 것이다. 다음에 언급할 인상적인 구절은 내 기억 밑바닥에 간직되어 있어서, 이따금씩 몇 번이고 되살아난다.

이들은 모두 유대인이면서 다른 문명, 종교, 민족 문화 등의 경계선상에 서 있기 때문이다. 또한 그들은 각 시대의 전환기에 경계선상에서 태어나 자랐다. 그들의 사상이 성숙할 수 있었던 것은 매우 이질적인 문화가 서로 영향을 주고, 서로 배양되는 지역에 있었기 때문이었다. 그들은 각 나라에서 그 나라 주변이나 한구석에 공간을 요청하여 그곳에서 생활했다. 그들 모두가 사회 속에 있는 동시에 타지사람이었다. 그들 모두 사회에 속해 있으면서도 그 사회에 받아들여지지 않았다. 그들이 그 사회를, 민족을, 그리고 시대와 세대를 초월한 높은 사상을 지니고 넓고 새로운 지평으로 그 정신을 비약시키고, 또한 훨씬 먼 미래까지 생각을 진전시킬 수 있었던 것은 바로 이 점이었다.

'사회 속에 있는 동시에 타지 사람'인 '경계선상의 지성'이 존재하는 방식이, 바로 여기에 선명히 묘사되어 있다. 에드워드 사이드의 『지식인이란 무엇인가』[2]를 읽은 사람이라면, 여기에 바람직한 지식인의 모습이 그려져 있다고 생각할지도 모른다. 사실 내 머릿속에는 유대인 도이처와 팔레스타인 사람인 사이드가 서로 이야기를 주고받는 풍경이 떠오른다. 그들이 만나는 장소는 세계의 어느 국가에도 속하지 않는다. 인간은 때때로 하나의 공동체나 입장에서 벗어나도 다른 공동체나 입장에 속하게 되어 버린다. 그렇게 해서는 하나의 구속으로부터 다른 하나의 구속으로 이동했을 뿐, 아무런 해방도 얻을 수 없다. '경계선'이란 안인 동시에 밖이며, 선의 양쪽 어디든 속하면서도 어디에도 속하지 않는다. 이러한 존재 방식을 보여 주기 위해서는, 논리적으로 모순이라고 할 수밖에 없는 '비유대적 유대인'이란 표현 밖에 없는 것이다. 다시 말해, '경계선상의 지성'은 이 모순을 모순인 채로 살아 내야만 한다.

도이처는 이스라엘에 대해서 계속적으로 비판적인 입장을 취했다. 특히 이스라엘이 유대인 국가로서의 정당성을 주장하는 것에 대해서는 계속하여 완강히 반대했다. 도이처에 따르면, 이미 '국민국가라는 개념 자체가 시대착오적인 것이 된 때에, 유대인이 "자신들의 민족국가를 생각하지 않을 수 없게 되었다"는 것이야말로, "모순에 가득찬 유대인의 비극"인 것이다. 도이처는 이렇게 말한다.

세계는 유대인도 민족국가를 채택하여 그에 대해 자부심과 희망을 갖게 하려고 했던 것이지만, 그것은 이미 민족국가 따위에는 어떤 희망도

---

2) [옮긴이] 한국어판은 다음과 같다. 『지식인의 표상: 지식인이란 누구인가?』, 최유준 옮김, 마티, 2012.

가질 수 없게 되어 버린 시점이었다. 사람들은 그렇다고 하여 유대인을 비난할 수는 없다. 비난받아야만 하는 것은 이 세계 전체인 것이다. 그러나 유대인은 적어도 그 패러독스를 알아차려야 하며, '민족국가의 주권'을 확립하기 위한 그들의 노력은 역사적으로 보자면 시대에 뒤떨어진 것임을 자각해야만 한다.

그렇지만, 도이처는 몇 번이고 절망의 심연에 빠졌음에 틀림없다. 도이처는 나치에 의한 유대인 학살이 서구 시민 사회가 행한 일시적이고 야만적인 일탈이라고는 생각하지 않았다. 오히려 그것은 자본주의로 해를 입은 서구 사회의 본질을 폭로하는 사건이다. 그러나 바로 그런 이유로 인해 서구 사회는 홀로코스트를 스스로의 문제로 인식하는 것을 거부해 왔던 것이다. 도이처는 이렇게 말한다. "유럽의 나치가 유대인 600만 명을 학살했던 것이 서구 국민에게는 어떤 깊은 인상도 주지 않았음은 의심할 바 없는 사실이다. 그것은 진실로 그들의 양심을 뒤흔드는 것과 같은 결과를 낳지 않았다. 그들은 그것을 냉담하게 보고 있었던 데 불과하다."

20세기는 어떤 시대였던 것일까? 그것은 전쟁, 침략, 학살의 소용돌이 속에서 겨우 살아남은 사람의 무리들이 망명과 유랑 여행을 계속할 수밖에 없었던 시대였던 것은 아닐까? 이러한 세계 속에서 어떻게 계속해서 희망을 가질 수 있을 것인가? 이럴 때 도이처가 말하는 "비유대적 유대인"의 사상이 한 줄기 빛이 되어 미래를 비춰 줄지 모른다. 물론 "비유대적 유대인"이 되는 것은 유대인의 특권은 아닐 것이다. 우리들이 어떤 사람이든지 '비○○적 ○○인'이 되는 것이 우리들에게 삶의 의미를 부여해 주는 유일한 사상일지도 모른다. 그렇다고 한다면, 우리들은 이 책 속에서 다음 세대를 향해 발화된 말을 명확히 받아들여야만 한다. 도이처의 이 책은 그런 성실한 목소리 중 하나임에 틀림없다.

관계항으로서의 '일본'

── 이효덕, 『표상 공간의 근대』[1]

이 책을 이해하기 위해서는 우선 책의 제목인 '표상'이라는 말을 정확하게 파악하는 것이 필요하다. '표상'이라는 말은 우선 일상 회화에서는 접하지 않는 용어이다. 두 글자로 이뤄진 많은 학술적 숙어와 마찬가지로, '표상' 또한 메이지기에 유럽어의 개념을 번역하기 위해 만들어진 일본제 한자어이다. 그러나 현재 '표상'이라는 말이 빈번히 사용되는 배경에는 메이지 이후 한자어의 역사보다도, 오히려 프랑스 현대사상, 특히 미셸 푸코 사상의 영향이 있다고 생각한다. '표상'이란 '이미지'도 아니며 '표현'도 아니다. 그렇다면 '표상'이란 무엇일까?

주체인 인간이 외부 세계인 객체를 인식할 때, 그 인식된 객체는 있는 그대로의 객체가 아니다. 우리들이 인식 대상으로 삼고 있는 것은 특정한 시간과 공간의 틀 속에서 특정한 형식하에 파악된 객체의 '표상'인 것이다. 주체와 객체 사이에는 이러한 특정한 문화적 형식에 의해 만들

---

1) [옮긴이] 李孝德, 『表象空間の近代─明治'日本'のメディア編制』, 新曜社, 1996 [『표상 공간의 근대』, 박성관 옮김, 소명출판, 2002].

어진 '표상'의 세계가 필터처럼 끼워져 있는 것이다. 그러면 이 '표상'이라는 것은 '사물 자체'를 인식할 수 없는 인간이, 주관적인 입장에서 객체에 붙인 이미지인 것일까? 그렇지 않다. 먼저 주체와 객체가 존재하고, 그 후에 '표상'이 그 중간적 필터로 발생하는 것이 아니다.

'표상'이라는 것은 어떤 의미에서 주체와 객체를 연결짓는 관계라고 해도 좋을 것이다. 그리고 이때 중요한 것은 소쉬르가 제기하여 그 후 구조주의나 포스트 구조주의로 연결되었던 관계론적 사상이다. 소쉬르에 따르면 언어의 구조는 우선 A와 B라는 항목이 있은 뒤에 〈A~B〉라는 관계가 발생하는 것이 아니다. 관계성이 먼저 존재하며, 관계항은 그 후에 변수로서 그 관계에 적용되는 것이다. A, B에 앞서서 〈~〉라는 관계가 먼저 존재하며, A, B는 이 관계 속에 들어감으로써만 'A'와 'B'라는 존재로 성립한다. 즉 주체와 객체가 실체로서 먼저 존재하고 그 양자가 표상이란 관계로 연결되는 게 아니라, 표상의 형식 속에 들어옴으로써 비로소 주체와 객체가 형성된다. 그런 의미에서 주체도 객체도 그 자체로 존재하는 실체가 아니다. A가 A인 것은 B가 있기 때문이며, B가 B인 것은 A가 있기 때문이다. 즉 A와 B의 자기 동일성 자체가 〈A~B〉라는 관계에 의해 비로소 생기는 것이며, 이 관계성 밖으로 나오면 A도 B도 그 무엇도 아니다.

이야기가 너무 추상적인가? 그러면 주체 A에 '일본인', 객체 B에 '일본'을 대입시켜 생각해 보자. 극히 일상적인 사고방식에 따르면, '일본인'이나 '일본'이 실체로 존재하고, '일본인'이 '일본'을 인식할 때에 '표상'으로서 '일본'이라는 이미지가 생긴다고 생각할지 모른다. 그러나 앞서 언급한 것과 같은 관계론적 시점에서 생각하면 이야기는 반대가 된다. '일본인'과 '일본'은 실체로 존재하는 것이 아니라, 관계 속에만 존재하는 관계항에 불과하다.

그렇다면 이 관계성으로서의 표상은 역사와 어떻게 관련되는 것일까? 말할 필요도 없이 표상은 역사를 초월한 것이 아니다. 특정 시간과 공간의 틀 속에서 비로소 의미를 지닌다. 더구나 이 표상은 단지 주관적인 것이나 특별한 개인이 만들어 낸 것도 아니다. 그것은 특정한 시대의 퍼스펙티브 속에 사회 전체를 포괄한 간주관적(間主觀的)인 '역사적 아프리오리(a priori)'로서 존재한다(특정한 시대의 지식형식을 제약하는 '역사적 아프리오리'라는 개념은 푸코가 『말과 사물』과 『지식의 고고학』에서 논한 것이다).[2]

이효덕이 이 책에서 논하려고 하는 메이지 일본의 '표상공간'은, 앞서 언급한 '표상'론의 전제를 통해 비로소 정확히 이해할 수 있다. 즉 '일본', '일본인' 등 현재에는 자명하다고 여겨지는 개념이, 메이지 시대에 어떠한 표상하에서 성립하게 되었는가를 해명하려 한 것이다. 이 책에서 '일본'과 '일본인'은 결코 자명한 실체가 아니다. 오히려 그런 개념은 특정한 표상 형식하에서 '상상'된 것이다.

더욱이 또 하나의 설명을 덧붙여 보자. 그것은 이 책의 부제인 '미디어'라는 개념이다.[3] 현재 일반적으로 '미디어'라고 하면 신문 등의 저널리즘이나 텔레비전, 라디오, 인터넷 등의 통신매체를 가리키는 것으로 여겨진다. 그렇지만 이 책에서 다루어지는 '미디어'는 그러한 것에 한정되지 않는다. 풍경화, 언어의 문체, 인쇄, 교육, 교통기관, 박람회, 지도

---

2) [옮긴이] 한국어판은 미셸 푸코, 『말과 사물』, 이규현 옮김, 민음사, 2012; 『지식의 고고학』, 이정우 옮김, 민음사, 2000이 있다.
3) [옮긴이] 이 책의 일본어판에는 "메이지 '일본' 미디어 편제"라는 부제가 붙어 있다.

등, 좁은 의미에서는 '미디어'라고 여겨지지 않는 것까지 포함하고 있다. 대체 이러한 것들이 어째서 '미디어'로 간주되는 것일까? 이 점에서 분명 '컬처 스터디즈'의 영향을 인식하지 않을 수 없다. '컬처 스터디즈'란 80년대 무렵부터 영국의 『뉴 레프트 리뷰』[4] 등에서 활약하고 있었던 젊은 좌익 지식인들이 문화 속에 숨어 있는 권력 구조를 분석하기 위하여 채용한 방법과 이론을 가리킨다. 맑스주의 이론에서는 여태까지 정치나 경제만이 중점적으로 다뤄지고, 문화의 영역은 거의 손대지 못한 채 남겨져 왔다. 그러나 '문화'는 결코 정치적으로 중립적이지 않을 뿐 아니라, 지배계급이 원하는 대로 이용할 수 있는 지배의 도구도 아니다. '문화'는 결코 정치나 경제에 종속된 것이 아니며, 그 자체가 독자의 논리와 형식을 갖춘 고유의 실천 영역이라는 인식이 이렇게 생겨났다. 여기에는 경제 결정론에 대한 비판이 있다고 봐야 하며, 현대 사회에서 점차 위력을 발휘하는 매스 미디어에 의한 정보 관리에 대한 비판적인 의식도 있을 것이다. 이리하여 단지 정치 권력으로 환원되지 않는 '문화적 권력'의 문제가 부상한 것이다. 그리고 그 선구자로 이탈리아 사상가인 그람시(Antonio Gramsci)의 작업이 점차 중요성을 띠게 되었다.

'미디어'란 '문화적 권력'이 작동하는 장이라고 파악된다. 원래 '미디어'란 '매개', '미디어'라는 의미이다. 그렇다면 '미디어'란 앞서 서술했듯이 추상적인 '표상 형식'이 사회 속에서 현실화할 때의 다양한 형태를 가리키는 것이 된다. 회화든 언어든, 지도나 교육이든 그것들은 무언

---

4) [옮긴이] 『뉴 레프트 리뷰』(New Left Review): 1960년 영국에서 창간되어 격월로 발행되는 맑스주의 좌파 잡지. 2000년도에 잡지의 쇄신을 목적으로 제1호로 재창간했으며 '비타협적 현실주의'를 강화한다. 2009년 1월에 한국의 도서출판 길에서 18편의 글을 묶은 한국판을 발간했다.

가와 무언가를 관계성으로 묶는 매체=미디어이다. 예를 들어 지도를 보자. '일본'을 지리적인 형태로 떠올릴 때, 우리들이 보고 있는 것은 '일본' 그 자체가 아니라 지도 속에 영토와 국경으로 새겨진 국민국가 '일본'의 표상인 것이다. 국민국가는 미디어가 만들어 낸 이러한 표상을 통하여 스스로의 존재를 자명한 것으로 만들어 가는 것이다.

저자가 이 책에서 쓰려고 했던 것은 현재는 자명하다고 여겨지는 개념이나 사고가 메이지라는 특정한 시대에 만들어진 역사적 산물이라는 것을 '미디어=매체'가 만든 표상 분석을 통해 명확하게 밝히려 했던 것이라고 생각한다. 이렇게 하여 이효덕 씨는 국민국가 '일본'을 성립시킨 다양한 문화적 권력의 존재 방식을 풍경화, 문체, 인쇄, 지도, 교육 등 다양한 영역에서 읽어 간다. 그것은 '국민국가'라는 것을 역사적으로 상대화하고 그 자명성을 벗겨 내는 작업과 밀접하게 관련되어 있다.

「맺음말」에서 언급되어 있는 것처럼, 이 책의 근저에는 '재일'(在日)인 저자의 관점이 나타나 있다. 일본이나 한국 어느 쪽인가를 선택하라는 사고법을 강요당해 왔던 것 자체가 '재일'로서는 "자명성에 대한 강박관념(obsession)으로 고통받는" 일에 불과했다. 왜냐하면 "이러한 판단의 전제가 되어 있는 국어=국민=민족·인종=문화라는 도식 자체가 결코 자명한 것이 아니기 때문이다." 그렇지만 이효덕 씨는 "'일본'을 단죄하기 위해서 이러한 책을 쓴 것은 아니"라고 말한다. 그리고 "어디까지나 '일본'을 일종의 케이스 연구로 삼아, 국민국가 탄생에 동반된 국어=국민=민족=문화와 같은 도식이 성립하는 과정을 논했다"고 한다.

확실히 특정한 입장에 서 있는 것을 '단죄'한다면, 이번에는 그 입장 자체가 자명한 것이 되어 버리고, 다시금 자신의 입장이 절대화되어 버리며, 자유로운 발상을 금지하는 이데올로기가 발생한다. '비판'은

'단죄'가 아니며, 그래서도 안 된다. 비판이란 끊임없이 '자명성(自明性)에 대한 의심[疑義]'을 지속하는 것이며, 이는 스스로의 입장이나 논증 자체에도 가해져야만 한다. 어떤 의미에서 이것은 '단죄'하는 것보다도 더욱 곤란한 것이다.

이 책은 회화, 언어, 인쇄, 교통, 지도, 교육 등 여러 가지 분야의 현상을 다루고 있고, 각각의 영역에서 이뤄져 온 선행 연구를 기반으로 구축된 면이 있다. 따라서 각 분야 전문가의 눈으로 보면, 부족한 부분이나 결여된 점이 쉽게 발견될지도 모른다. 사실 내 전공인 언어를 다루는 장에서도 이러한 점이 발견된다. 그러나 이효덕 씨가 추구한 것은 이처럼 따로따로 존재하는 다양한 영역을 연결시키려는 표상의 네트워크를 분석하는 것이었다. 따라서 실증적인 오류를 지적하는 것은 이 책의 치명적 결점이 되지 않는다고 생각한다. 오히려 이 책의 결점은 국민국가를 만들어 낸 문화적 권력의 그물코를 너무 통합적인 것으로 다루고 있는 점에 있다고 생각한다. 이는 역사 속의 모순이나 분열에 주목하기보다, 문화 시스템의 관계성에 주목했기 때문에 필연적으로 발생한 문제일 것이다. 분석이 다소 정태적(靜態的)으로 느껴지는 것은, 이러한 점에 원인이 있다.

아무튼 이 책이 자극적이고 모험적인 기획이라는 것은 틀림없다. 우리들이 자명한 것이라고 생각하는 개념이나 대상의 대부분은 국민국가가 성립된 이후에 만들어진 역사적 산물이다. 우리가 사는 '당연한 세계' 자체가 특정한 문화적 권력의 구성물이며, 그것이 작용하는 장이다. 이것을 깨닫게 해준 것만으로 이효덕 씨의 책은 충분히 좋은 평가를 받을 만하다고 생각한다.

'비전'의 연쇄

— 야마무로 신이치, 『러일전쟁의 세기』[1]

전쟁을 긍정적으로 말하는 것은 그 전쟁을 담론상에서 계속하는 것과 마찬가지다. 근대의 전쟁은 이 전쟁이 얼마나 '올바른 전쟁'인가를 빈번하게 이야기하고 국민들에게 유포한다. 그리고 최종적으로는 '국민' 전체가 통째로 전쟁의 주체가 되어 버리고, "저 전쟁은 옳았다. 왜냐하면 우리 국민이 싸웠던 전쟁이기 때문이다"라는 동어 반복적인 언명이 모든 이야기의 근거가 되어 버린다. 이 책의 부제인 '연쇄 시점'은 이러한 동어 반복적인 국민 이야기를 넘어서기 위한 시도이다. 저자는 러일전쟁을 근대 일본의 분수령이 되는 전쟁이라고 보는 동시에, "20세기 최초의 세계 전쟁"이었다고 파악한다. 그리고 실로 복안적(復案的)인 시점을 통해 다양한 사람들이 연결되거나 대립하는 연쇄가 발생하고 분기(分岐)해 가는 정황을 꼼꼼하게 쫓아간다. 일본, 러시아, 미국, 영국 등 제국주의 각국 사이의 흥정이 묘사되는구나 생각하면, 센닌바리[2]나 구

---

1) [옮긴이] 山室信一, 『日露戦争の世紀: 連鎖視点から見る日本と世界』, 岩波書店, 2005[야마무로 신이치, 『러일전쟁의 세기: 연쇄 시점으로 보는 일본과 세계』 정재정 옮김, 소화, 2010].

제 고등학교(旧制高校)의 기숙사 노래와 같은 일상에 파고든 전쟁의 잔상에 빛을 비춘다. 그리고 야마무로 씨가 찾아낸 것 중에 현재도 여전히 의미를 잃지 않은 것으로는 '비전'(非戰)의 연쇄가 있다.

주전론(主戰論)이 피가 끓어오르는 고양감을 낳는 데 반하여, 비전론(非戰論)은 "수사로서는 진부"한 것처럼 보이는 경향이 있다. 이는 옛날에도 지금도 마찬가지다. 사실 러일전쟁에서 나타난 비전론에 대한 비판 속에서, 전후 평화헌법에 대한 비판의 원형(prototype)을 발견하는 것마저 가능할 것이다.

러일전쟁은 근대 일본의 성공담으로 밝게 이야기되는 경우가 많은 듯하지만, 저자는 그러한 이야기를 단호하게 거부한다. 이는 다음과 같은 근원적인 물음이 이 책을 관통하고 있기 때문이다. 왜 일본과 아시아 사이에는 역사 인식이 공유되지 않는가? 전쟁에 대한 반성으로 시작되었던 전후 일본이 지금 다시 전쟁을 하고 싶은 유혹에 사로잡혀 있는 게 아닌가? 이 물음을 자기 자신의 문제로 생각하는 독자에게 이 책은 소중한 사고의 양식이 될 것임에 틀림없다.

---

2) [옮긴이] 센닌바리(せんにんばり, 千人針): 출정 병사의 무운을 빌어 1000명의 여자가 한 땀씩, 붉은 실로 천에 매듭을 놓아서 보낸 배두렁이 따위를 의미한다.

심장부로부터

── 테사 모리스 스즈키, 『변경에서 바라보다』[1]

제국은 중심에서 주변을 향해 확장한다. 그리고 팽창한 끝에 저쪽 편의 제국과 충돌하고, 전쟁이나 외교에 의해 국경이 그어져, 영토가 확정된다. 그러나 그것은 동시에 제국의 지배 이전부터 그곳에서 살며 광범위한 네트워크를 만들어 왔던 다양한 선주민[先主民族]을 '다른 것', '야만적인 것'으로 배제하면서 국가적/국민적인 틀에 동화시키는 프로세스이기도 했다.

이러한 근대 국가는 세계 전체를 뒤덮었다. 저자는 이것과 반대되는 코스를 일본과 러시아가 아이누를 동화하고 차별화해 온 역사를 상세히 쫓아 다시 되짚으려고 한다. 이것은 "벽지'[奧地]의 심장부로부터 밖을 향해 나가 국가/국민적 및 글로벌한 제국도시에 도달한 뒤, 제국도시형 사고 양식을 다시금 새롭게 질문하는 방법을 갖고 되돌아오는, 그러한 여로(旅路)"이다.

---

1) [옮긴이] テッサ・モーリス=鈴木, 『辺境から眺める: アイヌが経験する近代』, 大川正彦 訳, みすず書房, 2000[『변경에서 바라본 근대: 아이누와 식민주의』, 임성모 옮김, 산처럼, 2006].

그러나 이 여로가 곤란한 것임을 저자는 충분히 자각하고 있다. 근대 국가에 의한 지배는 물리적 폭력에 의한 수탈만이 아니다. 위에서 조망하는 시점으로 사물을 분석하고 보편타당한 진리를 추구하려고 하는 근대 과학의 시선 그 자체가, 민족 고유의 실천적 지식에 "현재 속 과거"라는 레테르를 붙이고, 그것을 지(知)의 재료로 수탈해 왔기 때문이다. 이 '이중의 수탈'이 선주민에게는 '근대의 경험'이었다. 즉 이 책이 질문하는 것은 '진보와 문명'을 지상의 가치로 삼는 '근대성' 그 자체의 틀인 것이다.

이렇게 하여 우리는 불가항력으로 국민이란 무엇인가, 국가란 무엇인가, '근대'라는 특이한 시공간은 대체 우리에게 무엇을 초래했던 것인가, 그리고 애초에 근대를 말할 수 있는 '우리들'이란 누구인가, 라는 끝없는 물음으로 인도된다. 그러나 그것은 결코 고통만 있는 물음이 아니다. 저자의 지적 성실함과 신선하고 생기 넘치는 감성은 이 물음을 통하여 반드시 독자에게 새로운 발견의 기쁨을 전해 줄 것이다.

탈출하는 자들
── 구로카와 소,『국경』[1]

무리를 이룬 국가가 조금의 여백도 남기지 않고 지구상의 공간을 점유해 버렸기 때문에, 국경은 반드시 우리 앞을 딱 막아선다. 근대란 지리적 공간만이 아니라 정신의 영역까지도 '국경'에 의해 둘러싸인 시대인 것이다. 그러나 국경을 넘어서도, 거기에는 다시 또 다른 국가가 모습을 드러낸다. 그 어떤 국가의 저주로부터도 탈출하려고 한다면, 아예 '국경'을 밟고 머물러 "사람들이 서로 만나고, 이질성을 품고, 유동하는", "자생의 필요를 짊어지고 있는 장소"를 만들 수밖에 없다. 이렇게 저자는 주장하고 있다.

구로카와 소의『국경』은 내부도 외부도 아닌 '국경'이라는 지점에서 일본문학을 다시 파악하려고 하는 모험적인 시도이다. 모리 오가이(森鷗外), 나쓰메 소세키(夏目漱石), 다카하마 교시(高浜虚子), 이즈미 교카(泉鏡花), 이부세 마스지(井伏鱒二) 등 '일본문학'을 대표하는 작가들

---

1) [옮긴이] 黒川創,『国境』, 河出書房, 2013(이 글에서 다루는 초출은 黒川創,『国境』, メタローグ, 1998).

이 '국경'에 의해 위협당하고 혹은 '국경'을 응시하고 있었던 것이 해박한 문학사적 지식과 정밀한 작품 독해를 통해 밝혀진다. 다른 한편 미국이나 브라질로 이민한 일본계 작가의 작품 속에서, 국가로부터 이탈한 '일본어 문학'의 가능성이 모색된다. 더 나아가 저자는 식민지 시대에 일본어가 강제되었던 조선인과 대만인 작가들의 고뇌에 대해 논하며 "'일본문학'은 일본인에 의해서만 형성된 것도 아니며, '일본어'는 일본인들만 사용하는 것도 아니"라는 것을 강조한다. 물론 이것은 식민지 통치에 면죄부를 주기 위한 발언이 아니다. 식민지 지배에 의해 "'일본문학' 내부에 남겨진 사라지지 않는 상처"를 진지하게 응시하는 것이야말로, 식민주의를 극복할 수 있는 단 하나의 방법이라는 자각으로부터 발생한 결론인 것이다. 그만큼 저자는 '경계 없는(borderless) 시대'와 같은 너무나도 단순하고 위세 당당한 구호야말로, 오히려 "견고한 '국경'에 의해 보호된 담론"이라고 날카롭게 지적한다.

이 저작에서 웅변적인 고발이나 미래에 대한 예언을 기대해서는 안 된다. "목소리가 커질 때, 자기 자신 속에서 무엇인가가 약해져 있는 것을 느낀다"고 말하며, "가능한 한 자연스러운 억양으로 말하고 싶다"고 하는 저자의 자세에 나는 깊은 공감을 느낀다.

비내리는 시나가와 역
—— 임숙미, 『쇼와 이데올로기』[1]

최근 매스 미디어에서 '쇼와'[2]를 노스탤직(nostalgic)하게 회상하는 경우가 늘고 있다. 첫 20년간을 눈감아 버리는 건 매번 있는 일이지만[3], 최근 눈에 띄는 경향은 이러하다. 즉 쇼와를 전후 고도 경제 성장을 구가했다는 점에서 보다도, 아직 뭔가 희망이 있었던 시대로 그리워하는 분위기가 확대되어 가는 듯하다. 작년(2005년) 5월에 '쇼와의 날'이 국민축일로 제정되었던 것도, 이러한 사회의 분위기와 무관하지 않을 것이다. 이전의 '천장절'(天長節)은 전후에 '천황탄생일'로 모습을 바꾸고, 쇼와가 끝나자 '녹색의 날'이 되었지만, 이제는 '쇼와의 날'이 공적인 명칭으로 등장했던 것이다. 그렇지만 '쇼와'는 연호인 동시에 천황이 죽은 뒤 바치는 이름(贈り名)이자 시호(諡号)이다. 따라서 노스탤지어의 대상

---

1) [옮긴이] 林淑美, 『昭和イデオロギー——思想としての文学』, 平凡社, 2005
2) [옮긴이] 쇼와(昭和): 1926년부터 1989년까지의 일본 연호.
3) [옮긴이] 쇼와는 1926년부터 1989년까지의 기간이므로 초기 20년이란 1926년에서 1946년까지, 즉 일본이 조선과 대만 등을 식민지화하고 만주사변, 중일전쟁, 태평양전쟁을 일으켰던 시기를 의미한다. 쇼와에 대한 노스탤직한 회상은 바로 이 식민주의와 전쟁를 삭제함으로써 가능해지는 것임을 저자는 이 말로 지적하고 있다고 생각한다.

으로 '쇼와'를 말하는 행위는, 의식적이건 무의식적이건 간에 일종의 장례 의식에 참가한다는 것을 의미한다. 연호로서 '쇼와'는 끝나도, '쇼와 이데올로기'가 종말을 고한 것은 아닌 셈이다.

『쇼와 이데올로기』라는 제목이 붙은 이 책은 이러한 시대 상황에 정면으로 대결하려고 한 용감하고 과감한 시도이다. 저자는 '쇼와'의 출발점으로 거슬러 올라가면서, 루이 알튀세르의 '국가 이데올로기 장치'라는 개념을 사용한다. 이를 통하여 '쇼와 이데올로기'가 사회의 '자발적 동의'를 만들어 내기 위해서 어떻게 사람들의 내면에 관여하고, 사람들의 행위와 실천에 작용해 왔는가를 철저하게 밝혀내려고 한다. 그리고 나카노 시게하루[4], 도사카 준[5], 사카구치 안고[6] 등의 비판자와 고바야시 히데오[7], 호리 다쓰오[8] 등의 동조자를 교차시켜 여러 가지 방면에서 메스를 댐으로써, '쇼와 이데올로기'의 다양한 단면도를 그려 내는 데 성공하고 있다.

이 책에서 저자가 특히 심혈을 기울여 논의하는 것은 나카노 시게하루의 유명한 시 「비 내리는 시나가와 역」이다. 잘 알려진 것처럼 이 시는 피지배 민족인 조선인에게 보내는 연대의 요청을 문자로 남겼다는 점에서 근대 일본문학 속에서 극히 특이한 작품이다. 그렇지만 초출본이 복자(覆字)로 무참히 찢겨져 있었기 때문에, 이 희귀한 작품의 전문(全文) 자체가 오랜 시간 동안 확정되지 못한 채였다. 최근 전집판에서

---

4) [옮긴이] 나카노 시게하루(中野重治, 1902~1979): 일본의 소설가, 시인, 평론가, 정치가.
5) [옮긴이] 도사카 준(戶坂潤, 1900~1945): 일본의 사상가, 철학자.
6) [옮긴이] 사카구치 안고(坂口安吾, 1906~1955): 일본의 소설가, 평론가, 수필가.
7) [옮긴이] 고바야시 히데오(小林秀雄, 1902~1983): 일본의 문예평론가, 편집자, 작가.
8) [옮긴이] 호리 다쓰오(堀辰雄, 1904~1953): 일본의 소설가.

는 초출 직후에 발표된 조선어 번역도 참고하면서 복원 시도가 한층 더 진전된 결과, 결정판이 확정되었다고 여겨져 왔다. 그렇지만 저자는 이 점에 의문을 표명한다. 저자도 멤버 중 하나였던 연구 그룹이 조선어 번역을 더욱 면밀하게 검토하여 도달한 복원판은 이 시의 모습을 일변시켰다. 이와 관련된 저자의 탐구는 실로 스릴이 있다. 물론 저자는 형식적인 본문 비평류와 같은 것을 지향하는 것은 아니다. 나카노의 작품에 그려져 있는 피지배 민족에 대한 시선이, 왜 그 이후에 정당하게 다뤄지지 못했는가를 사상적으로 되묻는 것이다.

「비 내리는 시나가와 역」은 쇼와가 시작될 때 '쇼와 이데올로기'와 전면적인 대결을 감행한 작품이다. 따라서 이 시는 1928년이라는 시대적 문맥에 둘러싸여 있으면서도, '쇼와 이데올로기' 전체를 대상화하고 비판할 수 있는 시좌를 제출하고 있다. 그리고 이 작품의 해독 작업을 통하여 저자는, 위기 상황에서 문학만이 이뤄 낼 수 있는 사상적 영위란 어떠한 것인가를 진지하게 물어 마지않는다. 이 자세는 한결같이 정열적이다. 이 책에는 능란하게 이용할 수 있는 도식이나 손쉽게 입에 담을 수 있는 정형화된 말은 존재하지 않는다. 그렇기 때문에 '왜'라고 질문할 수 있는 독자라면 분명, 저자와의 대화에 둘도 없는 기쁨을 느낄 수 있을 것이다.

생각한 것을 쓴 결과
── 가와무라 미나토, 『작문 속 대일본제국』[1]

근대의 전쟁은 '국민'의 온갖 에너지에 달라붙으려고 한다. 특히 교육의 장에서는 강제를 통해서가 아니라 내면으로부터 자발적으로 전쟁에 참여시키려는 장치가 요청된다. 저자에 의하면 근대 일본의 작문 교육은 바로 그러한 목적에 봉사해 왔다고 한다.

저자는 '생활 철자법 운동'도 예외일 수 없다고 한다. 확실히 '생활 철자법 운동'은 태평양전쟁 전 천황제 교육에 대한 안티테제로 격렬한 탄압을 받았다. 그러나 저자는 그 운동이 작문 교육의 원리로 들었던 "마음에 떠오른 것을 자유롭게 쓴다"라는 지침이, 전쟁 중 어린이들에게 제국의식을 심어 주는 데 도움을 주었다고 본다. 때문에 "전쟁 중 위문문이나 전쟁 예찬 익찬(翼賛)이나 필승 결의의 철자법 등도 생활 철자법의 한 귀착점"이었던 것이다.

"생각한 것을 쓰는" 것을 작문의 유일한 원리로 삼는 것은, 개인의

---

1) [옮긴이] 川村湊, 『作文のなかの大日本帝国』, 岩波書店, 2000.

내면 의식에서 무구한 표현 주체를 발견해 내는 것을 의미한다. 그렇지만 그렇게 함으로써 도리어, 주체가 놓여 있는 역사적이고 사회적인 상황은 묻지 못한 채 남는다. 그리고 내면에 숨기고 있는 소리를 들리게 하는 것이 아니라, 타자의 소리를 베껴 쓰는 결과를 낳는다.

이것은 작문 교육에 한정되는 게 아니라 사소설적인 전통이 주류가 되어 있는 일본문학 전체에 적용되는 중대한 문제일 것이다. 전쟁을 찬미했던 많은 문학자들은 학교 학생들과 마찬가지로, 결코 당국의 압력에 밀려서 붓을 굽힌 것이 아니라, 역시 "생각한 것을 쓴" 것은 아니었을까? 그러한 의미에서 이 책은 근대 일본의 정신사를 이해하는 데 귀중한 입구가 된다.

한 가지 질문을 하고 싶다. 이 책에서 조선인 작가의 이름을 일본어식 한자 읽기 발음을 달아 놓은 것은 왜일까? 예를 들면 김달수(金達寿)에게는 일부러 '긴타쓰주'(きんたつじゅ)라는 읽기 발음을 달아 놓았다. 이런 읽기 발음이 어떤 사회적 의미를 담고 있는지에 대해서, 저자가 모를 리가 없을 것인 만큼, 이상하다.

갈 수 없는, 그냥 꼬레

── 홍세화, 『나는 빠리의 택시운전사』[1]

이 책은 프랑스에 망명한 한 한국인의 수기이다. 정치적 억압으로 숨 막혔던 1979년 10월, 박정희 정권은 '남민전 사건'을 발표하고, 문학자, 학생 등을 포함한 약 88명을 검거·구속했다. '남민전'은 '남조선민족해방전선'의 약칭이다. 정부는 '남민전'이 국가 전복을 도모한 악질적인 '빨갱이' 집단이라고 몰아세웠다. 이 책의 저자인 홍세화도 그 '남민전'에 연관된 인물로 수배되었다. 그렇지만 저자는 바로 그때 어떤 무역회사의 해외 주재원으로 파리에 있었기 때문에 검거의 손길을 피할 수 있었다. 그러나 "도망가고 싶어도 떠나서 살기는 어려운" 한국에 그는 돌아갈 수 없게 되고, 어쩔 수 없이 프랑스에서 망명자가 되어 파리에서 '그저 한 명의 코리안 운전기사'로서 사는 길을 선택하게 된다.

물론 이국 땅에서의 생활은 평탄하지 않았다. 처음에는 파리 제7대

---

1) [옮긴이] 홍세화, 『나는 빠리의 택시운전사』, 창작과비평사, 2006(개정판, 초판은 1995년). 일본어 번역본은 『コレアン·ドライバーは、パリで眠らない』, 米津篤八 訳, みすず書房, 1997.

학에 적을 두고 일하면서 연구논문 집필을 지향하지만, 생활의 고통은 그러한 여유를 허락지 않았다. 택시 운전기사라는 힘든 노동 조건하에서, 조금이라도 수입을 얻으려고 휴일도 없이 하루 10시간을 파리의 밤거리를 돌아 달리는 매일이 계속되었다. 그때 저자가 떠올리는 것은 가혹한 조건에서 일하는 서울의 택시 운전기사들의 모습이었다.

그러나 고국에 돌아갈 다리는 끊어져 있었다. 저자가 받아들인 망명자라는 신분 때문에 '여행 문서'에는 이렇게 씌어 있었다. "여행 목적지… 꼬레를 제외한 모든 나라", "갈 수 있는 나라… 모든 나라", "갈 수 없는 나라… 꼬레"라고[2]('꼬레'는 프랑스어로 '코리아'를 지칭한다). 이 서류를 본 저자는 깜짝 놀라 센강을 향해 절망의 절규를 내지른다. 그리고 그는 어느 나라에서 왔는지 질문받으면 다짐하듯이 이렇게 답한다. "꼬레, 꼬레, 뚜 끄루"(꼬레, 그냥 꼬레입니다)라고.[3] '북'도 '남'도 아닌 '그냥 꼬레'야말로, 망명자 홍세화의 진정한 고향인 것이다.

고향에 돌아가고 싶다는 저자의 기분은 너무나 절실해서 심장을 에는 듯하다. 그러나 그는 절망적인 생각에만 사로잡혀 있는 것은 아니다. 망명의 땅 프랑스가 보여 준 '똘레랑스', 즉 사상이나 입장이 다른 사람이라도 대등한 상대로 받아들이는 것에 깊은 감명을 받는다. 그리고 한국 사회에 가장 결여되어 있는 것은 이 '똘레랑스'의 사상이 아닐까라고 질문한다. 이러한 점에서 저자는 한국 사회를 날카롭게 비판하지만, 그것은 '꼬레'에 대한 깊은 애정이 있기 때문에 비로소 가능한 비판이다.

---

2) [옮긴이] "꼬레"는 프랑스어로 한국을 지칭하는 말인 "Corée"를 프랑스어 발음 그대로 표기한 것이다. 일본어 원문은 프랑스어 발음 그대로 일본어로 표기한 "그レ"라고 되어 있다. 이 부분의 번역은 홍세화, 『나는 빠리의 택시운전사』, 185쪽을 참고했다.

3) [옮긴이] 홍세화, 『나는 빠리의 택시운전사』, 61쪽을 참고해 번역했다.

한국전쟁 때의 참담한 체험이나 "유신체제"하의 학생 운동에 대한 잔혹한 탄압 등의 처참한 현실이 쓰여 있지만, 이 책은 섬세한 감성과 마음을 온화하게 하는 유머가 넘쳐흐른다. 홍세화는 소위 정치꾼은 아니었다. 오히려 사회의 모순을 자신의 고통으로 받아들이는 진실한 의미의 로맨티스트였다. 저자 자신도 스스로에 대해서 이렇게 회상한다.

"나는 투철한 혁명가도 아니었다. 이론가도 아니었다. 그리고 그 어떤 정치적 욕구도 나하고는 거리가 멀었다. 나는 내 삶의 의미를 되새겼고 그에 충실하고자 했다. ─그것은 바로 내 가슴의 요구였다. 그뿐이었다."[4]

이러한 "사회주의적 로맨티시즘"이라고도 부를 수 있을 법한 정열은 1960~70년대 한국의 대학 문화의 핵심을 이루는 것이었다. 저자가 학생 생활을 보냈던 서울대학 문리학부는 바로 한국 대학 문화의 본거지였다. 지금은 완전히 변해 버렸지만, 서울대학 문리학부가 있었던 동숭동은 마로니에 가로수가 있어서 그 나무 그늘 아래를 걸으면, 자연스럽게 인생과 사회에 대해서 이야기하지 않을 수 없을 듯한 분위기였다. 학생들은 문리대 앞을 흐르는 강을 '센강', 그곳에 걸쳐 있는 다리를 '미라보 다리'라고 불렀다. 그리고 "미라보 다리 아래, 센강은 흐른다"라는 아폴리네르[5]의 시를 읊조리고 있었다.

---

4) [옮긴이] 앞의 책, 320쪽을 참고해 번역했다.
5) [옮긴이] 기욤 아폴리네르(Guillaume Apollinaire, 1880~1918), 폴란드계 프랑스 시인·작가. 큐비즘의 이론적 지도자로서 전위 예술 운동을 추진했다.

동숭동은 서울대학 학생들만의 거리는 아니었다. 동숭동에 있는 몇 개의 다방은 학생들 모두의 아지트였다. 그 중에도 이 책에 몇 번이고 나오는 '학림 다방'은 우리 학생들에게 매우 인기 있는 장소였다. 나는 연세대학교를 다녔는데, 자주 "피아노 한 대와 모딜리아니의 목 긴 여자의 그림이 걸린 학림 다방"에 가서 책을 읽거나 친구들과 오랫동안 이야기에 빠져들기도 했다.

　　나는 이 책을 2년 전 한국어로 읽고, 이번에는 일본어 번역으로 읽어 보았다. 한국어에서 일본어로 번역한 것들은 언어가 서로 비슷한 만큼 안이하고 조잡한 번역이 많지만, 이 번역은 한국어가 자아내는 미묘한 뉘앙스까지 전달하는 두루 마음을 쓴 좋은 번역이었다. 한국의 폭넓은 독자의 공감을 불러일으켰던 저자의 가슴 뜨거운 불꽃과 진정한 목소리를, 일본어 독자들도 분명 느낄 수 있을 것이다.

지하실, 최후의 안식처

──신경숙, 「어떤 실종」[1]

대도시는 세계 어디든 비슷한 풍경처럼 보이지만, 세세한 곳으로 시선을 돌리면, 역시 그 토지 특유의 풍물과 만날 때가 있다. 서울의 서민 주택에서 자주 보이는 지하 셋방도 서울의 독자적인 풍물일 것이다.

잘 알려진 것처럼 한국의 난방은 온돌이다. 전통적인 온돌은 부엌 아궁이에 소나무 가지 등을 태워서 바닥을 덥힌다. 그렇지만 1970년대의 고도 성장기에 들어서면서 연료를 효율화하고 안전하게 환기하기 위해, 점차 지하 보일러에서 연탄이나 석유를 태우는 방식으로 변했다. 그 때문에 지하에 어느 정도의 공간을 만들 필요가 생겼는데, 아예 이 공간을 넓혀서 셋방을 만들어 조금이라도 수입을 늘리려고 생긴 것이 지하 셋방이다.

물론 이러한 지하방은 월세가 싸지만, 채광은 매우 나쁘고 공기는

---

1) [옮긴이] 신경숙, 「어떤 실종」, 『겨울 우화』, 문학동네, 2012(초판 고려원, 1990). 일본어판은 『或る失踪 (アジア女流作家シリーズ)』, 具末謨 訳, 文科, 1997.

항상 정체되어 있다. 그러나 시골에서 서울로 나온 지 얼마 되지 않은 젊은 노동자들은 이러한 싼 지하방에서 견뎌야만 한다. 말하자면 이 지하 셋방은 한국 산업 구조의 변화와 인구 이동이 낳은 도시의 새로운, 암울한 풍경인 것이다.

한국 작가인 신경숙은 이 지하 셋방을 무대로 「어떤 실종」이라는 잊을 수 없는 작품을 남겼다. 신경숙은 1963년 한국 남쪽 전라북도에서 태어나 85년에 잡지 『문예중앙』 신인 문학상에 소설 「겨울 우화」가 당선되어 문단에 데뷔했다. 그녀는 15세 때 고향을 떠나 서울에서 공장 노동자로 일한다. 그리고 일하면서 노동자들을 위한 고등학교를 다니며 문학에 대한 마음을 키워 갔다. 생활 기반을 보자면, 확실히 신경숙의 작품은 1980년대에 한 장르를 이룬 '노동자 문학'이라고 꼽을 수 있다. 그러나 그녀의 작품 경향은 그러한 노동자 작가들과는 크게 다르다.

신경숙의 작품에는 노동자의 사회 투쟁도 엄혹한 노동 현실도 자세히 묘사되어 있지 않다. 그녀의 눈에 외부 세계는 어쩐지 낯설며, 어린 시절의 체험에서 오는 내적 번민이나 외부 세계와의 거리감으로 인한 고뇌가 작품의 일관된 테마를 이룬다. 신경숙만큼 농밀한 내면 세계에 침잠한 작가를 나는 달리 알지 못한다.

그녀의 작품에는 조각조각 난 단편이 과거와 현재의 시간적 간극을 가로질러 사람들의 내면 세계 속으로 얽혀들어 간다. 어찌할 수 없는 간극과 갈등이 사람들 사이를 갈라놓고, 그것은 결코 해결되지 않은 채 내면적 고통이 되어 계속 존재한다. 그리고 신경숙은 때로는 산문시와 같은 세밀하고 긴장감 넘치는 문체로, 보통은 간과해 버리는 삶의 세부를 현미경처럼 확대해 간다.

신경숙의 작품 중에는 개인 한 명의 힘으로는 해결할 수 없는 사건이 충격이 되어 개인을 덮쳐오고, 그 인생을 붕괴시켜 가는 과정을 그린 것이 많다. 작품 속에서 결정적인 의미를 지닌 사건은 늘 작품의 시간 그 이전에 일어나 있으며, 그 사건의 충격이 여러 가지 방향에서 작중 인물의 내면에 전개되어 간다. 이러한 점에서 보자면, 그녀의 작품은 언제나 그리스 비극과 같은 운명적 비극성을 띠고 있다고 할 수 있다. 「어떤 실종」은 신경숙 작품의 이러한 특성이 잘 나타나 있다. 무대는 서울 어느 지하의 셋방, 등장인물은 시골에서 일하러 온 딸과 딸을 만나기 위해 상경한 아버지이다.

딸과 아버지에게는 죽은 오빠와 어머니에 대한 추억이 달라붙어 있다. 오빠는 대학에서 학생 운동에 참가했기 때문에 군대에 강제 징병되었고, 그대로 돌아오지 못했다. 당국은 단순한 '사고사'로 처리하고 가족에게는 한 장의 사망 통지서와 몇 점인가의 유품을 보냈을 뿐이었다. 아들에게 온갖 기대를 걸었던 어머니는 아들의 사망을 듣자, 믿지 못하고 발광하고 만다. 그리고 산길을 맨발로 헤매며 결국에는 모든 음식을 거부하고 죽어 간다. 딸과 아버지는 왜 자신들에게 이러한 운명이 덮쳐 온 것인지 전혀 이해할 수 없는 상태로 제각각 추억에 빠져들어 간다. 새벽 거리에는 눈이 내리고 있지만, 이 지하 셋방에서는 그것도 알 수 없다. 외부 세계로부터 격리된 지하실은 이 딸과 아버지의 피난소이기도 하며, 최후의 안식처이기도 한 듯하다.

딸과 아버지는 어떤 말도 하지 않는다. 침묵을 견딜 수 없게 된 딸은 아버지에게 옛날에 불렀던 노래를 다시 한 번 불러 달라고 조른다. 그리고 왜인지 테이프 레코드의 마이크를 대고 녹음하려고 한다. 그러나 아버지는 띄엄띄엄 끊어진 소리밖에 내지 못한다. 결국 둘은 서로 부둥켜안고 흐느껴 울기 시작한다. 한편 지하실 밖에는 도시의 일상적 시간이 변함없이 흐르고 있다. 이리하여 어떤 해결도 내지 못한 채 소설은 조용히 끝난다.

어쩌면 그녀가 그리는 너무나도 내밀한 세계에 숨막힘을 느끼는 독자나, 사회적 시점이 희박한 것에 불만을 느끼는 독자도 있을지 모른다. 그렇지만 나는 고통과 번민에 가득 찬 신경숙 작품을 통해 어쩐 일인지 마음에 위로를 받는다.

또한 이 책에는 그녀의 처녀작인 「겨울 우화」도 함께 실려 있다. 현재 한국에서 살아가는 사람들의 내면을 잘 전달해 주는 작품으로, 추천하고 싶다.

속삭여 오는 소리
── 강신자, 『안주하지 않는 우리들의 문화』[1]

여태까지 강신자는 『나의 월경 레슨』[2]에서 음악이나 대중문화를 실마리로 하여 월경이나 이동을 말하고, 『기향 노트』[3]에서는 근대를 좀먹는 '민족'이나 '국가'의 환상에서 탈출하는 것에 대해서 말했다. 이번 책은 이 두 가지 흐름을 하나로 정리한 것이라고 할 수 있다. 더구나 강사로 근무하는 대학에서 1년간 강의한 내용을 바탕으로 쓴 책이기 때문에, 정리가 잘 되어 있어서 매우 읽기 편한 작품이다.

　이 책의 주제는 다음과 같이 요약할 수 있을 것이다. '근대'란 '문화'를 민족이나 국가와 결부하여 이야기하게 된 시대이다. '문화'가 '국민'이나 '민족'의 일체감을 지탱해 주는 것처럼 되자, 사람들은 '문화'를 통하여 손쉽게 '민족'이나 '국민'의 틀에 사로잡혀 갔다. 그러나 다른 한편에서 많은 사람들이 이 틀에서 배제되었고, 민족과 민족 사이, 국민과

---

1) [옮긴이] 姜信子, 『安住しない私たちの文化: 東アジア流浪』, 晶文社, 2002.
2) [옮긴이] 姜信子, 『私の越境レッスン 韓国編』, 朝日新聞, 1993.
3) [옮긴이] 姜信子, 『棄郷ノート』, 作品社, 2000.

국민 사이에서 살아갈 수밖에 없게 되었다. 그렇지만 그들, 이산(離散)하는 사람들이야말로 진실로 미래를 열어 갈 문화를 창조하고 있었던 것이다. 국민 문화나 민족 문화가 '순수성'을 과시하는 데 반해, 이들은 '이동'과 '유랑' 속에서 발생한 잡다한 것들이 뒤섞인 문화이다. 따라서 우리들이 기존 질서에 '안주'한 삶의 방식을 거부하기 위해서는 "'국가', '민족', '국민'이라는 틀이 잘라내 버렸던 사람들의 존재에 시선을 두고, 그들의 소리를 듣고 그들의 기억을 생각해 내는" 것이 반드시 필요하다.

그러나 이렇게 요약해 버리면, 이 책의 재미는 반감해 버림에 틀림없다. 이 책의 가장 큰 매력은 근대 동아시아를 유랑하는 다양한 사람들이 창조한 잡다한 문화가 지닌, 때로는 난잡하고 때로는 비애로 가득한 모습을 생생하게 묘사해 가는 강신자의 섬세한 감수성인 것이다. 이렇게 근대 일본의 대중 연극이나 유행가, 한국이나 대만의 연가, 브루스 리(Bruce Lee)의 쿵푸 영화에 열광하는 홍콩, 조국을 쫓는 망명 러시아인, 스탈린의 명령으로 중앙 아시아에 강제 이주하게 된 조선계 러시아인인 '고려사람'[4], 재즈가 울리는 동시에 조선민족 독립운동가의 거점이기도 했던 1930년대의 상하이 등의 풍경이 연이어 묘사되어 간다. 독자는 강신자와 함께 기쁨과 놀람과 슬픔에 가득 찬 '동아시아 유랑 여행'을 출발할 수 있다.

강신자의 어투는 매우 부드럽고 문체는 귓가에서 속삭여 오는 것같다. 그러나 그 근저에는 '순수함'과 '안주'를 거부하는 의지가 가로지르고 있다. 이 책의 「에필로그」에서 강신자는 러시아와 중국에 살았던

---

4) [옮긴이] 원문도 한국어 발음 그대로 일본어 'コリョサラム'(고려사람)으로 표기되어 있다.

두 명의 '최'를 상기한다. 한 명은 러시아의 록 그룹인 '키노'의 리더로 1990년에 사고로 죽음을 맞이한 빅토르 최, 다른 한 명은 중국의 반체제 락 가수 추이젠(崔建)이다. 마찬가지로 조선계인 그들은 사회에 대한 이의신청을 통해 러시아와 중국 젊은이의 마음을 매혹시켰다. 강신자는 그들의 까슬까슬한 목소리에 자신의 소리를 서로 포개 보려는 듯하다.

이 책이 정치적 문제를 정면에서 다루지 않고 있다는 점에 불만을 느끼는 독자도 있을지 모른다. 그러나 이 책의 근원에 있는 것은 일본에도 한국에도 동일화되지 않는 재일 한국인으로서, 젊은 시절부터 절실했던 그녀의 마음, 즉 "세계에서 있을 장소를 찾고 싶다"는 마음이다. 필시 이것은 정치적 세계 속에서는 묵살되기 쉬운 연약하고 무른 생각일 것이다. 그러한 의미에서 이 책은 폭력적으로 재단된 그 어떤 세계에도 속하지 않는 '힘없는' 사람들을 위해 쓰였으며, 또한 세계 속에서 어쩐지 좀 '편치 않은 마음'을 느끼고 있는 모든 사람들에게 보내는 메시지이라고 생각한다.

의지와 행위
── 요네야마 리사, 『폭력·전쟁·리드레스』[1]

이 책은 비판적 문화 연구의 관점에서 현대 미국의 다문화주의, 스미소니언 박물관의 원폭전을 둘러싼 역사의 기억 문제, 현대 페미니즘의 위상, 미국 제국 신화와 일본의 전쟁 범죄 등을 해석하는 자극적인 논문집이다. 제목인 리드레스(redress)라는 영어 단어는 '보상'이라고 번역하는 경우가 많다. 그러나 '보상'이란 일본어는 정치에 의한 물질적 손해배상을 의미하기 십상이며, 요네야마는 이 어감이 싫었던 것이리라. 이 책에서 말하는 '리드레스'는 폭력에 노출당한 사람들 스스로가 정의롭지 않은 상태를 초래한 자들에게 저항하여 현실을 변혁하려고 하는 의지 혹은 그 행위를 의미한다.

그러나 누가 누구를 향해 어떤 '리드레스'를 해야만 하는 것일까. 이 물음에 단순히 답할 수는 없다. 왜냐하면 어떤 사회적·정치적 문맥에 속해 있는가에 따라, 같은 주장이 다른 의미를 지니게 되어 버리기 때문

---

1) [옮긴이] 米山リサ, 『暴力·戦争·リドレス: 多文化主義のポリティクス』, 岩波書店, 2003.

이다. "일본은 전쟁의 가해자임을 잊고 있다"는 주장조차도, 미국의 보수파가 이용하면 미국의 '해방과 재활치료(rehabilitation)'의 제국 신화를 정당화하는 효과를 지닌다. 물론 요네야마는 대항 담론의 무효성을 주장하고 있는 것은 아니다. 어떤 대항 담론이건, 기존 내셔널한 회로에 회수되어 버리면, 본래의 '리드레스'란 다른 목적에 이용될 위험성이 있음을 민감하게 통찰하는 것이다. 이 점에서 요네야마는 담론의 지형도를 정성들여 그려 내어, 국경을 넘어선 '리드레스'의 가능성을 제시한다. 요네야마는 "정의를 추구하고 죽은 자를 애도하기" 위해서 필요한 것은 "궁극의 희생자에 대한 감정 이입"이나 "무비판적인 동일화"가 아니라, 식민지주의에 의해 초래된 폭력을 인지하고 "이에 대한 분노에 스스로를 '감염'시키는 것"이라고 말한다. 9·11 이후 '희생자'에 대한 내셔널한 '감정이입'과 '동일화'에 기반한 담론이 세상에 넘쳐나고 있는 지금, 우리들은 이 지적을 절실한 경종을 울리는 것으로 받아들여야만 할 것이다.

'야옹'하고 울면 생각하는 근대 일본의 큰 문제[1]
—— 나쓰메 소세키, 『나는 고양이로소이다』[2]

나쓰메 소세키의 『나는 고양이로소이다』에는 이런 장면이 있다. 어느 날 갑자기 구샤미 선생[3]은 안주인에게 고양이의 머리를 때려 보라고 명령한다. 이는 고양이의 울음소리를 듣기 위한 것이었기 때문에, 주인의 의도를 안 고양이는 떨떠름하게 '야옹'하고 울어 준다. 그러자 구샤미 선생은 너무나 진지하게 다음과 같이 질문한다. "지금 '야옹'하고 울었는데, 그 소리가 감탄사인지 부사인지 뭔지 아나?" 너무나 뜻밖의 질문

---

1) [옮긴이] 일본어에서 '문제'를 나타낼 때에는 한자어 '問題'를 쓰는데, 원문 제목은 한자어 '問題'를 쓰지 않고, 한자어 독음을 가타카나 "モンダイ"로 표기하고 있다. 일본에서 가타카나는 주로 외래어, 의성어, 의태어, 고유명의 독음을 표시할 때 쓴다. 이처럼 이 글에서 일반적이지 않은 표기법을 사용한 것은 '고양이의 언어'를 통해 근대적 인간의 언어인식을 풍자하려고 한 측면이 있다고 할 수 있다.

2) [옮긴이] 초출은 夏目漱石,「吾輩は猫である」,『ホトトギス』, 1905年 1月~1906年 8月. 나쓰메 소세키의 처녀작이자 장편소설이다. 한국어 번역은 여러 판본이 있지만, 최근에 나온 것은 다음과 같다. 『나는 고양이로소이다』(나쓰메 소세키 소설 전집), 송태욱 옮김, 현암사, 2013. 또한 본 번역에서 소설의 직접 인용 부분은 2013년 현암사 버전의 번역본과 원문을 참고하여 옮긴이가 다소 수정을 가한 것임을 밝혀 둔다.

3) [옮긴이] 소설 속 등장인물로 이름은 진노 구샤미(珍野苦沙弥)다. 문명중학교 영어 교사이며 주인공인 고양이 와가하이(吾輩)의 주인이다.

에 멍해져 있는 안주인에게 구샤미 선생님은 다시금 큰 소리로 "어이!" 하고 부른다. 그러자 안주인이 깜짝 놀라 "네"하고 답한다. 그러자 이번에는 이런 대화가 시작된다.

"지금 그 '네'는 감탄사, 부사, 어느 쪽이냐고?"
"어느 쪽이냐고요? 그런 말 같잖은 게 무슨 상관이라고 그러세요?"
"무슨 상관이냐고? 그건 현재 국어학자들의 머리를 지배하고 있는 큰 문제라고."
"어머 정말, 고양이 울음소리가 말이에요? 지긋지긋한 일이네요, 고양이가 우는 소리는 일본어가 아니잖아요?"
"그러니까 말야. 그래서 어려운 문제라는 거요. 비교 연구라고 하는 거지."

이 말도 안 되는 대화는 단순히 소설을 완성하기 위해서 만들어진 이야기가 아니다. 구샤미 선생님을 고민하게 한 것, 즉 감탄사를 어느 품사에 넣어야 하는가라는 문제도, 언어의 '비교연구'라는 문제도, 실제로 각각 활발한 논의를 불러일으킨 테마였다. 구샤미 선생과 나누는 이 골계(滑稽)적인 대화를 잘 들여다보면, 당시 언어 연구의 관심이 어디에 있었는가가 드러난다.

소세키가 『고양이』(猫)를 『호토토기스』(ホトトギス)에 연재한 것은 1905년부터 다음 해에 걸친 시기이다. 그것은 바로 근대 일본에서 '국어'의 이념이 드디어 숙성한 시기이기도 했다. 1900년의 소학교령 개정에 의해서 처음으로 소학교에서 '국어'가 설치되었던 것은 그 증거라고 할 수 있다.

여기에는 국어학자 우에다 가즈토시의 공적이 크다. 유럽 언어학에 조예가 깊었던 우에다는 근대 언어학을 지침으로 삼아 일본의 국어학과 국어 정책을 수립하려고 했다. 근대 언어학의 가장 획기적인 의의는 일반 사람들이 이야기하는 일상의 언어에서 고전에는 없는 살아 움직이는 규칙이 있음을 '발견'했다는 점일 것이다. 그렇지만 가히 혁명적이라고도 할 이 사상은, 우에다의 손에 의해 왜곡된 형태로 일본의 토양에 이식되어 버렸다. 우에다는 언어의 본질이 구어체에 있다면, 국어 정책의 목적은 그 일상의 구어체를 규범화하고 표준화하는 것이라고 생각했던 것이다. 이렇게 하여 제1차 국정교과서인 『심상소학교독본』(1904)에는 일반적으로 구어체가 사용되고 있으며, 그에 맞춰서 구어 문법의 확립을 시도하는 책들이 몇 권이나 간행되었다. 구샤미 선생의 고민에는 구어 문법을 성립시키려고 했던 배경이 있었다.

더욱이 우에다를 중심으로 한 언어학자들은 인도유럽어를 모델로 한 '동양비교언어학'(東洋比較言語学)을 구축하려는 야심을 품고 있었다. 이것이 바로 구샤미 선생이 말하는 '비교 연구'이다. 비교언어학의 목적은 언어의 계통을 정하고 어족의 공통된 선조인 선조어[祖語]의 형상을 명확하게 하는 것이었다. 거기에는 정치적으로 이용할 수 있는 지식이 풍부하게 포함되어 있었다. 이렇게 하여 한일합병이 일어난 그 해, 일본어와 조선어가 동일한 선조어를 갖는다고 주장하는 가네자와 쇼자부로[4]의 『한일 양국어의 동일 계통론』[5]이 간행되어 학문적인 옳고 그름은 차치하고, 조선의 식민지화를 정당화하는 '학설'로서 크게 기여한 것

---

4) [옮긴이] 가네자와 쇼자부로(金沢庄三郎, 1872~1967): 일본의 언어학자.
5) [옮긴이] 金沢庄三郎, 『日韓両国語同系論』, 三省堂, 1910.

이다.

언어 연구라는 행위는 일견 세세한 것들을 따지는 옹졸한 부분으로만 드러난다. 그러나 그 배후에서 언어는 인간에게 끝없는 망상을 불러일으키면서 그 신비로운 모습을 보이지 않은 채로 존재한다. 나는 고양이가 '야옹'하고 울 때마다, 바로 이러한 것을 떠올리게 된다.

맺음말

이 책은 나의 두 번째 저서이다. 이 책에는 『'국어'라는 사상』[1] 이후에 쓴 것 중에서 언어와 직접 관련이 없는 에세이나, 전문적 논문이라기보다 일반 독자를 대상으로 쓴 글을 모았다. 이러한 구성을 했던 데에는 이유가 있다. 한 가지는 쇼분샤(晶文社)의 담당 편집자로부터 이러한 글을 모아 보자는 의견이 있었기 때문이다. 그러나 그 이유만은 아니다. 내 쪽에서도 나름의 생각이 있었다.

물론 전공을 묻는다면 사회언어학이라고 답할 것이며, 지금까지도 역시 언어의 문제는 내 관심 대상이다. 따라서 『국어라는 사상』의 방식을 이어서, 다른 대상을 채택해 같은 방향의 연구를 계속할 수도 있었다. 그렇지만, 그렇게 하고 싶지 않았다. 언어에 초점을 맞춰서 얻을 수 있는 것이 많았지만, 무언가 점점 답답해지고 있었기 때문이다. 나는 좀더 넓디넓은 들판으로 나가 마음껏 신선한 공기를 가슴 가득히 빨아들

---

1) 『国語'という思想: 近代日本の言語認識』, 岩波書店, 2012[『국어라는 사상: 근대 일본의 언어 인식』, 고영진·임경화 옮김, 소명출판, 2006].

이고 싶어졌다.

따라서 언어 이외의 문제를 테마로 하자는 주문을 받았을 때에도, 나는 망설임 없이 새로운 영역으로 뛰어들었다. 지금 보면 다소 빈틈투성이인 부분이 있을지도 모르지만, 미숙하나마 문학이나 사진을 다루는 글을 써 왔던 덕택에, 닫혀 버렸던 영역에서 출구가 점점 보이기 시작했다. 이 책에 묶인 글 중에는 논문 투의 글들도 있지만 에세이 풍의 글도 있기 때문에, 좀 제각각이라는 인상을 줄는지도 모르겠다. 그렇지만, 그 속에 방황한 내 자신의 모습이 표현되어 있다고 생각해 주신다면 다행이겠다.

이 책 속에는 한국에서 발표되었던 글을 일본어로 번역한 것이 몇 가지 있다. 독자가 다르면 쓰는 것도 달라진다. 나로서는 누구를 대상으로 쓸 것인가가 꽤 중요한 문제여서 일본에 있으면서 일본어로 쓸 때에도 일본의 독자—물론 일본인 독자만이 아니라—만을 염두에 둔 것은 아니다. 그렇다면 누구에게? 나 자신도 확실히는 알 수 없다. 어쩌면 세계의 어느 한구석에 웅크리고 있는 사람들을 향해서 쓰고 있는 것일는지도 모르겠다. 단지 내 힘이 부족해서 목소리가 생각처럼 전해지지 못하는 것일 터이지만….

책으로 나오기까지 많은 분들께 도움을 받았고 많은 분들로부터 가르침을 받았다. 한 분 한 분 성함을 언급할 수는 없지만 이러한 분들의 격려가 없었다면, 나는 글을 계속해서 쓸 수 없었을 것이다. 그저 보잘 것없는 내 에세이에 주목해 주시고 한 권의 책으로 엮어 주신 쇼분샤 편집부의 아카세 도모히코(赤瀬智彦) 님께 감사의 말을 드리고 싶다. 아카세 님의 공들인 편집이 없었다면, 이 책은 나올 수 없었을 것이다.

이방인으로서 사는 것은 기쁜 경험을 가능하게 하는 것이기도 하지만, 결코 편안한 것은 아니다. 나도 감정이 상해 버리는 때가 몇 번이나 있었다. 그럴 때 나는 한국에 계시는 아버지에게 전화를 거는 경우가 자주 있었다. 중요한 것은 대화의 내용이 아니었다. 전화 너머로부터 들려오는 따뜻한 아버지의 목소리를 듣는 것만으로, 자연스레 기분이 누그러지는 것이었다. 지금은 아버지 목소리를 직접 듣는 것이 불가능하지만, 그 울림을 간직한 채 앞으로도 나아가고 싶다고 생각한다.

2007년 9월

이연숙

글의 출처

• 서론_세계의 관절을 탈구시키는 방법 『現代思想』, 青土社, 2001年 9月.

1부 문학자들의 끝없는 방황

• 아시아 식민지에서 읽는 알베르 카뮈 『小説TRIPPER』, 朝日新聞社, 1997年 10月 秋季号.

• 허무에서 꿈으로 『ユリイカ』, 青土社, 2000年 12月号.

• 말의 심연으로부터 『へるめす』, 第50号, 岩波書店, 1994年 7月.

• 정위와 이동 「越境する世界文学」, 『文芸』 特別号, 河出書房新社, 1992年 12月.

• 디아스포라와 국문학 『東アジア民族主義の障壁をこえて: 葛藤時代から和解へ』, イム·ヒョンテク 編, 成均館出版部, 2005年 改稿.

2부 인간에게 자유는 '무거운 짐'인가

• '잡거'에 대한 공포 『言語文化』, 明治学院大学言語文化研究所, 第23号, 2006年 3月.

• 민족 차별과 교육 岩波講座 『現代の教育·危機と改革』, 第5巻 『共生の教育』, 岩波書店, 1998.

• 전쟁이라는 덫 『当代批評』, 사민, 1993年 3月号(일본어본에서 이 글의 초출은 『당대비평』, 삼인, 1997년 봄호로 되어 있으나, 옮긴이가 찾아 본 바로는 다음의 글이다. 이연숙, 「'전쟁'이라는 덫: 현대 일본의 정신토양」, 『당대비평』, 삼인, 1993년 3월, 395~414쪽. 따라서 '1997년 봄호'는 '1993년 3월'로 고쳐 둔다. 이 부분의 번역은 한국어 원본을 참고했으나, 많은 부분의 내용이 달랐다. 내용이나 표현이 다를 경우 일본어본을 기준으로 번역했다. 이 기준에 대해서는 옮긴이 후기를 참조하길 바란다).

• '적반하장'에 맞서서 ロバート イーグルストン, 『ポストモダニズムとホロコーストの否定』, 増田珠子 訳, 岩波書店, 2004.

• 우리는 상처 입을 수 있는 마음을 가지고 있는가? 『当代批評』, 사민, 2000年 秋号

(정확한 서지사항은 다음과 같다. 이연숙, 「우리는 상처 입을 수 있는 마음을 가지고 있는가: 노다 마사아키『전쟁과 인간: 군국주의 일본의 정신분석』」, 『당대비평』, 2000년 9월, 414~425쪽).

3부 월경이라는 사상을 다시 더듬다

- 경계선 위의 지성 「二〇世紀─私の一冊 Ⅷ / アイザック·ドイッチャー, 『非ユダヤ的ユダヤ人』: 境界線上の知性」, 『創文』, 第416号, 創文社, 1999.
- 관계항으로서의 '일본' 『当代批評』, サミン, 2003年春号. 『당대비평』(2003년 봄호를 찾아보았으나 한국어 원문을 찾을 수 없었고 저자도 기록을 보관하고 있지 않아 현재로서는 초출의 명확한 출처 확인이 불가능함을 밝혀 둔다).
- '비전'의 연쇄 『東京新聞』, 2005年 9月付 朝刊.
- 심장부로부터 共同通信配信, 2000年11月22日.
- 탈출하는 자들 『東京新聞』, 1998年3月29日付 朝刊.
- 비내리는 시나가와 역 『週刊読書人』第2637号, 2006年5月19日号.
- 생각한 것을 쓴 결과 共同通信配信, 2000年4月9日.
- 갈 수 없는, 그냥 꼬레 『論座』, 朝日新聞社, 1997年11月号.
- 지하실, 최후의 안식처 『論座』, 朝日新聞社, 1998年 4月号.
- 속삭여 오는 소리 『週刊読書人』, 2002年6月28日号.
- 의지와 행위 共同通信配信, 2004年 3月 17日.
- '야옹'하고 울면 생각하는 근대 일본의 큰 문제 『東京新聞』, 1998年1月4日付 朝刊.

옮긴이 후기_ 언어 이방인이 그리는 '부유 감각'

한국에 번역된 이연숙의 책은 두 편이다.『국어라는 사상: 근대 일본의 언어 인식』(고영진·임경화 옮김, 소명출판, 2006)과『말이라는 환영: 근대 일본의 언어 이데올로기』(이재봉 외 옮김, 심산, 2012)이다.『국어라는 사상』은 일본 히토쓰바시대학에 제출한 박사학위 논문을 출판한 것으로 일본의 '산토리' 논문상을 수상하며 널리 알려졌다. 두 책 모두 일본의 근대 언어학을 다루는 학술서이다.

『이방의 기억: 고향·국가·자유』는 여러 가지 면에서 이들 저서와 다르다. 일본의 근대 언어학과 관련을 맺고 있으면서도 장르는 문학, 사진, 역사, 사상을 넘나들며, 소재는 일본과 한국, 동아시아, 세계의 디아스포라 문학에 이르기까지 광범위하다. 글의 형태 또한 학술적인 논문, 사상적 에세이, 문학 비평, 사진 비평, 강연, 서평 등 다채롭다. 이 책은 한국 국적을 지닌 여성 언어학자가 '일본의 근대 언어학'에 대한 비판이라는 단단한 기반을 바탕으로 하면서도 동시에 그 지반을 넘어서서, 몇십 년간 일본 사회에서 살면서 경험한 다층적인 생각의 지표들을 보여준다.

현재적 질문: 90년대 '내셔널리즘 비판'과 '역사 수정주의'

『이방의 기억』이 일본에서 출판된 것은 2007년이다. 이 저서는 90년대 후반부터 2000년대 초중반까지 강렬하게 관통했던 내셔널리즘 비판이 기조를 이루고 있다. 그런데 2부에 언급된 글들을 꼼꼼히 읽어 보면, 90년대에는 내셔널리즘 비판과 함께 역사 수정주의가 본격적으로 고개를 들기 시작했음을 깨닫게 된다. 이러한 사상 지형 속에서 『이방의 기억』 속에 담긴 글들은, 내셔널리즘(국가주의)과 민족주의가 같은 선상에서 비판될 수 없음을 보여 준다는 점에서 그 의미가 깊다. 이 책에는 일본에 사는 이방인이라는 자리로부터 발견된 디아스포라 문학과 재일 조선인의 삶에 대한 공감, 일본 사회의 폐쇄성에 대한 예민한 감각 등이 나타나 있다. 이연숙은 이 책에서 내셔널리즘에 대해서는 비판의 날을 세우지만, 소수자들의 공동체가 내포한 절실함은 옹호한다. 재일 조선인 작가에 대해서 공감을 표하지만 그 작가의 사상이 폐쇄적인 '조국'으로 귀착될 때에는 다시금 비판의 날을 세우기도 한다. 이처럼 저자는 내셔널리즘에 의해 '경계'로 밀려난 존재가 지닌 복잡함과 민감함에 대한 인식을 공감과 애정을 담아 나타내고 있다. 이러한 저자의 위치 설정은 내셔널리즘에 대한 비판이 단지 비판으로 끝나서는 안 된다는 것, 그리고 내셔널리즘에 대한 비판이 소수자의 공동체에 대한 비판이 되어서는 안 된다는 점을 다시금 상기하게 한다.

내셔널리즘 비판이 풍미했던 90년대로부터 10년이 흐른 지금, 당시에 전개된 논의의 강도와 심도를 느낄 수 있다는 것은 현재적 의미에서 행운이다. 일본에서는 메이지 유신 150년을 기념하면서 아시아를 침략했던 쇼와 시대를 망각하려는 움직임이 아베 정권의 배타적 내셔널리즘과 함께 강화되고 있다. 2019년 4월에는 아키히토 '천황'이 살아 있는 상태에서 퇴위함으로써 헤이세이 시대가 끝나고 새로운 '천황'이 즉위하게 된다. 살아 있는 상태에서 퇴위하겠다는 '천황'의 행보가 아베 정권과 갈등을 낳고 있기 때문에, 아베 정권을 비판하는 일부의 일본 지식인들이 역으로 '천황'에 대한 동정적인 인식을 보이는 듯하다. 그러나 2019년에 아시아를 침략했던 그림자를 지닌 '히로히토'가 퇴위하고 아시아 침략의 그림자를 "지운" 새 '천황'이 즉위한다는 것은, 2011년부터 지금까지 지속되는 재해를 "지운" 채 부흥과 안전의 이미지를 각인시키려는 2020년 도쿄 올림픽과 호응하면서, 훨씬 더 교묘한 방식으로 일본의 배타주의와 군사주의화를 강화하는 방향으로 나아가게 될까 두렵다. 이런 상황에서 『이방의 기억』 곳곳에서는 일본 내부에 깊이 뿌리박힌 아시아에 대한 인식을 엿볼 수 있어 소중하다.

한국에서는 촛불혁명을 통해 문재인 정권이 들어섰지만, 촛불과 함께 터져 나온 다층적인 소수자들의 요구는 충분히 실현되지 못하고 있다. 스스로의 손으로 이뤄 낸 민주주의에 대한 실망감이 권력자들을 향하지 못하고 내부 소수자들 사이의 갈등만을 부추기는 분위기가 확산되는 듯해 안타깝다. 최근 한국으로 들어온 난민에 대한 배타주의와 헤이트 스피치가 확산되어 한국 속 수많은 이주민을 비롯한 타자들을 고통스럽게 했다. 남북간의 관계는 여러 형태로 새로운 전기를 맞이하고 있지만, 한국 내부의 타자에 대한 감각을 변화시키지 않는다면 겨우 열린 탈분단의 흐름이 또 하나의 내셔널리즘이나 배타주의의 경험으로 귀결될까 두렵다. 내셔널리즘에 대한 비판은 전지구적으로 확산되는 난민 집단과 여성과 소수자 집단 등이 하나의 존재로서 행복을 누리면서 살아갈 수 있도록 보장해 주는 당연한 권리에 대한 인정과 공감을 담고 있어야 한다.

90년대에 강건하게 전개된 내셔널리즘 비판을 지금 다시 읽는 것은, 10년간의 변화와 함께 여전히 변화하지 않은 지점이 무엇인가를 질문하게 한다. 10년 전의 빛나는 비판적 성찰성과 함께 현재의 절박함 속에서 내셔널리즘 비판이 과연 얼마나 근본적인 변화를 이끌어 낼 수 있었는가를 반성적으로 되묻고 현재의 질문으로 만들어 가야 할 필요성을 느낀다. 또한 그것이 역사 수정주의와 같은 시대를 공유했다는 점을 기억하고, 내셔널리즘의 비판의 본질이 소수자들의 발언과 삶의 자리를 마련해 주는 것에 더욱 깊이 고민해야 한다. 그런 점에서 2007년에 나온 이 책은 현재적 질문을 던져 준다.

언어 이방인이 그리는 '자유로운 부유 감각'

이 책은 일본에서 이방인으로서 오랜 시간을 살아가고 있는 여성 언어학자의 레이더망에 걸린 생활과 사상의 지도이기도 하다. 서문은 '세계의 관절을 탈구시키는 방법'을 주제로 한 장의 사진을 실마리로 삼아, '경계에 있는 새로운 시공간'을 조직하는 방법에 대해 쓰고 있다. 서문에 언급된 우에다 쇼지의 「풍선을 든 자화상」은 온갖 중력에서 해방된 "자유로운 부유감각"을 보여 준다는 점에서 이 책 전체의 욕망을 하나로 함축한다.

1부에서는 경계에 선 정체성에 대해, 2부에서는 일본에서 배제되었던 타자의 존재와, 그런 배제를 낳는 일본의 사상적 풍토에 대해 쓴다. 3부는 서평들을 모아 놓은 것인데, 서평의 원저들은 한국에서도 번역된 것들이 많다. 그만큼 이연숙의 위치는 한국과 긴밀히 관련되어 있으면서도, 한국과는 다른 환경에 있는 사람의 눈을 통해 일본과 한국의 문제를 동시에 조명한다는 점에서 흥미롭다. 여러 편의 짧은 서평들은 이연숙이라는 언어학자가 어떤 책들과 만났고, 그 만남을 통해 자신의 사상을 어떻게 가다듬어 왔는가를 보여 준다.

1부 '문학자들의 끝없는 방황'에서 이연숙은 경계에 서서 사고했던 이방인들의 문학을 다루면서 서문에서 제기한 "자유로운 부유 감각"을 구체화한다. 1장인 「아시아의 식민지에서 읽는 알베르 카뮈」에서는 카뮈의 『이방인』을 독해하는데, 이때 알제리의 식민자이자 이방인이었던 알베르 카뮈의 위치를 선명하게 부각시킨다. 식민자 이방인이라는 모순된 위치에서 형성된 카뮈의 통찰력과 한계를 짚으면서 재조 일본인이었던 유아사 가쓰에나 모리사키 가즈에를 언급한다. 유아사도 모리사키도 식민지인 조선의 식민자(이방인이라고 할 수 있을지는 유보적이지만)였고, 일본으로 돌아온 뒤에는 일본의 단일민족문화에 이질감을 느끼며 살았다. 이러한 연결을 통해 이 책은 일본에서 알베르 카뮈가 이해되어 온 맥락을 질문하면서 일본의 식민주의를 근본적으로 비판할 수 있는 또 하나의 실마리를 연다.

특히 1부에서 두드러지는 것은 2장부터 4장까지 이어지는 재일 조선인 작가에 대한 관심이다. 2장 「허무에서 꿈으로」에서는 양석일의 소설에 나타난 "아시아적 신체"의 의미를 분석한다. 양석일 소설의 원류는 재일 조선인으로서의 삶과 경험에 근거하면서도, 양석일의 말을 빌리자면 "말의 깊은 공동(空洞)을 들어다 보고, 봐서는 안 되는 것을 봐버"린 자의 문학에 대한 열정과 기대에 기반하고 있음을 밝힌다. 3장 「말의 심연으로부터」는 이양지의 소설 「유희」와 「각」을 다룬다. 이때 소설에 대한 언급보다 흥미진진한 부분은 아이들이 '나, 너, 우리'를 구별하게 되는 과정이나 각 언어별로 함의가 다른 '우리'라는 말의 집단적 감각에 대한 문제 제기가 나오는 글의 서두다. 이연숙은 언어학적 분석을 기반으로 하여, 이양지 소설이 지닌 "말과 정치"에 대한 근원적인 공포를 이끌어낸다. 이양지 소설은 아쿠타가와 상을 수상하면서 높은 평가를 받았다. 그러나 다른 한편에서는 이양지의 소설이 재일 조선인의 역사 전체로 인식이 확장되지 못하고, 개인 내부로 파고든 독백으로 끝나 버린다는 비판도 존재한다. 이연숙은 '말과 정치에 대한 공포'라는 주제를 제시함으로써, 이러한 이양지 소설에 대한 비판으로부터 그녀를 구출해 내고, 한국과 일본 양쪽의 표준어의 감각을 비판한다. 이 글에는, 이연숙의 표현을 빌리자면 국가어와 표준어의 "정치"에 대해 깊은 공포를 느끼는 이양지에 대한 동감과 애정이 곳곳에 묻어난다.

4장 「정착과 이동」은 이회성과 쓰카 고헤이를 교차 서술하면서 마지막에서는 양석일의 소설과 연결시킨다. 이때 강조되는 것은 귀소 본능에 대한 비판과 온갖 장소를 출발점으로 삼을 수 있는 "이동"이 갖는 힘, 즉 쓰카 고헤이와 양석일이 전해 주는 '구체적 장소로서의 유역'의 가능성이다. 5장 「디아스포라와 국문학」은 일본에서 재일 조선인 문학이 지닌 위치를 한국문학과 일본문학을 해체하는 방식으로 논의하고 있다. 특히 디아스포라 문학이나 포스트 콜로니얼리즘에 대한 논의가 시작될 때, 재일 조선인 문학에 대한 이해가 어떤 방향성을 갖고 이뤄졌는가를 확인할 수 있는 논고이다.

문학을 중심축으로 했던 1부에 비해, 2부는 역사적이고 무거운 질문들을 내포하고 있다. 2부 전체를 관통하는 질문인 "인간에게 자유는 '무거운 짐'인가?"가 드러내듯이, 일본 내부의 배타주의, 식민주의, 아시아 침략 전쟁이 남긴 상흔을 구체적으로 짚어 간다. 이 중에서도 1장인 「'잡거'에 대한 공포」는 2003년 12월 16일 메이지가쿠인대학에서 개최된 공개 강좌를 고쳐 수록한 글인데, 일본의 여러 대중 앞에서 강연한 원고인 만큼 일본의 타자 인식이 지닌 배타성을 알기 쉽게, 그러나 촘촘한 논리를 통해 비판하는 인상적인 글이다. 이 강연은 일본인 청자를 대상으로 하고 있지만, 난민에 대한 배타주의가 확산되고 있는 현재의 한국에도 비판적 메시지를 던져 줄 수 있을 것이다. 2장인 「민족차별과 교육」은 1992년 로스 폭동을 소재로 말문을 열면서 미국 사회의 정형화된 한국인 인식을 해체하기 위한 여러 노력과 한인 사회 내부의 변화를 1.5세대의 역할을 통해 부각시킨다. 이 글의 마지막에서 민족 차별이 어린 아이에게 남기는 씻을 수 없는 상처를 언급하는 부분은, 타자에 대한 이해와 인식을 강조하는 인권 평화 교육이 왜 어린 시절부터 철저하게 이뤄져야 하는가에 대한 절절한 호소로 읽힌다.

3장인 「전쟁이라는 덫」과 4장인 「적반하장에 저항하며」는 90년대부터 전개된 사상적 조류 속에 내셔널리즘 비판뿐 아니라, 역사 수정주의가 있었음을 상기하게 한다는 점에서 중요하다. 「전쟁이라는 덫」은 일본 내부에서 본격화된 역사 수정주의의 경향을 후지오카 노부카쓰의 '자유주의 사관', 고바야시 요시노리의 만화 및 '새로운 역사 교과서를 만드는 모임'을 통해 구체적으로 보여 주고 비판한다. 특히 『패전후론』을 쓴 가토 노리히로의 논의와 이를 비판한 다카하시 데쓰야의 논전이 생생하게 나타나 있어서 90년대 논쟁사를 이해하는 데 도움이 된다. 「적반하장에 맞서서」는 『포스트 콜로니얼리즘과 홀로코스트의 부정』이란 책의 해설이지만, 단지 해설에 머무는 것이 아니라 역사 수정주의자들의 논리와 행위를 철저하게 분석하고 있다. 특히 여태까지 목소리를 빼앗겼던 소수자들이 발언할 때, 그들의 발언이 어떤 역사 수정주의자들의 왜곡과 비판에 직면하는가를 리고베르타 멘추의 예를 통해 제시하고 일본 내부의 상황과 연결시키고 있다.

5장은 노다 마사아키의 저서 『전쟁과 인간』에 대한 논의를 중심으로 전개하지만, 어떤 의미에서는 2부 전체에 대한 일종의 답을 던져 준다. 5장의 제목이 명시하듯이 "우리는 상처 입을 수 있는 마음을 가지고 있는가?"라는 질문형 답이 그것이다. 이 질문을 통해 노다가 제기했던 두 가지 의문에 답할 실마리가 열린다. 그 두 가지 질문이란 이것이다. '평범했던 사람이 왜 전쟁터에서는 그렇게 갑자기 잔혹한 행위를 할 수 있었는가', '그들은 왜 스스로 저지른 전쟁 중의 잔혹한 행위를 고통스러워하지도 고민하지도 않았는가'. 5장의 제목은 상처 입을 수 있는 마음을 허락치 않는 사회에 대한 문제 제기이며, 이는 일본의 천황제나 군국주의에 대한 날카로운 비판일 뿐 아니라, 한국을 포함한 전 세계적 자본주의 소비 사회에도 해당되는 비판이라는 것이 저자의 주장이다.

3부 '월경이라는 사상을 다시 더듬다'는 여러 종류의 서평을 모은 것이다. 이 서평들은 크게 보아 세 가지로 나눌 수 있다. 첫째는 일본 사회에 대한 비판적 시좌를 갖는 저서들, 둘째는 어느 국민국가에도 포함될 수 없는 경계인으로 살아가는 자들에 대한 공감, 셋째는 경계인이 만들어 낸 다채롭고 새로운 사상에 대한 강조이다. 여기에 언급된 저서들 중에는 유명한 것들도 있지만 최근까지 잘 알려지지 않았던 저서들도 포함되어 있어서 새롭다. 일본 사회에 대한 비판적 시좌를 보여 주는 저서로 임숙미의 『쇼와 이데올로기』에 대해서 쓴 6장 「비내리는 시나가와역」은 새로운 발견이었다. 이 서평은 쇼와 시대를 일본의 고도 성장기와 동일시하면서 찬사를 보내는 담론은 곧 쇼와 초기에 있었던 식민주의와 아시아에 대한 침략 전쟁을 삭제 혹은 망각한 결과라는 점을 명확히 지적한다. 생각해 보면, 10년 전에 쇼와 이데올로기가 확산되었다는 점은 격세지감을 느끼게 한다. 최근 일본에서는 메이지 유신 150주년을 찬미하려는 경향이 확산되고 있기 때문이다. 메이지 유신 150주년에 대한 찬사의 근본에 어떤 역사 수정주의적 욕망이 작동하는가를 살펴보기 위해서도, 이 저서와 서평은 중요할 듯하다.

경계인으로 살아가는 자들에 대한 공감은 홍세화의 글을 언급한 8장인 「갈 수 없는, 그냥 꼬레」에 표현되어 있다. 경계인들이 만들어 내는 새로운 삶의 방식과 문화적 표현은 1장인 「경계선 위의 지성」에서 언급된 아이작 도이처의 "비유대적 유대인"이라는 말이나, 10장 「속삭여 오는 소리」에서 다뤄진 강신자의 글 속 경계에 선 문화인들의 풍성한 활동을 통해 느낄 수 있다.

3부가 서평으로 이뤄진 만큼, 이 속에는 다루는 저작에 대한 비평도 나타나 있다. 그 중에서 흥미로운 것은 7장인 「생각한 것을 쓴 결과」 중 가와무라 미나토의 『작문 속 대일본제국』에 대한 문제 제기이다. 이연숙은 이 책에서 조선인 작가의 이름을 굳이 일본어식 한자 읽기 발음을 달아 표기한 것에 문제를 제기하면서 이렇게 비판한다. "예를 들면 김달수(金達寿)에게는 일부러 '긴타쓰주'(きんたつじゅ)라는 읽기 발음을 달아 놓았다. 이런 읽기 발음이 어떤 사회적 의미를 담고 있는지에 대해서, 저자가 모를 리가 없을 것인 만큼, 이상하다." 일본 지식인이 지닌 무의식의 허를 찌르는 간명하고 명확한 비판이다.

번역 속 번역에 대하여

『이방의 기억』에 실린 글 중 몇 가지는 한국에서 한글로 먼저 발표된 것을 일본어로 개작한 것이다. 이런 글의 경우, 한글 원본을 검토하면서 번역했지만, 내용이 다를 때에는 일어본에 충실하게 번역했다. 한글에서 일어로 옮겨질 때 개작된 부분이 많기도 했지만, 『이방의 기억』을 읽을 한글 독자들은 이 책이 일어로 출판되고 한글로 번역된 것이라는 사실을 바탕으로 읽을 것이므로, 일어본 문맥에 충실하게 번역하는 편이 혼동이나 잘못된 이해를 줄일 수 있는 방법이라고 판단했기 때문이다. 그러나 각 글마다 쓴 상황이나 조건, 그리고 개작의 수준이나 성격이 달랐기 때문에 일률적인 법칙을 적용할 수는 없었다. 각 문장에 대한 번역 방침은 언급할 필요가 있을 경우 각주로 밝혀 두었으니 참고해 주시면 좋겠다. 여기서는 몇 가지 법칙만을 간략히 언급해 두기로 하자.

1부 5장인 「디아스포라와 국문학」은 같은 제목으로 『동아시아 민족주의의 장벽을 넘어』에 수록되어 있다. 한글 원본과 일어 개작 사이에 다소간의 차이는 있지만 고쳐 쓴 부분이 적은 편이다. 2부 5장인 「우리는 상처 입을 수 있는 마음을 가지고 있는가?」 또한 『당대비평』 2000년 9월호에 실린 글로 종종 차이가 나는 부분이 있다. 이 두 편의 글 모두 일어본에 충실하게 번역했다. 2부 3장인 「전쟁이라는 덫: 근대 일본의 정신토양」은 상황이 다소 다르다. 이 글은 『당대비평』(삼인, 1993년 3월)에 한글로 먼저 공개된다. 이 글을 쓴 동기는 현재 일본의 사상적 상황을 한국 독자를 대상으로 알기 쉽게 해설해 달라는 요청에 의한 것이었음을 '부기'에 밝혀 두고 있다. 그리고 이연숙은 이 글을 다시 일어로 번역해서 실은 이유에 대해 다음과 같이 쓴다. "일본에 대한 글이 항상 일본인을 대상으로 하여 쓰이지 않는다는 것을 전하기 위해서 일부러 이 글을 책에 수록했다." 이연숙의 일어판 '부기'에 따르면 일본 독자에게 번거롭고 장황하게 느껴질 설명이나, 시간이 많이 흘러 "너무 시사적으로 느껴질 수 있는 부분"은 삭제했다고 밝히고 있다. 따라서 이 글은 한글본과 일어본 사이에 꽤 차이가 있지만, 앞서 밝힌 이유에 근거하여 한글본보다 일어본에 충실하게 번역했다. 한편 3부 2장인 「관계항으로서의 '일본'」은 이효덕의 저서인 『표상 공간의 근대』에 대한 서평이다. 일어본에는 원문이 '한글'이라고 기입되어 있지만, 한글 원본을 찾지 못했다. 따라서 이 글은 한글본을 참고하지 않은 번역임을 밝혀 둔다.

이처럼 『이방의 기억』은 번역 속에 또 하나의 번역이 내포된 글들이 몇 가지 있다. 한글본과 일어본을 대조하면서 번역한 경험은 신선한 깨달음을 주기도 했다. 그런데 '번역 속 번역'이라는 말은 보다 중층적이다. 이연숙이 인용하고 있는 재일 조선인 작가의 표현물에는 원래 한글인 것이 일어로 발화되거나 한글 발음 그대로 노출되어 있는 부분도 있기 때문이다. 더 근본적으로는 일어로 표기되어 있을 때조차도 그 말을 둘러싼 정동이 일본의 사물과 사회를 지칭하지 않는다고 느껴지는 부분들도 있었다. 즉, 번역 행위는 하나의 언어에서 다른 언어로의 이행인 동시에, 보다 근본적으로는 이질적인 문화 사이에서 벌어지는 끊임없는 정치적 갈등과 투쟁을 노출시키는 작업이어야 할지도 모르겠다. 『이방의 기억』을 통해 '번역 속 번역'을 행한 경험은 번역이 언어의 번역이면서 동시에 여러 차원의 문화가 소용돌이치는 가운데서 타협점을 찾아내는 극히 정치적인 투쟁의 장임을 다시금 되새기게 했다.

생활자의 정치 감각

일본 사회에서 이방인을 지칭하는 말 중에는 재일 조선인 이외에 '뉴커머'가 있다. '뉴커머'는 식민지기에 살길을 찾아 (반)강제로 이주하거나 강제 동원으로 끌려오거나 해방 직후 밀항한 재일 조선인들과, 최근 몇 십년 사이에 유학, 취직, 노동, 개인적 이유로 일본으로 이주한 자들을 구별하기 위한 말이다. 이연숙은 뉴커머 1세대라고 할 수 있다. 유학생이자 뉴커머로서 일본 사회에서 10년 정도 지냈던 나는 『이방의 기억』을 번역하면서 이연숙 뿐 아니라 일본에서 만났던 여러 명의 뉴커머 여성 학자들을 문득문득 떠올리며, 서로 잘 알지도 친하지도 않은 그녀들을 내 마음대로 연결지어 보곤 했다. 일본에 거주하는 뉴커머 남성 지식인들과는 또 다르게 뉴커머 여성들은 일본 사회에 존재하는 여러 형태의 유리천장을 경험했고 싸워 왔다. 그리고 나는 늘 그녀들의 논리와 행위를 스스로와 겹쳐 보면서 많은 것을 배우기도 했고, 혹은 거리를 두기도 했다. 이러한 점에서 「'잡거'(雜居)에 대한 공포」는 여성 뉴커머가 일본의 주류 담론에 어떻게 대항하면서 나름의 논리를 구사할 수 있는가를 보여 주는 글이어서 마음이 간다.

이연숙 선생님은 히토쓰바시대학의 스승이기도 하다. 일본에 가자마자 시작한 번역이 오랜 시간 지체되었음에도 단 한 번도 재촉하지 않으셨던 선생님의 배려에 마음 깊이 감사드린다. 또한 그린비출판사의 편집부에도 나의 게으름 탓에 많은 걱정을 끼쳤다. 늦은 숙제를 끝내니 이제야 겨우 일본에서 한국으로의 이사를 마무리한 느낌이 든다. 늘 정치적인 것에 대해 첨예하게 논의하기 좋아하는 나에게, 선생님은 늘 생활자로서의 자세를 강조하곤 하셨다. 내 또래들도 이제 40대에 접어들기 시작하지만 내 세대는 안정된 생활자로서의 삶을 갖지 못했으며, 생활 사이사이에 끼어드는 불안정함을 일상으로 삼아 온 불안정한 (precarious) 세대다. 더구나 그 이후 세대들은 안정된 생활이라는 감각 자체를 처음부터 박탈 당한 세대라고 할 수 있을 것이다. 그러나 불안정한 삶의 줄타기를 하는 사람들이야말로 생활자로서의 감각을 소중하게 생각해야 할지도 모르겠다. 『이방의 기억』은 바로 뉴커머라는 위치가 주는 불안정한 감각을 '자유로운 부유 감각'으로 고양시킨 생활자의 기억, 그것도 내셔널리즘과 역사 수정주의에 대한 비판적 기록이다.

이연숙 선생님의 강의에 처음 참여했던 날은 이상하게도 선명히 기억하고 있다. 그날은 수화 통역이 필요한 장애인 분이 참여했다. 선생님은 학생들에게 수화 통역을 위해 천천히 말하도록 요청하셨다. 같은 날이었다고 생각하는데, 본 강의를 시작하기 전에 바나나를 먹는 법에 대해서 말씀하셨다. 사상을 하는 것은 마치 바나나를 먹는 것과 같다, 먹을 만큼만 조금씩 까야지 한꺼번에 껍질을 벗겨 버리면 바나나가 뚝 떨어져 버릴 수도 있다, 사상도 그러하다고 하셨다.

늦은 숙제를 끝내고 한국으로의 이주를 겨우 일단락 짓는 지금, 천천히 바나나를 먹듯이, 천천히 생활 속에서 정치적인 것을 음미하는 법을 되새겨 본다. 또한 내가 발화할 때, 내 말을 들을 수 없는 타자가 공존하고 있다는 감각을, 한국 내부 깊이로 또 하나의 이주가 시작되어야 할 지금, 결코 잊지 말아야 한다고 다짐해 본다.

2019년 2월

신지영